12.50

ÉCRITS POSTHUMES
DE SARTRE, II

ANNALES DE L'INSTITUT DE PHILOSOPHIE

ET DE SCIENCES MORALES

(UNIVERSITÉ LIBRE DE BRUXELLES)

Institut de Philosophie et de Sciences Morales
(Université Libre de Bruxelles)
Avenue F. Roosevelt, 50 (CP 175) – B-1050 Bruxelles

Librairie Philosophique J. Vrin
6, Place de la Sorbonne F-75005 Paris
Téléphone : 01.43.54.03.47

ANNALES DE L'INSTITUT DE PHILOSOPHIE DE L'UNIVERSITÉ DE BRUXELLES
Directeur : Gilbert HOTTOIS

ÉCRITS POSTHUMES DE SARTRE, II

avec un inédit
de
Jean-Paul Sartre

coordination scientifique
Juliette Simont

PARIS
LIBRAIRIE PHILOSOPHIQUE J. VRIN
6, Place de la Sorbonne, Ve

2001

Imprimé en France

ISBN 2-7116-1479-4

INTRODUCTION

Un millénaire se terminait tout juste, et les sartriens, ébahis, apprenaient une bonne nouvelle : Sartre revenait d'entre les morts, réhabilité, arraché à sa malédiction, tiré de la longue éclipse à laquelle l'avait condamné le structuralisme triomphant. Bernard-Henri Lévy contredisait la fameuse prédiction de Foucault (« Le siècle sera deleuzien »), et il plaidait, avec une fougue et un talent philosophiques qui ne pouvaient que nous séduire, que le siècle qui venait de s'achever avait été celui de Sartre. Nous étions donc séduits, emportés même, et à la fois saisis d'une considérable perplexité : comment avions-nous pu être assez naïfs pour n'avoir jamais douté que tel était le siècle, et pour n'avoir jamais prêté attention aux croque-morts de l'existentialisme ? Pourquoi Sartre, pour nous, n'avait-il jamais cessé d'être vivant ?

Et pourtant (l'âge moyen de la majorité des collaborateurs de ce numéro l'atteste), nous sommes nombreux à ne l'avoir jamais connu vivant au sens empirique de ce terme. Quand il écrivait *L'Idiot de la famille*, pour la plupart, nous n'étions pas encore en âge de philosopher. Mais lorsque nous atteignîmes cet âge (l'âge de raison ?), il vivait, d'une vie incandescente, alors même qu'il était mort. Il vivait, dans les livres. Pourquoi ?

Sans doute, en premier lieu, parce que nous étions nés à la philosophie dans un monde où s'étaient effondrés les grands clivages motivant l'ostracisme mis en évidence par Bernard-Henri Lévy. Clivage géopolitique d'abord : le Mur était tombé, et avec cette chute c'était tout le chapitre brûlant des fameuses « erreurs » de Sartre qui se trouvait modifié ; désormais objet d'enquêtes historiques et éventuellement philosophiques, mais plus de rejet viscéral. Clivage du « champ » de la pensée ensuite : nous lisions Sartre ; et Lacan, et Foucault, et Deleuze, et Derrida ; et ceux-ci n'étaient plus occupés à tuer le père, à lutter pour occuper le devant de la scène. Tous étaient des philosophes parmi les philosophes, les valant tous et que valait n'importe lequel, et nous n'étions plus sommés de prendre parti.

Une fois le premier accrochage opéré, il y a une seconde raison, plus pragmatique, et pourtant essentielle. Que Sartre, pour nous, n'ait jamais été si vivant qu'après sa mort, ce n'est paradoxal qu'en apparence. Et c'est la raison même de ce numéro. Nous avions intériorisé les textes canoniques (ou étions en train de le faire) : les œuvres phénoménologiques, *L'Être et le néant, Critique de la raison dialectique, L'Idiot de la famille.* Et voilà que, grâce au travail d'Arlette Elkaïm-Sartre, et de quelques autres, une considérable masse d'écrits devenait disponible, terrain vierge à défricher et à déchiffrer.

Deleuze, dans son « Abécédaire », avertissait ses auditeurs-spectateurs avec humour : après ma mort, il n'y aura *rien*, aucun trésor enfoui à déterrer. Tout ce que j'ai travaillé et pensé, je l'ai exprimé jusqu'à la dernière goutte, mis en forme, mis en cours, mis en livres. Rien qui ne soit public ou publié. Sartre, c'était l'inverse : les tiroirs regorgeaient de doubles et triples fonds. Prolixité gaspilleuse de l'écriture, exploration de pistes multiples et divergentes, projets abandonnés en cours de route, manuscrits éparpillés au petit bonheur la chance. *Carnets de la drôle de guerre* : un journal polymorphe où l'on voit, en acte, Sartre mobilisé prendre conscience de l'historicité, et, entre réflexions hilarantes sur le quotidien de sa coexistence avec les « acolytes » et comptes rendus de lectures, se distancier de la phénoménologie pure et élaborer les outils conceptuels majeurs de ce « livre de philo sur le néant » qu'il projette d'écrire, et qui portera en sous-titre : *Essai d'ontologie phénoménologique. Cahiers pour une morale* : volumineux ensemble de notes rédigé dans la perspective du « prochain ouvrage » promis à la fin de *L'Être et le néant. Vérité et existence*, court écrit rédigé à la même époque que les *Cahiers*, faisant suite à la thèse inaugurale de l'écrit de jeunesse *Légende de la vérité* (dont des fragments jusqu'à présent inédits sont publiés ci-dessous) : « La vérité ne naquit pas d'abord »[1] ; autrement dit, pas de vérité préexistant dans quelque ciel des idées, mais une vérité construite, résultat d'une *pratique* : c'est cette pratique qu'élucide *Vérité et existence*, texte abandonné mais pas oublié, toujours agissant dans la pensée sartrienne, puisqu'il est le fond et le fondement de pages allusives consacrées au savoir et à la vérité, bien plus tard, dans *L'Idiot de la famille*[2]. Le second tome, inachevé, de *Critique de la raison dialectique*, où se forge la notion d'« incarnation » – le rapport de Staline à son époque et de l'époque à son Staline préparant ce qui, plus tard,

1. J.-P. Sartre, *Légende de la vérité*, dans : M. Contat et M. Rybalka, *Écrits de Sartre*, Paris, Gallimard, 1970, p. 532.

2. J.-P. Sartre, *L'Idiot de la famille, III*, Paris, Gallimard, 1971-1972, p. 43-48.

deviendra, dans le « Flaubert », la rencontre d'une « névrose subjective » et de la « névrose objective » du temps ; et où se met en place une vision tragique de l'histoire (l'histoire détotalisée, percée sans remède de milliers de trous, de milliers de morts), qui interdit toute réconciliation de type hégélien et contredit sans doute la visée initiale de l'ouvrage : promouvoir une intelligibilité constructrice, donc optimiste, de la révolution. *Le Scénario Freud*, pièce importante du dossier conflictuel des rapports de Sartre à la psychanalyse, qui vont de la proclamation sans appel du *Mur* (« Les fous sont des menteurs ») et des déclarations tranchantes de *L'Être et le néant* sur l'inexistence de l'inconscient, à l'indéniable sympathie que l'auteur éprouve pour son personnage Frantz, le délirant séquestré d'Altona, et à l'obsédante empathie qui le noue au vécu névrotique et pithiatique de Gustave. Et d'autres textes encore, correspondance de Sartre et Beauvoir, *Écrits de jeunesse*.

Sartre, pour nous qui ne l'avions jamais connu vivant, vivait d'autant plus, une fois mort, du fait de ce massif textuel touffu, qui nous était donné comme la vie même de la pensée. Des concepts nous avaient été « administrés d'abord »[1] comme complets, achevés, nés dans l'étanchéité de leur armure ; ce fourmillement d'écrits, c'était la possibilité de les replonger dans le bain de leur genèse ; de les lier par des continuités plus fines, de les différencier au fil de glissements plus précis ; de dégager, dans ce maquis, les lignes de force et les constantes qui auront servi à l'architecture de l'œuvre publique ou publiée.

Cette même revue[2], en 1987, avait déjà consacré un numéro aux écrits posthumes de Sartre. C'était un premier pas. Le matériau textuel venait de nous arriver, trop abondant, trop frais encore pour être assimilé. Le deuxième tome de la *Critique* était abordé, et aussi les écrits des années soixante, encore inédits, où Sartre, toujours en quête d'une « morale », tente de concilier éthique et dialectique. Mais l'énorme ensemble intitulé *Cahiers pour une morale* n'était pas même approché.

Pas plus que le précédent, le présent numéro ne parvient à couvrir tout le champ textuel ouvert, qui, depuis, s'est considérablement enrichi. Les collaborations n'ont pas été orientées, elles ont librement choisi leur thème, et des pans entiers de l'œuvre posthume sont restés dans l'ombre (ainsi les *Carnets de la drôle de guerre*, ou les *Écrits de jeunesse*). Cette façon de procéder, mieux qu'une volonté totalisante et systématique, m'a semblé accordée avec l'esprit de Sartre, avec son goût de l'inachèvement.

Pourtant, rétrospectivement, entre ces libertés non concertées, une configuration cohérente se laisse tracer.

1. Pour reprendre une expression de *L'Idiot de la famille*, I, p. 143.
2. Alors publiée par les Éditions de l'Université de Bruxelles.

Au chapitre de la « genèse » des concepts, l'article de Pierre Verstraeten montre comment une dimension essentielle de la *Critique de la raison dialectique*, la « sérialité », est le produit d'une confrontation avec la huitième hypothèse du *Parménide* de Platon, confrontation qui s'engage dès la *Légende de la vérité*, et se poursuit dans les *Cahiers pour une morale :* qu'en est-il des êtres qui ne peuvent plus se référer à une unité, qu'en est-il de leur rapport ?

Les *Cahiers pour une morale*, cette fois, ont bien été assimilés. Le texte foisonnant et kaléidoscopique est approché, par trois articles, sous différentes facettes ; mais toutes ces approches font preuve en même temps d'une unité, celle-là même du livre, qui ne pouvait sans doute être saisie, dans ce mélange de fragments, d'aphorismes, de développements suivis, que moyennant le recul qui nous sépare à présent de sa publication. Cette unité, quelle est-elle ? Tous les auteurs remarquent, dans les *Cahiers*, par rapport à *L'Être et le néant*, le poids accru de l'Histoire. Une attention plus soutenue apportée par Sartre aux ressorts effectifs et matériels de l'aliénation et de l'oppression (il ne s'agit plus seulement du duel guerrier des regards, ou de l'inauthentique esprit de sérieux, ces épures ; les détours de l'aliénation et de la mystification de la liberté sont plus divers, plus retors aussi). Cet approfondissement dans la considération de l'aliénation va de pair avec une recherche plus aiguë des voies possibles de la libération de la liberté.

Fabrizio Scanzio et Juan Manuel Aragüés centrent tous deux leur étude sur la façon dont Sartre, dans les *Cahiers*, s'attache à élucider les modes d'aliénation et d'oppression propres au monde « moderne », soit le monde de 1947-1948. Tous deux convoquent *Vérité et existence*, l'écrit contemporain. Tous deux mettent l'accent sur ceci que Sartre, en 47-48, prend conscience de l'existence de mécanismes d'aliénation et d'oppression qui ne relèvent plus directement de la violence (violence dont la conception conflictuelle du pour-autrui, dans *L'Être et le néant*, était l'expression symbolique, et dont la Guerre était l'enracinement historique). L'époque est en train de passer de la guerre brûlante à la guerre froide, et celle-ci dispose aussi de ses moyens de domination, plus insidieux, moins visibles, et d'autant plus redoutables.

Fabrizio Scanzio étudie la façon dont Sartre, dans les *Cahiers*, continue à dévider le fil de l'« imaginaire » (présent dès les premiers écrits phénoménologiques, et même avant, puisque son travail de fin d'études s'intitulait *L'image dans la vie psychologique. Rôle et nature*). L'image et la perception, ou deux orientations de l'intentionnalité : la thèse irréalisante et la thèse réalisante. C'est alors une opposition nettement tranchée, qu'exprime la fameuse formule : « Le réel n'est jamais beau »[1].

Une opposition pourtant plus complexe qu'il n'y paraît.

D'abord, elle est tissée de liens dialectiques : la conscience qui imagine anéantit l'être, et c'est sa spécificité de ne viser l'être qu'en tant qu'anéanti. La conscience qui perçoit, au contraire, réalise l'être, ou se rapporte à lui en tant que réel. Cependant pour qu'il y ait perception ou révélation de l'être comme réel, il faut que la conscience *ne soit pas* une chose parmi les choses, il faut qu'elle se détache suffisamment de l'être pour pouvoir s'y rapporter, bref qu'elle dispose, à son égard, de ce recul néantisant qui, *posé pour soi*, est le sens de l'imagination ; inversement, pour que la conscience puisse imaginer, il faut qu'elle soit située *à l'intérieur de l'être* – et le déchiffrement de cette situation, *posé pour soi*, n'est rien d'autre que la perception –, la seule consistance de l'imaginaire tenant à ce qu'il est anéantissement de telle ou telle facette du réel.

Ensuite, sa teneur éthique, elle non plus, n'est pas si aisée à répartir. *L'Être et le néant* le proclame : la « possibilité pour la réalité humaine de sécréter un néant qui l'isole », c'est la liberté. S'il est vrai que cette possibilité est exemplairement à l'œuvre dans l'imagination, il faut en conclure que l'imagination est la liberté même (et Sartre ne renoncera jamais tout à fait à cette conclusion). Mais on peut *aussi* considérer que l'imaginaire, saut dans le néant, laisse le réel en l'état, se contente de *rien*, et n'est que stérilité ; et mettre plutôt la liberté du côté du corps à corps avec le réel, de la prise effective sur les choses, bref de l'acte, c'est-à-dire du côté de la perception. C'est en tout cas ainsi que pense Sartre dans les *Carnets de la drôle de guerre :* contre l'esthétisme encore contemplatif de Valéry Larbaud, avec son Barnabooth qui rachète l'humilité des choses par la splendeur de l'imaginaire, en en faisant le vase sacré où irradie le « secret humain » (ainsi l'essence de l'Italie se donnerait dans le rose désolé dont sont peints les docks de Naples), il valorise l'humanisme de Saint-Exupéry, qui, au contraire, désacralise les choses en les rendant fonctionnelles, et met le sens de l'homme non plus dans quelque secret essentiel et intérieur, mais *au-dehors*, au bout de son outil et de son métier. Piloter l'avion, c'est un *acte* à la fois unifiant et différenciant, qui dispose autour de lui un certain nombre de destinations, des villes certes désenchantées de leur exotisme (« Ces cités aux noms magiques, Buenos-Aires, Carthagène, Marrakech, sont posées à côté de lui pour qu'il puisse *s'en servir*, comme les clous et le rabot sont posés sur l'établi »[2]), mais dont la neutralité en même temps que la complexité ustensile sont mieux aptes à rendre compte

1. J.-P. Sartre, *L'Imaginaire*, Paris, Gallimard, 1940, p. 245.
2. J.-P. Sartre, *Carnets de la drôle de guerre*, Paris, Gallimard, 1995, p. 184.

de la trame de l'être-au-monde humain qu'une arbitraire étincelle allumée au détour d'un vocable chantant, d'un parfum ou d'une couleur. Imaginaire/praxis, poésie/prose, esthétisme/ustensilité, geste/acte : autant de formulations différentes de la même opposition, qui parcourent toute l'œuvre.

Dans les *Cahiers pour une morale*, Sartre consacre de longs développements au monde « primitif », et Fabrizio Scanzio en rappelle le principe. Il s'agit d'un monde aliéné, et aliéné par le privilège qu'il accorde à l'imaginaire par rapport à l'acte. C'est le monde du *désir*, où l'objet du désir est visé à vide, par incantations ; que cet objet se présentifie, que survienne le fruit ou le poisson, il n'apparaîtra jamais comme le résultat d'un acte (cueillette, pêche), mais comme preuve de la co-appartenance magique du désir et du monde. Le désir est aliéné, « *Le désir est un Autre* »[1], parce que ce n'est jamais par l'effet de ma liberté agissante qu'il me semblera comblé. Mais qu'en est-il de notre monde « moderne », de notre monde de 1947-48, de notre monde actif et technique ? Il est tout autant en proie à l'Autre, et, peut-être, de façon plus perverse. L'aliénation primitive était immédiate, elle tenait de la fascination. La nôtre est dissimulée par une série de médiations, qui ont toutes pour fonction de brouiller l'opposition du réel et de l'imaginaire, au point de faire perdre à chacun des termes son tranchant et sa consistance propre. D'ustensiliser l'imaginaire, de sorte que l'image, passivisée, perd sa puissance de néant ; de sorte que l'ustensile, du fait de s'exercer non pas sur les résistances du réel, mais sur des représentations, perd sa puissance effectivement transformatrice et devient abstrait. L'aliénation propre au monde moderne, c'est la plongée de l'humain dans un imaginaire collectif, mécanisé, où chacun adopte « en toute liberté », comme s'il s'agissait des siens propres, les imaginaires imposés en douceur par cet Autre diffus et omniprésent qu'est le corps social. Cette critique du moyen, du général, de l'abstrait, du collectif fait décisivement basculer l'imaginaire du côté de l'aliénation, et annonce la sérialité, telle que l'étudiera la *Critique de la raison dialectique* : la sérialité, c'est-à-dire l'existence assujettie au pratico-inerte, ce monstrueux hybride ; idée-chose et chose-idée à laquelle l'homme ne peut plus s'opposer comme à un obstacle *parce qu'elle est tout entière pétrie de liberté*.

Juan Manuel Aragüés s'attache à la même problématique : celle de la domination par manipulation, par « mensonge », le mensonge consistant à faire passer l'imaginaire pour réel, et donc à désamorcer, de façon invisible, notre liberté d'action, qui n'a de sens qu'en prise sur la réalité. Mais il envisage moins cette figure de l'aliénation comme un chaînon dans le système théorique sartrien (des écrits phénoménologiques à la *Critique*)

1. J.-P. Sartre, *Cahiers pour une morale*, Paris, Gallimard, 1983, p. 366.

que comme un outil permettant d'anticiper, de façon polémique, *notre* monde moderne, ce monde qui, un demi-siècle plus tard, face au mensonge de masse caractérisant les moyens de communication, a fini par donner naissance à une discipline spécifique : la médiologie.

Raul Kirchmayr s'engage dans une analyse fine et détaillée des avatars du « don », du « potlatch » et de la « générosité », dans *L'Être et le néant, Cahiers pour une morale* et *Vérité et existence.* Ici aussi, il est question des métamorphoses que subissent aliénation et oppression, de la façon dont Sartre intériorise à son ontologie l'histoire, et les acquis de l'anthropologie maussienne. Toutefois l'accent est mis non seulement, comme c'était le cas dans les deux articles précédents, sur les modes spécifiques de l'aliénation « moderne » (celle de 47-48), mais aussi et surtout sur la possibilité d'une libération, c'est-à-dire d'une éthique de la liberté. Dans les *Cahiers pour une morale*, la « générosité » est au sommet de l'échelle des valeurs morales. Dans *L'Être et le néant*, par contre, il semblait que toute générosité fût impossible, le don étant toujours assimilé à l'agressivité destructrice du potlatch, qui est entreprise de domination et d'assujettissement. Et pourtant... Rétrospectivement, à partir de *Vérité et existence* et de *Cahiers pour une morale*, il est possible de comprendre cette déclaration sartrienne : « Dans cet enfer déjà [l'enfer des relations intersubjectives dans *L'Être et le néant*] il y avait générosité et création »[1]. C'est qu'était déjà présente, dans un passage bref et inapparent de *L'Être et le néant*, comme un motif souterrain par rapport à la lutte des consciences et à l'agressivité du potlatch, cette idée d'une autre sorte de don, éventuellement authentique, qui consiste à sortir l'être de son indétermination, à le faire être pour l'autre. Motif qui deviendra explicite dans les *Cahiers* aussi bien que dans *Vérité et existence*, qui se prolongera dans *Qu'est-ce la littérature ?* et, plus tard, dans *Saint Genet.*

Le Scénario Freud : autre écrit pris ici en compte de façon significative, par Mathieu Bietlot et Jean-François Louette. Tous deux s'accordent à montrer l'ampleur du travail documentaire réalisé par Sartre pour la rédaction du scénario. Tous deux mettent en évidence les grands thèmes du texte : la vision sartrienne d'un Freud aventurier, découvrant la psychanalyse comme « issue d'un cas désespéré »[2], le sien propre : Freud névrosé, Freud malade de son faible père Jakob, Freud en quête incessante de pères substitutifs, Freud revendiquant sa condition de Juif dans la Vienne antisémite. Mais ils le font dans des optiques très différentes. Mathieu Bietlot se place dans la perspective générale du rapport de la

1. J.-P. Sartre, *Cahiers pour une morale*, p. 515.

2. Pour reprendre la formule de *Saint Genet comédien et martyr*, Paris, Gallimard, 1952, p. 536.

pensée de Sartre à la notion d'inconscient, et au « genre » de la biographie existentielle. Philosophe, il s'attache avant tout à la dimension conceptuelle et thématique du discours sartrien sur Freud. Et il soutient que tout au long de l'œuvre, l'attitude de rejet manifestée par Sartre à l'égard de l'inconscient, même si elle se raffine, ne se modifie pas sur le fond. Le propos de Jean-François Louette est à la fois plus limité et plus précis : il s'agit d'étudier les intrications textuelles qui se nouent entre *Le Scénario Freud* et cet autre grand texte ayant trait à la névrose (voire à la folie), *Les Séquestrés d'Altona*. La formation littéraire de l'auteur le mène à prêter attention non seulement au niveau du concept, mais aussi, de façon plus ambiguë, à ce qui se joue dans la profondeur du langage : là où Sartre joue de ce qu'il a compris de Freud, là aussi où parfois il est joué. Ici, l'intériorisation du freudisme a des effets plus indécidables. Encore que, sans doute, les deux articles ne sont pas contradictoires, leur dernier mot semblant bien résider dans un verdict d'impossibilité prononcé à l'encontre de la psyschanalyse : c'est sur un échec que se termine la « cure par la parole » dont J.-F. Louette montre qu'elle lie Frantz et Johanna. Échec de la psychanalyse elle-même, qui ne laisse d'autre issue à l'analysant-Frantz que de se suicider avec son père-Freud [1] ?

Vincent de Coorebyter consacre son étude au second tome de la *Critique de la raison dialectique*, et plus précisément à l'« incarnation », enjeu de la longue description phénoménologique du « match de boxe ». Description phénoménologique, qui à ce titre s'attache à la surface de ce qui se donne, aux « apparences ». Mais ce, pour atteindre leur « vérité profonde ». Que la « Chose même » des phénoménologues ne soit pas simple récollection d'un chatoiement empirique d'apparences, Sartre le sait de longue date : ce qui se montre dans le phénomène, c'est le sens, l'essence, ou encore l'être. « Non pas un être nouménal qui se cacherait derrière les phénomènes », mais « l'être de cette table, de ce paquet de tabac, de la lampe, plus généralement l'être du monde qui est impliqué par la conscience » [2]. Mais ce n'est peut-être que dans la *Critique* que Sartre parvient, au moyen de la phénoménologie, à révéler non plus la simple teneur d'être d'un phénomène, mais bien sa teneur d'historicité. Le projet, cependant, était ancien. Vincent de Coorebyter rappelle le *Carnet Dupuis*, et l'ambition qui s'y exprimait de penser l'Histoire à travers la spécificité présente de l'événement (c'est-à-dire de ce qui se donne), ou encore, aussi bien, de penser le singulier comme totalisant, et la totalisation comme

1. Le Père des *Séquestrés*, avec son cancer et sa névrose, c'est Freud. Mais Frantz, lui aussi, pourrait bien être une incarnation de Freud, *du jeune Freud*, sous suggère Jean-François Louette.

2. J.-P. Sartre, *L'Être et le néant*, Paris, Gallimard, coll. « Tel », 1991, p. 29.

singulière. Pourtant, pendant longtemps, c'est en spectateur, en touriste au pays des phénomènes, en chasseur et en collectionneur de significations, que Sartre aura cherché le tout dans la partie, ou le « secret » des apparences. Bref, en idéaliste. Barnabooth pas mort : toute l'Italie dans le rose désolé d'une façade, ou encore l'esprit analytique anglo-saxon résumé dans des habitudes culinaires. Une différence, une distance subsiste entre signifiant et signifié, qui permet l'arbitraire, voire le rend inévitable. Tout autre est le niveau du *sens* atteint dans la *Critique*. Ici, plus de « spectateur », mais une *praxis* enveloppée par ce qu'elle pense et perçoit. Le « spectateur » du match de boxe – aussi bien le penseur qui pense ce spectateur, spectateur au second degré – *participe* à la violence à laquelle il assiste, et cette violence *est* la violence même de la société. Ce monisme radical, cette immanence réciproque de l'incarnation et de l'incarné, c'est ce qui garantit le sens, ce qui permet, sans arbitraire, de hiérarchiser les indices phénoménaux pour accéder à leur « vérité profonde ». Plus tard, c'est ainsi que le « vécu » immédiat et pré-réflexif de Gustave, parce qu'il intériorise toute une époque, pourra s'extérioriser en une œuvre, non seulement dans laquelle cette époque pourra se reconnaître, mais encore par laquelle elle aura été prophétisée.

Le chantier reste ouvert. On l'a dit, des écrits posthumes publiés restent ici non explorés. Et de nouvelles publications, probablement, sont à venir. Espérons simplement que le présent numéro soit parvenu à ouvrir quelques entrées et à dévider quelques fils d'intelligibilité dans l'œuvre posthume, ce « laboratoire » de la pensée sartrienne se faisant, qui confère aux « grands livres » une profondeur (au sens physique de ce terme) et une complexité insoupçonnées jusqu'aux années quatre-vingts. Ou encore : une nouvelle vie après la mort. N'est-ce pas là le plus beau sens de ce mot : « posthume » ?

Juliette SIMONT
Fonds national de la recherche scientifique de Belgique

NOTE DU TRANSCRIPTEUR A PROPOS DE LA *LÉGENDE DE LA VÉRITÉ*

En 1970, bénéficiant d'un congé d'un an en France grâce à une bourse Guggenheim, j'ai eu la possibilité de participer à quelques activités gauchistes et de transcrire plusieurs manuscrits de Sartre qui se trouvaient en possession de Simone de Beauvoir et que celle-ci eut l'obligeance de me communiquer. Parmi ces manuscrits, figurait celui dont avait été tirée la *Légende de la vérité*, publiée en 1931 et reprise en 1970 dans *Les Écrits de Sartre*. Dans ce dernier ouvrage, terminé en 1969, j'écrivais que le manuscrit que possédait Beauvoir était complet, et je le datais de 1929. Sartre ayant commencé son service militaire en novembre 1929, il est plus probable que son manuscrit, rédigé pendant son service, date de 1930. Quant à savoir si le manuscrit possédé par Beauvoir était réellement complet, il faut distinguer deux questions. Comme on le verra, il manque quelques pages, sans doute définitivement perdues, dans les cahiers ou les liasses que Beauvoir m'a confiées pour transcription. D'autre part, pour des raisons que Vincent de Coorebyter précisera plus loin, il est possible que le dossier que possédait Beauvoir ne comportait pas tous les textes issus des campagnes d'écriture successives de la *Légende de la vérité*, mais jusqu'à présent aucun autre manuscrit n'est venu à notre connaissance.

La transcription que j'ai faite de l'ensemble du dossier en possession de Beauvoir a été soigneuse, mais n'a pas suivi toutes les règles en cours aujourd'hui à l'Institut des Textes et Manuscrits modernes (ITEM-CNRS). J'ai rendu ce manuscrit assez rapidement à Simone de Beauvoir, sans en établir de photocopie, et j'ignore ce qu'il est devenu ensuite.

Le dossier marqué « Légende » comprenait trois parties :

– Un cahier 17x22, marque Jeanne d'Arc, vendu à 3F25 par la Librairie-Papeterie Delion, Saint-Étienne, comprenant 21 feuillets à petits carreaux écrits d'un seul côté (écriture régulière, encre bleu-noir), pratiquement sans ajouts ni corrections, et sept feuillets non lignés percés de deux trous, comportant quelques fragments et ayant de toute évidence servi de brouillon. La fin du cahier manque, ainsi qu'une page vers le début du cahier. Sur la couverture du cahier, il y a une mention manuscrite au crayon, sans doute ironique : « Pur chef-d'œuvre ». Ce cahier comporte pour l'essentiel un chapitre de la *Légende* titré par Sartre « Légende du probable et des philosophes ».

– Un ensemble de 19 feuillets 20x31, papier jaunâtre non ligné, écrits d'un seul côté à l'encre noire. L'écriture est régulière, avec des corrections dont certaines ne sont pas déchiffrables ; il pourrait s'agir ici de feuillets provenant du manuscrit final. Il manque au moins un feuillet au début de la liasse, puisque le texte commence au milieu d'un développement (« Enfin, ... »). Il manque aussi un ou plusieurs feuillets après le douzième. Cet ensemble porte le titre de « Légende », sans autre précision et sans qu'il soit possible de déterminer qui l'a écrit.

– Un texte de 16 pages sur un support (sans doute un cahier) dont je n'ai pas conservé la description. Le propos de Sartre est ici particulièrement discontinu, de sorte que ce texte apparaît comme un premier brouillon, voire un aide-mémoire pour une rédaction future. Ce texte porte pour titre, apparemment ajouté par Sartre après coup : « Légende du probable ».

J'ai transcrit ces trois fragments de la *Légende de la vérité* en respectant l'ordre dans lequel ils se présentaient dans le dossier de Simone de Beauvoir, mais cet ordre n'est pas forcément celui que Sartre leur avait assigné, d'autant que ces fragments ne proviennent sans doute pas d'une seule campagne d'écriture. C'est pourquoi l'ordre dans lequel les fragments sont publiés ici, choisi par Vincent de Coorebyter pour des motifs sur lesquels il s'explique plus loin, diffère de celui dans lequel je les ai découverts.

Les symboles [ ] encadrent un mot ou un passage ajouté par mes soins pour faciliter la lecture ou décrire l'état du manuscrit. Les passages entre X et X correspondent à des mots ou des phrases barrés par Sartre. Les titres entre + et + ont été apparemment ajoutés au manuscrit après coup. Les notes de bas de page sont soit de mon initiative, soit dues à Vincent de Coorebyter.

Michel Rybalka
Washington University, Saint Louis

GENÈSE ET STRUCTURE DE LA *LÉGENDE DE LA VÉRITÉ*

La *Légende de la vérité* est la première œuvre philosophique ambitieuse de Sartre – plus ambitieuse encore, et plus strictement conceptuelle, qu'*Er l'Arménien*, même si ce dernier texte constitue une clé majeure pour la compréhension du jeune Sartre et devrait être pris en compte pour cerner le cheminement qui a conduit à la *Légende*.

Pour autant, l'intérêt suscité par la *Légende de la vérité* n'est pas à la hauteur de sa célébrité. Si tous les spécialistes s'accordent à y voir une tentative marquante, c'est le plus souvent pour conclure qu'elle a tourné court, à un double titre : non seulement Sartre n'est parvenu à publier que le premier chapitre de cet essai, mais il a tiré lui-même les leçons de son échec en renonçant définitivement à adopter des formes semi-fictionnelles au ton prophétique inspirées de la culture antique, grecque en particulier. Rétrospectivement, la *Légende de la vérité* apparaît davantage comme la clôture d'une époque, le chant du cygne d'une forme littéraire qui convenait mal à Sartre, que comme le point de départ de sa pensée[1] – et ce malgré l'avertissement de Simone de Beauvoir signalant que les théories tardives de Sartre s'annonçaient dans la *Légende :* « déjà il rattachait les divers modes de la pensée aux structures des groupes humains[2] ».

Cette situation est notamment due au fait que seule la première partie de la *Légende* était accessible jusqu'à ce jour, soit la partie la plus aboutie mais aussi une des plus elliptiques (Sartre lui-même rapporte qu'Aron la jugeait « passablement obscure[3] »). Ayant consacré quelque temps à

1. A l'exception de J. Simont, la seule à notre connaissance à développer une approche philosophique du texte (in *Jean-Paul Sartre. Un demi-siècle de liberté*, Paris-Bruxelles, De Boeck & Larcier, 1998, p. 14 *sq.*).

2. S. de Beauvoir, *La Force de l'âge*, Paris, Gallimard, coll. « Folio », 1980, t. I, p. 54.

3. J.-P. Sartre, *Lettres au Castor et à quelques autres*, édition établie, présentée et annotée par Simone de Beauvoir, Paris, Gallimard, 1983, t. I, p. 50.

l'interprétation de la *Légende* après avoir pu prendre connaissance des posthumes[1] que l'on découvrira plus loin, nous sommes convaincu que la publication de ces trois fragments composant, avec le texte déjà édité, l'ensemble du dossier actuellement connu de la *Légende de la vérité* devrait sortir cet essai de l'ombre et conduire à y discerner une des sources les plus directes de la pensée de Sartre, conformément à l'indication du Castor citée ci-dessus. Il reste qu'il s'agit là d'une hypothèse personnelle que nous n'entendons pas défendre ici : nous nous bornerons à rappeler la genèse de la *Légende* et, surtout, à justifier l'ordre dans lequel nous avons proposé d'en éditer les éléments posthumes[2] – le lecteur devant découvrir ces textes d'un œil prévenu et pouvoir, le cas échéant, contester l'ordre que nous leur avons assigné, puisque aussi bien le sens d'ensemble de la *Légende* se nourrit de sa structure et vice-versa.

*

La première partie de la *Légende de la vérité* est parue en 1931 dans la revue *Bifur* et a été rééditée par Michel Contat et Michel Rybalka en 1970 dans *Les Écrits de Sartre*[3]. Contat et Rybalka, à l'époque, dataient la *Légende de la vérité* de 1929[4], mais il semble en définitive que Sartre l'ait écrite en 1930 et peut-être reprise en 1931, la rédaction ayant été entamée pendant son service militaire[5]. Le titre général de *Légende de la vérité* est emprunté au texte paru en 1931, mais aussi à Sartre et Simone de Beauvoir qui désignent ainsi l'ensemble de l'œuvre dont *Bifur* a publié le début : même si les parties de la *Légende* éditées ici pour la première fois comportent leur propre titre, rien ne justifie de modifier l'appellation sous laquelle cet ensemble est désormais connu.

Comme on le sait depuis la parution de *La Force de l'âge*, la revue *Bifur* a publié un chapitre de la *Légende* après que Sartre ait échoué à faire éditer l'ensemble de l'œuvre. Le manuscrit proposé à l'époque à un éditeur

1. Et ce grâce à l'obligeance de Michel Contat et de Michel Rybalka.

2. Rappelons que ces fragments étaient classés dans l'ordre suivant lorsque Michel Rybalka les a découverts : « Légende du probable et des philosophes », « Légende », « + Légende du probable + ».

3. M. Contat et M. Rybalka, *Les Écrits de Sartre. Chronologie, bibliographie commentée*, Paris, Gallimard, 1970, p. 531-545.

4. *Ibid.*, p. 52.

5. S. de Beauvoir, *op. cit.*, t. I, p. 53 ; J.-P. Sartre, *Œuvres romanesques*, édition établie par M. Contat et M. Rybalka, avec la collaboration de G. Idt et de G.H. Bauer, Paris, Gallimard, coll. « Bibliothèque de la Pléiade », 1981, p. XLVII ; M. Contat et M. Rybalka *in* J.-P. Sartre, *Écrits de jeunesse*, édition établie par M. Contat et M. Rybalka, Paris, Gallimard, 1990, p. 24.

par l'intermédiaire de Nizan n'est toujours pas localisé avec certitude[1], et reste entouré de mystère. Il comportait une préface, qui semble aujourd'hui perdue[2]. Selon un témoignage tardif de Sartre la troisième partie de la *Légende* est restée inachevée[3], mais Beauvoir affirme au contraire que Sartre avait terminé son texte au moment où Nizan lui cherchait un éditeur[4]. Cette dernière version est renforcée par l'existence d'une lettre au Castor qui parle d'un « livre » apparemment fini[5] – au point d'être doté d'une préface –, mais on peut lui opposer un second témoignage tardif où Sartre dit avoir donné des « morceaux » de l'œuvre à Nizan, ce qui autorise toutes les interprétations[6]. Dans la mesure où la lettre au Castor date d'octobre 1931, l'hypothèse selon laquelle Sartre avait proposé aux éditeurs un ouvrage parachevé devrait primer sur les témoignages ultérieurs de Sartre ; il reste que la seule version disponible du chapitre sur l'homme seul est bel et bien incomplète et pourrait, nous le verrons, constituer l'état le plus avancé de cette dernière partie de la *Légende*.

Le plan du manuscrit a été décrit par l'auteur et par Beauvoir, qui évoquent à différentes reprises une division tripartite entre la « Légende du certain », la « Légende du probable » et la « Légende de l'homme seul », ces trois chapitres étudiant respectivement la science (complice de la démocratie et productrice de vérités universelles), l'idéologie des élites (domaine des idées générales inaccessibles à la plèbe) et le regard sans filtre que les exclus de la cité peuvent jeter sur le réel grâce à leur solitude[7]. Nous n'avons aucun motif de douter de cette description, mais il est possible que la structure de l'ouvrage ait évolué au fil du temps.

D'une part, la lettre au Castor déjà évoquée, qui date de l'époque où l'éditeur pressenti par Nizan refusait le manuscrit de Sartre, donne le titre de

1. En 1970 M. Contat et M. Rybalka avançaient que le manuscrit de l'ouvrage entier était conservé (*op. cit.*, p. 53), mais ils désignaient ainsi le dossier prêté par le Castor à Michel Rybalka, dont on verra pourquoi il ne correspond pas exactement au manuscrit défendu par Nizan.

2. J.-P. Sartre, *Lettres au Castor et à quelques autres*, t. I, p. 49-50 ; M. Contat et M. Rybalka *in* J.-P. Sartre, *Écrits de jeunesse*, *loc. cit.*

3. J. Gerassi, *Jean-Paul Sartre : Hated Conscience of His Century*, t. I (*Protestant or Protester ?)*, Chicago-London, The University of Chicago Press, 1989, p. 97.

4. S. de Beauvoir, *op. cit.*, t. I, p. 92.

5. J.-P. Sartre, *Lettres au Castor et à quelques autres, loc. cit.*

6. S. de Beauvoir, *La Cérémonie des adieux* suivi de *Entretiens avec Jean-Paul Sartre*, Paris, Gallimard, coll. « Folio », 1987, p. 228.

7. Sur les grandes lignes du texte et les titres des chapitres, outre J. Gerassi, *op. cit., loc. cit.* (qui verse dans l'illusion rétrospective quant au contenu du troisième chapitre), voir S. de Beauvoir, *La Force de l'âge*, t. I, p. 54 et *La Cérémonie des adieux*, p. 218-219, ainsi que M. Contat et M. Rybalka, *op. cit.*, p. 52.

deux sections, soit « *La Légende de la Vérité* » et « *L'Homme seul* »[1] – ce qui correspond au sens mais non à la lettre de deux des trois titres rappelés ci-dessus. D'autre part, la division tripartite alléguée par Sartre et Beauvoir semble désigner un stade avancé de la rédaction car le premier fragment publié ici s'intègre mal à cette structure, par son titre comme par son contenu. Il faut dès lors émettre l'hypothèse que cette construction ternaire ne s'est pas imposée d'emblée à Sartre, mais résulterait d'un jeu de contrastes approfondi en cours de rédaction : c'est en tout cas ce que suggère une première analyse des trois posthumes, qui commande par ailleurs l'ordre dans lequel ils sont présentés ici.

*

1. Le premier fragment apparaît comme un brouillon : si deux parties de ce texte possèdent un style très travaillé et annoncent le chapitre édité en 1931 (voir *infra*, p. 27-30 et 31-33), elles s'interrompent brusquement au profit de simples éléments de plan ou de notes éparses (*infra*, p. 30-31 et 33-36), voire de passages biffés ou surajoutés (*infra*, p. 36). De surcroît, ce premier fragment étant inachevé et certaines pages ne recoupant ni le texte de *Bifur* ni les deux autres posthumes, nous y voyons un premier jet dont Sartre aurait remanié l'essentiel en vue d'une publication tout en renonçant à suivre certaines pistes. Cette hypothèse permet d'expliquer que Sartre mêle ici la science, les philosophes et l'homme seul au sein d'un même récit dénué d'armature claire, alors que selon Sartre et Beauvoir la *Légende de la vérité* consacrera trois développements distincts à ces différentes figures, ce qui est confirmé par les autres posthumes de la *Légende*. De manière plus précise, on notera que ce premier fragment rattache encore la philosophie à l'action prophétique de farouches vagabonds qui annoncent la figure de l'homme seul (*infra*, p. 27-28), alors que le deuxième posthume fera des philosophes le rempart idéologique de la Cité : le premier fragment constitue donc sans doute l'amorce originelle de la future *Légende*, antérieure à la distinction entre l'homme seul (thème du troisième fragment) et les philosophes (thème du deuxième fragment), ainsi qu'au ravalement de ces derniers au rang de fonctionnaires serviles. Ce rabaissement étant amorcé dans les notes éparses qui achèvent le premier fragment (*infra*, p. 36), l'évolution interne ou les contradictions de celui-ci sur le thème de la philosophie renforcent l'hypothèse qu'il constitue un premier jet au cours duquel Sartre a eu l'occasion d'affiner sa pensée, voire de modifier le plan de la *Légende*.

1. J.-P. Sartre, *Lettres au Castor et à quelques autres*, t. I, p. 50.

Dans cette hypothèse, le titre de ce posthume pourrait prendre un sens non accidentel. Ce titre ajouté après coup sonne en effet d'abord comme une erreur, puisqu'il nomme « Légende du probable » un texte qui traite surtout de la science c'est-à-dire de la construction collective de la Vérité, si l'on en croit le texte publié du vivant de Sartre. Mais un examen plus attentif du premier posthume montre qu'à la différence de la version de *Bifur* il ne détaille *pas* la manière dont la science invente, codifie et impose des *vérités* universelles : il aborde la science sous l'angle du déterminisme et de l'esprit démocratique, sans plus. Or Sartre, à l'époque, récusant purement et simplement le déterminisme, y compris quant au régime d'être relevant de la physique [1], il n'est pas exclu qu'il ait choisi, après avoir hésité, le titre de « Légende du probable » pour refléter sa vision originelle de la science – corpus d'énoncés inventés pour les besoins de la Cité –, avant d'élaborer une vision plus fine du monde des savants – celle de *Bifur* – qui s'interrogera sur la façon dont des énoncés conventionnels peuvent accéder au rang de « vérités » admises comme telles plutôt que d'en rester au niveau du probable, ce dernier étant dès lors mis en équation avec la seule philosophie comme l'établit le deuxième posthume de la *Légende*.

2. Ce deuxième fragment aussi est incomplet : il propose un développement continu mais dont une page a été arrachée, et qui s'interrompt au milieu d'une phrase pour laisser place à quelques variantes. Mais les autres caractéristiques de ce cahier posthume en font un ensemble cohérent et achevé. Le titre du fragment, « Légende du probable et des philosophes », est de la main de Sartre et appartient à la même campagne d'écriture que le texte. Compte tenu du fait, surtout, que ce titre correspond parfaitement au deuxième terme de la structure tripartite invoquée par Beauvoir et Sartre c'est-à-dire l'idéologie des élites, et que le texte est presque vierge de ratures et d'ajouts, nous avons vraisemblablement affaire ici à la deuxième partie du livre soumis à un éditeur par Nizan, dont Sartre aurait parodié l'épigramme emprunté à Kipling (« Mais ceci est une histoire pour les grandes personnes ») pour conclure le chapitre livré à *Bifur* (« Mais c'est une légende pour grandes personnes » [2]). Ce cahier livrerait donc la suite immédiate de l'écrit livré au public en 1931 et 1970 : les deux textes sont en parfaite continuité (le posthume résume le propos développé dans *Bifur* puis s'interroge sur la naissance de la philosophie), et à l'exception de l'épigramme aucun élément de ce deuxième fragment ne se retrouve dans le

1. Un inédit de Sartre contemporain de la *Légende de la vérité*, à savoir la partie philosophique du carnet « Dupuis », affirme ainsi à deux reprises qu'« il n'y a pas de déterminisme » (carnet « Dupuis », folios 14 et 15 – ce texte sera bientôt publié dans les *Études sartriennes VIII*).

2. M. Contat et M. Rybalka, *op. cit.*, p. 545.

texte publié (alors que Sartre aurait sans doute puisé dans cette section si elle avait précédé la rédaction finale). Cette hypothèse se renforce encore du fait que ce cahier s'achève sur quelques variantes dont l'une porte sur un passage du troisième posthume – c'est-à-dire du chapitre sur l'homme seul –, et qui présentent un style particulièrement étudié : sans doute Sartre était-il à la recherche d'une meilleure rédaction de certains éléments du texte destiné à publication. Contrairement au précédent, ce deuxième fragment de la *Légende* ferait donc partie du manuscrit final dont Sartre a extrait le premier chapitre pour le livrer à *Bifur* – ce qui suffit à expliquer l'absence de ce chapitre dans le dossier confié par Simone de Beauvoir à Michel Rybalka.

3. La prudence s'impose davantage quant au troisième texte que l'on découvrira ici : nous en sommes réduits à formuler deux hypothèses contradictoires sur sa genèse. Ce fragment est simplement titré « Légende », peut-être à l'initiative de Simone de Beauvoir puisque la première page au moins du texte fait défaut, et qu'en 1931 Sartre évoquait ce chapitre sous le titre de *L'Homme seul*. La construction de ce posthume n'est pas sans faille, ni son style d'un niveau constant : ce texte paraît moins « fini » que le précédent. Cette impression est renforcée par le fait que cette liasse est incomplète : le début (un, deux, trois feuillets ?) a disparu[1], plusieurs folios manquent au milieu du développement, et ce dernier s'interrompt sur un raisonnement qui ne peut en aucune manière faire office de conclusion. Si l'on ajoute à tout ceci le caractère aporétique de la démonstration tentée par Sartre, on peut imaginer que ce fragment est issu d'une campagne de rédaction assez précoce et qu'une version plus satisfaisante a été rédigée par la suite, qui serait aujourd'hui perdue ou non localisée : le livre apparemment achevé remis par Nizan à un éditeur aurait donc comporté une version revue de ce texte. Il reste que selon d'autres témoignages de Sartre la dernière partie de la *Légende de la vérité* était restée inachevée, ce qui correspond à l'état du fragment dont nous parlons. Ce dernier pourrait donc aussi bien constituer le troisième chapitre du manuscrit final, le texte comportant assez peu de corrections et traitant de l'homme seul, thème assigné par Sartre et Beauvoir à la dernière section de la *Légende*.

Si l'on retient cette seconde hypothèse génétique, selon laquelle ce fragment de la *Légende de la vérité* est issu de la dernière campagne de rédaction, les faiblesses et l'inachèvement du chapitre sur l'homme seul contribueraient à expliquer que Sartre ait renoncé à reprendre la *Légende*

1. Le début du fragment développe un parallèle entre le mode d'expression de l'homme seul et la peinture qui devait au moins faire l'objet d'une introduction, d'autant que le texte conservé commence par : « Enfin, ... ».

après sa publication partielle dans *Bifur* et le refus essuyé auprès de l'éditeur sollicité pour une publication intégrale [1]. Il faut rappeler à cet égard que Sartre lui-même était particulièrement sévère pour le dernier chapitre de son livre, qualifiant *L'Homme seul* de « quasiment impigeable, par ma faute » [2]. Appréciation outrancière sans doute, empreinte de dépit, mais assez rare sous sa plume pour qu'elle aiguise la curiosité du lecteur.

Vincent de Coorebyter
Université libre de Bruxelles

1. Sur l'abandon de la *Légende* voir S. de Beauvoir, *La Force de l'âge*, t. I, p. 122-123 ; J.-P. Sartre, *Lettres au Castor et à quelques autres*, t. I, p. 49-50 ; Michel Contat et Michel Rybalka *in* J.-P. Sartre, *Œuvres romanesques*, p. XLVIII ; M. Contat et M. Rybalka *in* J.-P. Sartre, *Écrits de jeunesse*, p. 24 ; J. Gerassi, *op. cit.*, t. I, p. 97. Ces sources divergent quant à l'identité de l'éditeur qui a refusé le manuscrit défendu par Nizan.

2. J.-P. Sartre, *Lettres au Castor et à quelques autres*, t. I, p. 50.

FRAGMENTS POSTHUMES DE LA *LÉGENDE DE LA VÉRITÉ* *

+ LÉGENDE DU PROBABLE +

Les eaux grecques ont reflété, révélé de hautes figures sombres et basanées. Ceux qui se connurent ainsi furent captifs comme d'une idole de leurs propres visages et disposés à considérer sérieusement leurs plus fugitifs émois. La lassitude, les colères passagères, les peurs irraisonnées du crépuscule, s'ils se remémoraient leurs forces ardentes, sillonnées de signes prophétiques, ils en faisaient d'abruptes pensées, étroitement liées à leur nature individuelle, impossibles à débusquer pour les livrer comme des lièvres morts ou des poules d'eau au grand jour d'un marché, rebelles au discours. Ils ne se comprenaient pas eux-mêmes. Ils avaient la passion de voyager seuls, courbés sur de grands bâtons. Aux hommes seuls la nature est prodigue de dons bizarres. Ils virent des arbres crochus, des ombres immenses et redoutables, ils entendirent les plaintes d'un enfant caché dans le vent : la peur leur donnait d'admirables spectacles. Ils y réfléchissaient en eux-mêmes, dans ce style bizarre où beaucoup d'inexprimable était sous-entendu et lorsqu'ils étaient contraints par l'occasion de produire aux autres hommes ces changements obscurs, ces formes sans géométrie qu'ils sentaient en eux, ils parlaient en vers, se sentant aussitôt un peu plus liés encore par ces charmes à leurs arabesques intimes. Vers le même temps, les citadins, s'ils avaient à sortir la nuit dans la campagne, attendaient d'avoir à plusieurs X affaire X dans le même lieu, pour ne point être seuls après la tombée du soleil. Ils éclairaient alors de torches fumeuses une nature docile et sans mystère, comme un animal domestique, et même ceux qui avaient le courage de rester un peu en arrière pour uriner contre les arbres, n'entendaient que le frémissement bien explicable des ramures, ou les airs d'oiseaux connus, bons ou mauvais à manger.

* Nous remercions vivement Arlette Elkaïm-Sartre d'avoir autorisé la publication de ce texte, Michel Rybalka, de l'avoir mis à notre disposition, et Vincent de Coorebyter, d'avoir contribué à sa préparation pour l'édition.

X De ces vagabondages solitaires naquit la philosophie, de ces voyages d'affaires collectifs naquit la science X. Les bourgeois rentrés chez eux pouvaient sans effort retracer les moindres incidents de leur route et de leurs pensées et si quelqu'un émettait le moindre doute, ils pouvaient citer dix témoins ayant vu les mêmes choses, choses claires et simples, arbres fruitiers, arbres stériles, champs moissonnés, champs en friche, jachères, et les brigands mis en fuite à coups de bâton. Ainsi chacun, par la vertu du témoignage, introduisit en son plus secret conseil quelques voisins, quelques amis qui y demeurèrent tapis. Ces conseillers libérèrent le bourgeois des grandes puissances intérieures. Chacun se vit comme les autres citoyens le voyaient, comme s'il était hors de lui-même : il se connut calculant, réduisit à de simples mouvements organiques ses plus extrêmes fureurs, comme il voyait faire aux autres, qui attendaient dans le calme qu'il les eût terminées. Il n'eut pas de peine à faire de ses pensées un objet d'échange qui pût avoir une valeur d'usage pour d'autres que pour lui. Il y eut un marché aux paroles, comme un encan, une halle aux vins et les produits du discours furent rationalisés bien avant les autres : on n'acceptait que ce qui était construit sur un modèle uniforme, déterminé en tenant compte des possibilités d'achat des plus pauvres. Des entités simples et inusables furent mises en circulation, elles ne se payaient pas en monnaie, mais on en pratiquait le troc. Il arrivait bien qu'on fût trompé, qu'on achetât des juments cagnardes, de mauvaises paroles : on s'en rendait compte à l'usage, lorsque les voisins, plus avertis, refusaient de les accepter à leur tour : comme ces bêtes maquillées qui révèlent soudain leurs tares, ces pensées fardées apparaissaient soudain nues et inexplicables. Alors, dans la terreur d'être seul à posséder en sa mémoire ces natures inutilisables X et soudain devenues mystérieuses X, l'homme déçu se hâtait de les oublier [1].

Un dieu malin pourtant poussait parfois jusqu'aux portes de la ville les grands vagabonds solitaires, les yeux tout emplis des terreurs de la nuit. Les citadins sortis de leurs demeures les considéraient avec effroi : mais sans les chasser car ils sentaient toute la force de leur puissance tyrannique. Ils avaient bien connu sous la protection de leurs murs l'ambition des plus jeunes d'entre eux. Mais ils savaient reconnaître leurs pairs en ces agités qui n'avaient d'autre but que d'accaparer la marchandise verbale, comme d'autres aux temps de famine accaparaient le blé. Il n'y avait rien d'obscur en leurs jeunes gens : lorsqu'ils étaient en possession du plus grand nombre des natures simples spirituelles que le bourg avait mis en circulation, ils dominaient le marché et leur parole prévalait au conseil parce qu'ils savaient prudemment, à l'occasion, se départir d'une des vérités thésaurisées. Mais on savait que ce capital qu'ils avaient su amasser n'était qu'un

1. Cette phrase vient peut-être avant la précédente (manuscrit incertain).

objet d'échange, qu'il pouvait passer du jour au lendemain en d'autres mains, que ce maître éphémère n'était, derrière son arsenal de pensées politiques, qu'un homme tout pareil aux autres, possédant plus de ces recettes utiles sur le tournis X les corneilles X, le choléra, les sauterelles, la manière d'enter les greffes ou de disposer la milice bourgeoise contre l'ennemi. Mais ces recettes se laissaient diviser en natures simples et ces natures simples avaient été lentement choisies de telle sorte qu'elles pussent appartenir au dernier homme du bourg aussi bien qu'au plus riche.

Les tyrans vagabonds ne connaissaient pas ces notions communes qui n'asservissent pas leur possesseur parce qu'elles sont des objets d'échange. Ils n'avaient rien à donner, rien à recevoir. Ils possédaient en eux moins des pensées nues et immédiatement réalisables que des forces noueuses profondément enracinées et qui ne paraissaient convenir qu'à eux seuls. Ils ne pouvaient pas s'en départir sur le champ et les monnayer, mais ils semblaient au contraire s'en être faits les esclaves et, par la puissance irrésistible de leur esclavage, ils asservissaient tous ceux qui les entouraient. Ils ne savaient rien sur les arbres fruitiers, sur le mariage, ni sur la meilleure façon de rendre féconde une femme stérile. Ils parlaient des choses les plus familières comme si elles avaient été les monstrueux produits de rêves nocturnes et leurs auditeurs étaient d'autant plus troublés que les vagabonds éveillaient en eux de vagues résonances, comme s'il fût resté derrière leurs notions proverbiales quelque chose de monstrueux dont ils n'eussent pu faire commerce et qui les eût condamnés à être seuls. Derrière ces fêtes sauvages, ces nuques rousses, dans le ciel éclatant le soleil jusque-là sans mystère, le père des moissons déversait une clarté tragique et fauve, comme la flamme rouge d'un incendie et plus d'un, qui levait la tête, s'apercevait soudain de l'immensité sauvage du monde. Mais nul parmi les habitants du bourg, quelque inquiet qu'il fût devenu, ne pouvait se vanter au milieu de ces sensations pénibles, de comprendre une seule de ces rudes paroles. Pourtant les tyrans apportaient avec eux l'inégalité. Au son de leurs voix des différences subtiles s'établissaient entre les hommes. Certains, une flamme d'amour aux yeux, se rangeaient spontanément derrière les maîtres, d'autres, étonnés, perdant toute l'assurance de leur dignité commerçante, demeuraient incertains et se trouvaient soudain déchus de leur place. C'était le crépuscule de la démocratie bourgeoise ; et personne ne savait quelle force redoutable établissait soudain entre ces/les hommes si familiers les uns aux autres, entre voisins, les amis, les parents, une hiérarchie subtile et brutale qui laissait chacun irrémédiablement seul à son rang.

De ces cataclysmes spirituels, l'homme garde peu mémoire. Lorsque les vagabonds avaient repris leur bâton et leur course, il ne demeurait chez leurs hôtes d'un jour qu'un vague étonnement, une sorte de malaise qui se dissipait bientôt. Ils pensaient de bonne foi qu'un brigand de grand chemin leur avait fait une indésirable visite, ils édictaient des lois pour interdire à leurs pareils d'approcher de leurs villes.

Il fut une époque où il « arrivait » quelque chose au philosophe. Ce pouvait être l'ordre soudain de s'ouvrir les veines, ce pouvait être un melon de plâtre, placé sur leur assiette par un roi malicieux, et la foule des courtisans guettait, prête à rire du malheureux, ce pouvait être ces diables noirauds nommés sceptiques, sautant par dessus la tête des auditeurs, tombant au centre du cercle et discourant sans reprendre haleine sur les chauves et les jumeaux pour leur soustraire leur clientèle. Leur sagesse était par là doucement inclinée vers la pratique. Ils n'enseignaient pas à vaincre les mélancolies sans cause, ni la différence subtile par où la vie intérieure se distingue de la vie spirituelle. Ils avaient au fond de leur sac tout un arsenal de ruses qu'on aurait pu nommer « du meilleur moyen de garder son sang-froid en face d'un danger », « des sept façons d'éviter le ridicule », « comment rester calme au sein des souffrances ». Pour tout dire ils se préoccupaient de l'événement, parce que l'événement pouvait venir à eux comme un voleur et qu'il fallait bien qu'ils se défendissent. Ils y avaient gagné un sens très clair de ce mystérieux « quelque chose qui arrive ». Ils en parlaient entre eux, ils lui assignaient un mode particulier d'existence. C'était tantôt un corps, tantôt un incorporel, de toute façon un adversaire sérieux qu'il fallait étudier dans son essence même.

A) L'événement – à éviter – *par l'aventure*: chez les vagabonds – sagesse = ruse pratique

B) La soumission des philosophes

C) Le philosophe universitaire : vie intérieure – sagesse contre soi – Rien ne lui arrive d'où l'événement banni de la philosophie. Le philosophe lit des romans d'aventures. Pour le reste : le *phénomène* notion fausse où on mélange les substances et les événements.

D) Premier problème : quel est le mode d'existence de l'événement.

Difficulté : Waterloo – ceci nous pousse à « la fuite d'un hussard blanc dans la fumée ». Mais arriverions-nous même à cela, encore faut-il se demander quelle espèce de réalité a cette fuite.

Voici le doryphore figé dans sa lourde immobilité guerrière : c'est un phénomène. Mais voici un guerrier habile qui s'escrime de son sabre contre un adversaire : le coup rapide de son bras, cet éclair, cette lourde chute rouge, soudain encore un phénomène. Cette épée nue de ma panoplie : phénomène. Impressions du sens de la vue reliées par jugement. Le froissement rapide de l'épée qui me tranche soudain une oreille : phénomène encore. Simplement plusieurs de mes sens y sont intéressés : la vue, le tact, le sens de la douleur.

Je ne suis pas de ceux qui démontreront à un philosophe que le monde n'est pas simplement ma/sa représentation en lui frappant de grands coups de poing dans le dos. Mais je dois convenir ici qu'il faut être bien serein, bien à l'abri des entreprises du sort pour pouvoir assimiler [1]

Il faut affirmer d'abord la réalité de l'esprit, puis expulser violemment son propre corps à la froide lumière du jour et commencer par déclarer qu'il est un ensemble de phénomènes. Les autres objets seront phénomènes de ce phénomène, jeux de couleurs sur une toile circulaire et au centre, l'esprit. Il faut être bien près de cet ange cartésien qui est assez détaché de son corps pour percevoir des suites de mouvements ; là où nous souffrons.

Les écrivains comme Conrad sont arrivés à une description de la nature de l'événement. Conrad sait comment les choses arrivent. Ce qui vient en premier, en second, par quelle succession rythmée de lent désordre et de brèves explosions. Voyez lorsque les contrebandiers de Romance capturant les Limiers [2]

---

ruse : l'événement se réduit encore plus loin : atome en mvt, mais

A) C'est une reconstruction

B) Vous pouvez mettre bout à bout tant d'atomes que vous voudrez, vous n'aurez pas tel événement

C) Et d'ailleurs un atome en mvt = événement et vous n'en savez rendre compte.

(...)

Décrire a) ce qui peut *arriver :* forme générale de l'événement
b) ce qui peut *m'arriver :* mon destin

On a peu tenté, je crois, de comparer le déterminisme à la démocratie. L'un, pourtant, fut conçu à l'image de l'autre. Le souci de la sécurité et de loyauté fit bannir des villes les thaumaturges puissants qui pouvaient tirer quelque chose de rien. Il parut prudent d'établir que nul ne pouvait sortir de sa nature limitée et qu'il fallait être plusieurs pour obtenir en tout quelque résultat. C'était à la fois une loi, un conseil et une vue désintéressée sur le monde. Les premiers qui, se sentant soutenus par tout un peuple d'égaux, promenèrent sur les choses un regard démocratique, furent choqués de la grande inégalité des effets. Un germe qu'on pouvait dissimuler sous l'ongle donnait naissance au plus grand des arbres, une vibration un peu

1. Il manque sans doute ici une page du manuscrit.

2. Ce passage est lié par une flèche à la page 30.

forte de la voix humaine déterminait parfois des éboulis. Mais cependant, stériles et renfrognés, les minéraux demeuraient immobiles, guindés dans leurs formes géométriques. Ce qui constituait une autre et bien plus dangereuse tentation, c'est que certaines natures parlaient à l'esprit et que d'autres ne disaient rien. L'aristocratie naturelle devenait intolérable à ces bons citoyens. Ils organisèrent donc le monde extérieur de façon qu'il demeurât la plus belle conquête de l'homme. Ils divisaient les forces variables et spontanées ; de chaque objet ils retiraient soigneusement toute capacité personnelle : si cette production naturelle agissait, si elle était cause d'un changement dans l'ensemble de ses pareilles, il eût été subversif d'imaginer qu'elle en fût responsable. Elle n'agissait que par délégation. De même le plus obscur des votants savait bien, lorsque le dictateur déclarait la guerre, que ce redoutable pouvoir de vie et de mort lui était conféré d'en bas. « Sans moi, pensait-il, moi qui l'ai élu, pourrait-il aujourd'hui m'envoyer au combat ? Mais moi-même aurais-je pu provoquer ce grand bouleversement ? Il fallait le concours de mes camarades ». La force passait des uns aux autres et finalement au bras qui déchirait le traité. Une longue chaîne, des réunions, des actions concertées avaient leur aboutissement dans ce geste décisif. Et la force n'était en propre à aucun d'eux. Celui qui eût été soupçonné d'en avoir à lui seul eût été mis à mort aussitôt. Chacun n'était que le délégué d'un autre ou de tous les autres. Le considérait-on à part, il restait un minéral, une pierre morte. Il était donc naturel et comme pieux envers la cité que de supposer une pareille délégation dans la nature. C'était fonder un naturalisme de la démocratie. De cette façon et grâce à une générosité tout humaine, la merveilleuse variété des phénomènes naturels fit place à une convenable diversité de délégations. De petits citoyens nommés atomes, plus immobiles encore qu'un honnête commerçant de la ville s'ils étaient laissés seuls se communiquaient l'un à l'autre un pouvoir emprunté, réalisaient des merveilles, le soleil, le ciel bleu, la queue des paons, par solidarité. L'Homme se sentait à l'aise au sein de la nature.

Du même coup s'évanouissaient d'inquiétants mystères. Les plus âgés d'entre les citadins se rappelaient encore avec effroi l'arbitraire redoutable et imprévisible des tyrans. Ces hommes immenses et secrets, qu'on avait enfin égorgés parce qu'ils étaient par eux-mêmes puissants, produisaient soudain de surprenants cataclysmes, si disproportionnés même avec leur propre nature, qu'une fois le désastre achevé, on ne pouvait en reconnaître la cause dans ces géants blonds et bronzés. Il y avait alors, poursuivaient les ancêtres, une pareille inquiétude éparse sur la terre. Lorsque les êtres inhumains qui encerclaient l'homme étaient considérés comme les fabricants de leur propre énergie, nul ne pouvait leur fixer de limites. Ni l'idée d'espèce, défense hâtivement conçue, ni le sentiment désespéré du Bien et du Mal, n'étaient suffisants pour les contenir. Alors était née une redoutable lignée d'hommes profonds qui prétendaient aller seuls par la nature et communiquer directement avec ses secrets. Ils allaient de ville en ville, tenant en laisse, comme des ours, leurs connaissances terribles et arrachaient l'aumône par intimidation, en les laissant un peu tirer sur la chaîne. Ils avaient [été] mis à mort, par mesure de sécurité publique, mais si l'on pouvait déjà se sentir soulagé à l'idée qu'il n'y avait plus personne au monde pour parler en termes obscurs et menaçants des secrets de la nature, combien plus rassurant, plus léger, plus démocratique, se leva le jour où l'on apprit que la nature n'avait plus de secrets : tout simple, la république jusqu'aux infiniment petits, un mouvement mesuré, venant toujours du dehors et ressortant des êtres en même quantité qu'il était entré, la face de l'univers constante, animée seulement en surface par une délicieuse multiplicité de sourires. Les fantômes rentrèrent dans les arbres creux et l'on vit bientôt pulluler une association reconnue d'utilité publique pour son caractère strictement collectif : la société des savants.

Pour être savant il fallait d'abord être honnête homme et bon citoyen, posséder au plus haut degré l'esprit de tradition. Ils dépendaient chacun d'un de leurs confrères et celui-ci, à son tour, d'un autre savant : ils étaient un modèle pour toutes les administrations et ce n'est que bien plus tard qu'on a pu mettre en formule leur hiérarchie spontanée sous le nom de classification des sciences. Les objets de leurs études subirent le choc en retour de cette fraternité : la nature devint un [peu] plus fraternelle, la solidarité atomique se resserra, et chaque savant, accroché au passé, à ses multiples confrères présents comme les plus crochus des atomes, put se pénétrer de l'idée qu'il n'était rien, rien sans ses devanciers, rien sans ses neveux et qu'il n'avait d'autre mission que de polir, pour autant qu'il le pouvait, l'œuvre de la collectivité.

Les malheureux ! Quel monde nous ont-ils laissé ! Ne pouvaient-ils savoir par l'exemple des artistes les méfaits de la collaboration

Par des voies diverses toutes ces conceptions politiques et ces théories du/

Chercher dans un dictionnaire étymologique l'histoire de l'expression avoir lieu

Nous disons : un homme existe, la bataille de Waterloo a eu lieu, c'est-à-dire que nous considérons, en cet engagement considérable, la morne plaine belge comme la seule absence, une sorte d'âme pour qui on aura assez fait lorsqu'on lui aura donné un corps, comme si on disait de l'âme de Socrate : « Elle a pris corps aux environs du cinquième siècle avant notre ère, dans une dépouille bien laide, au nez camus ». Cependant, si vous demandez à un écolier si cette fameuse bataille a « existé » nul doute qu'il ne prenne garde au solécisme : « Elle a existé », répondra-t-il.

Or personne ne s'interroge sur ce curieux problème : quelle sorte d'existence faut-il attribuer à la bataille de Waterloo ?

Les grands-pères disaient : « Je l'ai vue – J'y ai été – J'y ai assisté ». Qu'entendre par là ? Comment peut-on voir cette bataille ? Tout au plus Napoléon, sur une éminence, pouvait-il parler de « voir » les péripéties. Et qui pourrait en propres termes parler d'avoir vu la bataille de la Marne ? Les documents cinématographiques de la Grande Guerre, qu'on nous montre de temps à autre, frappent par leur caractère inhumain : on a recours à des vues prises en avion, on juxtapose des photographies obtenues aux quatre coins d'un immense champ d'action ; et même alors le spectateur n'a de son fauteuil qu'une impression très imparfaite. Mais pour donner cette impression il a fallu le travail de toute une collectivité. Et, de même façon, que peut signifier « J'y ai été » ? La bataille échappe ici : nous ne retrouvons que le lieu et le temps. « J'y ai été » veut dire « J'étais sur la plaine de Waterloo le [*un blanc*][1] 1815 ». « J'ai été à La Mecque, j'ai été à Bruxelles, j'ai été à Waterloo, à Sedan », les deux premières phrases dites, par exemple, par quelque voyageur, disent juste ce qu'elles veulent dire mais voit-on que dans les deux dernières dites par un soldat, précisément parce qu'elles sont conçues sur le même modèle, on manque l'essentiel, on parle par sous-entendu.

Un voyageur peut dire « J'ai été à La Mecque, à Bruxelles, à Corfou », on le comprendra. Un soldat a pu dire « J'étais à Waterloo, à Ulm, à Iéna », on le comprendra encore mais dans ces dernières phrases, précisément parce qu'elles n'en disent littéralement pas plus que les précédentes, on manque l'essentiel, on parle par sous-entendu.

« J'y ai pris part » diront les lettrés.

A) « J'y ai été » « a eu lieu »
Plan du passage
B) « Je l'ai vu » « J'y ai pris part »

Voilà donc la bataille de Waterloo débitable en portions. Telle est donc la curieuse incertitude du langage au sujet de cette bataille que les uns lui dénient toute réalité, au point de ne jamais parler à son propos que X d'un décor de théâtre ou du laps de temps X de la plaine ou de la journée qui la continrent, et que les autres en font un bloc matériel dont on peut débiter des portions.

1. Sartre ne se souvient plus de la date du 18 juin, tout le développement sur Waterloo lui ayant été sans doute suggéré par *La Chartreuse de Parme*.

Unité du hasard = forme (Bergson
(Meyerson quand il dit qu'on nie le changement

Mais le changement lui-même n'est qu'une conséquence de l'événement. L'événement est avant tout une certaine nature. Ce que les événements ont de commun c'est sans doute que chacun dure. Mais cela ne nous donne pas le droit de tirer d'eux ce concept abstrait de durée ou celui de changement. Ils ne sont point au sein d'une durée abstraite qui serait celle de l'univers et que Bergson a eu tort de poser en face de notre durée individuelle. Ils sont bien un changement mais ils sont aussi une forme qui se dessine. Ils sont une *nature*. Le même Meyerson : le changement est un concept polémiste qui doit s'opposer à une tendance immobiliste. Mais son œuvre faite il doit céder la place à autre chose. L'univers n'est pas fait de changements : il est fait de formes qualifiées et c'est cela avant tout qui doit retenir notre attention. En outre le changement suppose dans les philosophies un flot continu : or il n'en est rien; il y a des retours. Il n'y a pas uniquement du nouveau. Certaines formes reviennent telles quelles et non pas seulement dans l'univers matériel.

La réponse de Bergson : il attribue un certain ordre d'existence à la durée puis il déclare que tous les objets de notre perception ou de notre intuition durent. Le problème est ainsi facilement résolu mais non pas assez naïvement. La naïveté consisterait ici à se placer en face d'un événement particulier et à s'interroger sur l'espèce d'existence qu'il convient de lui donner. Autrement dit il ne faut pas se refuser à considérer la course du hussard blanc comme un tout, sous prétexte qu'elle est imprévisible et que la considérer comme achevée serait la considérer comme morte, comme déjà de la matière. C'est trop facile. En fait dans plus d'un événement, d'une part nous connaissons la trajectoire et d'autre part nous le voyons en train de s'accomplir. Nous voyons s'achever devant nous une forme que nous connaissons. Elle n'est pas encore absolument et en même temps elle est déjà tout à fait. Cela tient à ce que notre perception embrasse un certain laps de temps comme elle embrasse un certain espace. Nous ne percevons pas le présent métaphysique, c'est-à-dire un point temporel : nous percevons une articulation complète d'un certain acte : le bras qui se lève, parca [*?*] [1] Il y a donc là une nature indivisible donnée à la fois dans le temps. Et il est évident qu'en cette nature le plus important n'est pas de durer mais d'avoir telle orientation, telle signification. Et voilà précisément ce qu'est l'événement.

1. Peut-être faut-il lire : parce/

Beaucoup plus tard, lorsque le travail patient de ses employés lui eût annexé assez de départements naturels, la cité voulut des miroirs pour sa face triomphante. Elle pensait bien qu'elle devait être un beau et terrible spectacle, si seulement elle trouvait des âmes dignes de la refléter, et le regret lui vint de ces grands vagabonds sombres et basanés qui parcouraient jadis une nature sans entraves, et dont la race s'était éteinte. Il parut facile d'en produire de nouveaux. On prit quelques bons sujets, on leur fit expliquer ce qu'on attendait d'eux et, pour parfaire leur ressemblance avec leurs modèles, on leur ouvrit toutes grandes les portes de la ville. Mais il était entendu qu'après une promenade de quelques heures autour des remparts de la ville, ils devraient rentrer par une porte dérobée. On leur assurait honneurs, pensions et l'éducation de la Jeunesse. Ils devaient en retour

se donnent d'abord la coquetterie de dire morale et science tout différent.

[*En marge*] Tout d'abord seuls en face de la science. Puis s'apercevant qu'ils étaient plusieurs, veulent une solidarité des philosophes entre eux. D'où a) étudiant la science ils ne reconnaissent plus la compréhension b) bien à bâtir ils ne voient plus que phénomènes : projets mon corps, etc.

[*Passage barré avant « Beaucoup plus tard... »*] La cité voulut refléter son triomphe dans une diversité de conscience. Il lui plut, comme à Dieu le Père, que des âmes polies l'encerclant lui rendent le reflet louangeur de sa puissance, chacune de sa place et avec

[*Barré*] Si l'on voulait faire l'éloge de la démocratie, il faudrait en venir à parler de ses titres de noblesse. Il serait bon, dans ce cas, d'expliquer qu'elle est la plus ancienne constitution, et aussi vieille même que l'idée de vérité.

LÉGENDE DU PROBABLE ET DES PHILOSOPHES

Mais ceci est une histoire pour
les grandes personnes.
Rudyard Kipling

L'ardeur seule du civisme fit éclore les savants; les philosophes eurent des commencements appropriés à la dignité de leur destin : leur naissance fut concertée, la cité les produisit par dessein.

Elle s'ennuyait à périr sous son ciel torride et pacifié. Je ne sais qui lui offrit le moyen de charmer ses loisirs : il fallait qu'elle jugeât son œuvre, rejetant la tête en arrière, clignant de l'œil, et s'enchantât de succès si divers.

Mais ce recul, ce détachement feint supposaient quelque chose comme un Moi. La cité n'en avait pas : son âme s'épuisait dans la contemplation des vérités particulières; les lois de l'air et de l'eau absorbaient sa clarté sans jamais lui en réfléchir le plus petit rayon, et son esprit, trop appliqué à réparer les fissures et les brèches d'un grand empire, toujours poussé en avant vers les conquêtes, ne se concentrait jamais sur sa propre image. La difficulté ne parut pas insoluble : un organe faisait défaut, il fallait créer un bureau.

La cité voulut choisir elle-même les miroirs qu'elle donnerait à sa face triomphante. Elle pensait bien qu'elle serait un terrible et beau spectacle pour des âmes dignes de la refléter et de lui chanter ses louanges : elle craignit de leur part un zèle excessif :

« Qu'on ne me parle pas de fanatiques », dit-elle. Elle estimait les savants, fanatiques de la démocratie, mais les tenait en suspicion légère. Par la grandeur de leurs entreprises, par l'au-delà glacé que fixaient leurs yeux, par leur désintéressement même, ces hommes avaient voué leur vie, leur mort à une solitude relative. Leur fermeté à refuser toute rétribution mettait la cité mal à l'aise : ces exemples risquaient d'être mal compris.

— Ce qu'il me faut, dit-elle, ce sont des fonctionnaires.

Ainsi naquirent les philosophes, diligentes monades, fonctionnaires de la république. Voilà pourquoi sans doute la philosophie a si peu compté de martyrs : juste autant, dit-on, que l'administration des postes.

La cité eût aimé cependant que les éloges qu'elle allait recevoir lui vinssent d'hommes indépendants et forts. Elle eut comme un regret de cette race magicienne dont les fils, qu'on avait aussi nommés, par abus, philosophes, erraient dans les bois, libres comme des loups. Pour satisfaire à ces exigences opposées, ses ministres eurent recours à une mise en scène : on prit quelques bons sujets qu'on enferma dans un/

[*Page manquante*]

Mais au serein, les plus hardis, demeurés les derniers, se glissent à leur tour dans la ville. Leurs amis les attendent dans la grand-salle de l'Hôtel de Ville. On les couronne, ils boivent un vin d'honneur : leur apprentissage est fini. Demain ils penseront.

Un seul ne fit pas d'éclats de voix, de sourires, de cueillette, ne tourna pas une fois les yeux vers les créneaux d'où les parents en habits de fête couvent leurs fils de regards attendris, ne rentra jamais dans la ville : il est défendu d'en parler.

On en était là et rien ne présageait le rôle magnifique destiné aux philosophes, lorsque, tout à coup, prit fin la lourde paix de midi. Il convient de remonter un peu en arrière.

Il y a de la justice dans deux constitutions : l'aristocratique et la démocratique. On débute, dans la première, par poser d'extraordinaires différences entre les hommes, puis on soumet le pire au meilleur. Mais cette constitution n'existe pas et l'idée même n'en est peut-être pas concevable, comme ces semblants de nœuds dont la proéminence rentre soudain dans la corde lorsqu'on tire aux deux bouts. Pour la seconde, nulle idée n'est plus claire, ni plus distincte, nulle plus juste si l'on s'y enferme : dès qu'on veut la lier à une autre idée et, singulièrement, à celle de gouvernement, l'injustice accourt et préside à l'union. C'est qu'on ne saurait trouver d'autre truchement que celui-ci : tous les hommes sont égaux, or quelques-uns doivent commander aux autres. Ce que Descartes, théoricien de la démocratie, avait eu soin de préparer : le bon sens est la chose du monde la mieux partagée, disait-il. Mais il ajoutait qu'on peut bien trouver chez certains plus de mémoire, de vivacité, un coup d'œil plus étendu, des connaissances plus variées. On ne saurait mieux exprimer que le commandement revient aux professions libérales : ces qualités sont politiques.

Il ne s'agit, répondra-t-on, que de remettre l'égalité à sa juste place, c'est-à-dire au cœur de chaque essence d'homme, et d'accepter pour la pratique une inégalité superficielle. Mais il reste à s'entendre sur ce terme de superficiel : tout dépend du système de valeurs adopté.

C'est cette équivoque qui donne naissance au malaise de la cité : longtemps, sans doute, le peuple exerça le gouvernement lui-même, et ce plaisir babillard le détourne de prendre trop garde à la diversité des conditions humaines. Il plaisait au pauvre de retrouver le riche sur la place publique, et que, dans les votes, sa main levée, sa lourde main calleuse valût la plus blanche main.

Ensuite, lorsqu'un accroissement considérable de la population força de prendre des représentants, les pauvres gens se satisfirent quelque moment de cette égalité essentielle qu'on leur reconnaissait, encore qu'on l'eût faite métaphysique, refoulée au plus profond de leur chair et convertie en une sorte de droit naturel à l'égalité. Mais, à dater de là, ils commencèrent à souffrir d'un mal obscur et tenace.

Au palais, les ministres étaient divisés : certains croyaient de bonne foi continuer la tradition de leurs pères, d'autres tenaient pour la prééminence absolue des qualités proprement politiques, s'appelaient entre eux « l'élite » et pensaient inaugurer un régime aristocratique. Mais, d'un commun accord, ils évitaient d'aborder ces questions. « L'essentiel, disaient-ils, est de bien administrer la chose publique ».

Ils entendirent un sourd murmure et mirent la tête aux fenêtres : « Formulez-nous vos griefs », dirent-ils assez sèchement.

Mais la foule assemblée demeura muette et consternée. Elle ne comprenait rien à ses sentiments : elle souffrait, elle avait beau fouiller en son cœur. Elle ne trouvait rien, pas le plus petit dommage dont elle eût pu se plaindre.

Ce n'est pas merveille : accoutumés qu'ils étaient d'attacher un prix incomparable à la lumière naturelle, on leur enseignait qu'elle était équitablement distribuée entre les hommes. Envisageant leur cas et méditant sur ce qu'ils étaient les égaux des riches pour l'essentiel, il leur semblait qu'ils eussent dû se sentir heureux, s'ils voulaient du moins rester d'accord avec eux-mêmes. Ils ne savaient pas, ni personne alors, que l'esprit, cet esprit si soigneusement réparti, n'était qu'une fiction forgée par leurs ancêtres, le reflet follet d'une absence intelligible. Cette égalité mensongère et publiée leur dissimulait une inégalité secrète qui les dévorait à feu doux : celle des vêtements, de la puissance, du loisir, des corps, des mains, des visages, de l'âme dispose ou harassée qui demeure dans les traits du visage.

En cette conjoncture, sans aucunement reconnaître les causes de leur mal, ils tâtonnèrent autour d'eux, d'instinct, pour trouver dans les mœurs, les monuments, quelque preuve cruciale de la préséance de l'Esprit, quelque moyen de la sentir si fort que leurs misères en fussent écrasées. Mais c'est à peine d'abord s'ils purent extraire de la partie pétrifiée du langage quelques formules de politesses, marques de leur ancienne splendeur et dont, faute de savoir au juste sous quel régime on vivait, on usait encore machinalement dans le courant des conversations : maigre butin ; il importait peu que l'artisan et le chef d'État s'appelassent réciproquement « citoyen ». En cette oligarchie des lumières tout le démocratique semblait mort ou figé.

Non pas tout, cependant : une fille légitime de la République, toujours plus vive, plus puissante, démodée mais si jeune qu'elle mettait la mode en fuite, poursuivait sa glorieuse carrière au milieu de l'universelle estime : c'était la Science, joyau de la cité, insoucieuse des partis, disait-on, démocrate, au fond, jusqu'aux ongles, mais à ce point révérée que les théoriciens les plus conscients de l'aristocratie lui vouaient leurs fils. C'est qu'ils ne soupçonnaient pas cette lutte sans pareille et secrète absolument qui opposait à un régime violent et neuf, le représentant vivace du régime détruit.

Les savants, cependant, ignorants des vicissitudes politiques, conduisaient leurs pensées selon les sévères méthodes de la démocratie, en faisaient hommage à la défunte république, comme ce comte autrichien qui envoyait chaque jour à sa sœur les meilleurs morceaux de sa table et continua de le faire, longtemps après qu'elle fut morte.

Or, un jour, une rumeur issue de la Ville Haute vint mourir aux pieds des fils du peuple et ses dernières vagues chuchotaient, en s'abîmant, des noms merveilleux : vif argent, air liquide, arc chantant, spectre du soleil. Ils voulurent en savoir davantage et ceux qui colportent les nouvelles leur apprirent que la science seule, non l'appareil du tribunal, établissait l'égalité parmi les hommes, et, surtout, qu'aux approches de ses énigmes en un chacun le rameau sec de l'esprit reverdissait.

L'espoir renaquit. La légende s'empara de ces brèves illuminations où l'homme, en un éclair, se sent enchaîné fatalement à son œuvre, entrevoit la longue route droite et glacée qu'il lui faudra suivre en traînant son boulet. On ferma les yeux sur le tragique désespéré du moindre sentiment d'évidence ; on célébrait en ces intuitions rapides la conscience que l'esprit, sous le fouet d'une vérité, prend de sa propre vie : il importait peu qu'il connût dans le même moment son écrasante destinée ; au bout du compte ils avaient ce qu'ils cherchaient : dans de grandes salles carrées, aux dalles blanches, près des astres captifs, au milieu des mouvements soumis du ciel, la communion magnifique de l'homme avec sa propre essence.

Il va sans dire qu'ils ne participèrent jamais à ces extases amères et somptueuses. Mais il leur suffisait qu'elles existassent et ne leur fussent point défendues par nature, mais seulement soustraites et comme volées.

Aussi chérirent-ils de loin la science en libératrice et suivirent ses étapes en pensée : pareillement l'épouse d'humble origine dont le mari va dîner chez les grands, se divertit dans la solitude de sa demeure à imaginer les détails de la réception.

L'Élite et le gouvernement se félicitèrent qu'un hasard eût fourni au peuple ce hochet : ils ne mesuraient pas les conséquences de l'événement; ils n'entendirent pas les craquements secs, comme de cosses qui éclatent, les longues rumeurs sourdes, les froissements soyeux de plante qui croît ; le vent porta loin d'eux ces bruits mystérieux de printemps.

Ce fut une faute grave : la science, jusque-là comme une âme en peine, isolée, abstraite, contenue dans la pure et fade fonction contemplative, retrouvait soudain le peuple, son grand corps rustique, s'abattait sur lui avec des cris de joie, et, toute étendue à l'aise à travers une belle épaisseur de sang, de nerfs et de muscles, reprenait des passions, son antique fanatisme, son intransigeant impérialisme démocratique, se remettait à l'ouvrage, à son véritable ouvrage, qui est politique. Autrefois gardienne de la cité, puis doucement déposée sans que rien n'y parût, elle passait, faute de pouvoir reprendre son poste, au parti de la révolte : elle ne l'a pas quitté depuis. Sous son action bienfaisante et continue, cependant, sous son rayonnement, les frustes habitants de la Ville Basse se transformaient lentement.

Ils ne recherchaient, primitivement, ni la considération, ni la fortune diverse des camps, ni rien de ce qui réclame des desseins à longue portée, une discipline constante de soi, une passion dévorante et sèche, et du loisir. Ils n'avaient aucune vue générale et ne pensaient pas à justifier leur existence par quelque grand coup, faute de s'être jamais demandé s'il lui fallait une justification. Jetés dans la vie, dans un corps harassé, dans une condition humiliée, harcelés, étourdis par l'événement, heurtés de mouvements discordants, n'ayant de ressources que ce qu'il en faut pour modifier l'immédiat, avec des idées courtes et comme une stupeur de vivre, ils ressemblaient à un très petit homme, perdu dans une grande foule et qui, tout affairé à protéger sa poitrine, à garer ses pieds, n'a ni le souci, ni la liberté de se hausser pour voir entre les têtes. Point de spéculations : mais toujours retirer, retirer comme machinalement, à petits gestes étroits et pressés, sauver ici ou là un débris, recommencer leur tâche d'insecte en courbant le dos sous la catastrophe. Demande-t-on quelle raison ces hommes sans espoir avaient de défendre leur vie : aucune, sinon d'être nés, de subir l'instinct de conservation, de n'imaginer point la mort.

Ils ne savaient pas que la composition de ces tentatives en désordre, de ces efforts cassés produisait une force constante et dirigée. Chacun, envisagé singulièrement, ne différait pas d'un homme surpris par le feu dans son sommeil et qui s'enfuit, dormant à demi, ramassant en hâte, au hasard, quelques objets : éternellement surpris, éternellement en fuite. Mais le peuple, en son ensemble, s'avançait d'un pas ferme et lent, et, de cent mille défaites particulières naissait chaque jour une victoire insensible.

Nul meneur cependant : cette foule progressait comme en dépit d'elle-même et la rectitude de sa direction n'était que l'effet imprévu des heurts, des élans brisés, des rebondissements, des tourbillons qu'elle cachait en son sein. Pour accélérer sa marche, multiplier ses victoires, il eût fallu débrouiller cette confusion intestine, dénouer ces enchevêtrements, il eût fallu que le rêve inconscient et diffus de cette masse immense pût se concentrer en chacune de ses mille têtes individuelles, que quelqu'un surgît pour incarner aux yeux de chaque unité ce grand désir : une amélioration réalisée à partir de principes, c'est-à-dire du loisir, d'abord, conquis sur les labeurs, les chagrins, les maladies, l'inquiétude congénitale, du loisir pour se souvenir, pour penser à soi ; ensuite, que le temps ne fût comme une mélodie de catastrophe mais un vaste milieu neutre et frais, homogène surtout ou, du moins, s'il fallait absolument qu'il s'écoulât, que ce fût à la façon d'un souffle très léger sans même courber la plus frêle des herbes, sans apporter à l'équilibre instable du repos et des soucis le moindre changement ; en fin de compte une mort éveillée comme si ces statues couchées qu'on sculpte sur les tombeaux ouvraient leurs yeux de pierre et regardaient les heures vides filer le long des voûtes : le Bonheur.

Or, dans le même temps, la Science, enivrée de son renouveau, comblait cette foule malheureuse de ses bienfaits : fille de la Halle, des premières machines bienfaisantes, du soc, de la charrue, elle ne reniait pas son origine et faisait chaque année, en mémoire de ses aïeules, de beaux cadeaux utiles. Il est vrai qu'à peine produits, les privilégiés les détournaient à leur profit, en faisaient de nouveaux instruments d'esclavage. Mais le peuple ne s'y trompait pas : on le volait, ces dons n'étaient que pour lui.

L'attention des plus avisés s'éveilla. Un jour ils furent comme éblouis : ils connurent les fins lointaines que la science poursuivait systématiquement, et qu'elles ne différaient pas des leurs propres. Ce que la Science tentait de conquérir sur une Durée multicolore, c'était le Temps, éther translucide du bonheur. Chaque jour elle arrachait à la durée quelques instants incomparables, si vivants qu'on eût pu leur donner des noms, comme à des bêtes. Ils frétillaient un peu, comme des poissons tirés de l'eau, mais, bientôt, suffoqués par un vent glacial et pur, morts, le ventre en l'air, ils paraissaient si semblables que nul prince aimé des fées n'eût pu les distinguer. Les hommes du commun vinrent voir par les fenêtres les longues files de poissons morts disposées sur les tables humides. Des praticiens en blouse blanche prenaient les petits cadavres, les jetaient dans la chaux vive. La foule respirait :

— Autant de gagné, pensait-elle.

Ainsi prit naissance la grande quête méthodique du bonheur. La science portait l'étendard. Cette grande femme tétonnière, à l'air de tête majestueux, marchait droit, l'œil fixé sur l'horizon de l'équivalence universelle, laissant échapper de ses bras les plus utiles, les plus confortables inventions mécaniques; les fils du peuple suivaient en glanant. Ils lui prirent ce dur regard maussade qu'elle jette, comme un maléfice, aux vivants pour les muer en pierres, aux pierres pour les pulvériser en atomes. Poussés par une habileté d'instinct à se livrer totalement à leur libératrice, en victimes volontaires de sa tâche de nivellement, ils tournèrent avec appréhension contre eux-mêmes ce regard de Méduse. A l'instant s'évanouit l'étrange et confuse notion qu'ils avaient de l'homme et de son exceptionnel destin. Ils virent, à son lieu, des corps entravés, captifs, une espèce animale en danger. Peut-être furent-ils alors saisis d'une ivresse amère et touchèrent-ils le fond du désespoir. Mais aussitôt le succès récompensa cet héroïque et rusé sacrifice. A peine eurent-ils rabaissé la race de l'homme au niveau de celle du cheval, du cochon, qu'ils prirent conscience de ce qu'il leur fallait faire : parmi les bêtes de la terre, une espèce était malheureuse ; ils devaient y remédier, ils devaient restituer leur souplesse animale à des corps présentement martyrisés. Ils prirent conscience du prix infini des corps. Ils devenaient dangereux.

La caste privilégiée pensa mourir de peur : c'était son tour de subir les événements sans les comprendre; le malaise démocratique avait changé de bord. Les hommes de l'élite avaient jusque-là vécu sans beaucoup s'interroger mais dans l'illusion tenace d'avoir établi leur régime en conformité parfaite avec la nature. Elle avait dicté, ils avaient gravé ses lois sur l'airain. C'est de là qu'ils tiraient leur bonne conscience et leur quiétude.

Mais l'apparition d'un naturalisme agressif et nouveau ruinait cette confiance béate. Obligés qu'ils étaient de s'opposer à lui parce qu'il menaçait de saper leur puissance, ils se trouvaient soudain précipités dans d'insondables ténèbres. Les besoins de la polémique leur imposaient une doctrine politique qu'ils ne soupçonnaient pas, qu'ils eussent repoussée la veille : il fallait proclamer que leur gouvernement tournait le dos à la nature, se féliciter hautement de l'avoir inventé de toutes pièces, s'engager dans une dangereuse apologie de l'artifice. La tête leur tournait devant ces pensées inconnues qui pouvaient dissimuler des pièges mortels et dont ils ignoraient même jusqu'où elles les pouvaient mener.

Ils voyaient bien d'un autre côté que le peuple avait mainmise sur la science et la faisait servir à ses fins : ils ne pouvaient comprendre cette trahison. Habitués à considérer la science comme la perle de la cité, à lui fournir des prêtres choisis dans leurs rangs, ils tenaient à elle désespérément et personne ne leur eût fait admettre qu'elle était leur ennemie héréditaire. C'était assez pour les abattre qu'on en tirât des armes contre eux. Ils demeuraient stupéfaits et incertains, persuadés qu'on l'avait détournée d'eux par la violence, bien près, cependant, de se rendre sans lutte, comme ce dictateur assailli sur sa chaise impériale et qui vit son propre fils parmi les agresseurs.

Quelques profonds politiques furent commis à examiner l'affaire sans préjugés. Ils eussent fort souhaité de découvrir un sophisme, une confusion dans les raisonnements populaires ; tout fut éprouvé, pesé. En vain : ils ne trouvèrent que rigueur et solidité. Cette rigueur parut même si manifeste qu'elle abrégea la perte de temps et les força de remonter sur-le-champ aux principes. « Qu'est-ce donc ? dirent-ils enfin ; tout revient à reconquérir la Science. C'est une fonction sociale, le problème est de désigner son organe. Nous la produisons. Reste à prouver que nous la devons produire. De tout ce fâcheux malentendu nos ancêtres sont coupables, qui déposèrent par décret la lumière naturelle en chaque homme, comme un peu de phosphore au fond d'une citerne asséchée, et qui proclamèrent l'égalité des Esprits. Réfléchissez : quels que soient les détours, l'existence de l'Esprit fonde seule et en dernier ressort les revendications du peuple : voilà notre chance. Cet Esprit, puissance abstraite de comprendre la mathématique, n'est heureusement pas d'un accès facile. Le populaire le connaît par ouï-dire et nul ne peut se vanter de l'avoir touché s'il n'a pratiqué les disciplines scientifiques. Il gît tout au fond de l'âme, caché par les qualités secondes ou qualités politiques, qui ne s'épanouissent vraiment que parmi nous. C'est comme une grande pierre tombale, toute recouverte par une végétation prolifique qui la dissimule. Il n'en coûterait pas beaucoup de le déterrer en douceur, de le faire glisser hors de vue, sans déranger les plantes qui le cachent, de combler avec de la terre fraîche le vide qu'il pourrait laisser. Alors demeurerait seulement l'enchevêtrement profond des plantes vertes et des fleurs.

Supprimez ce couple dangereux, Esprit et Vérité : la Science est à nous. Pour faire des découvertes, comme de bonne politique, il ne faudra plus que de la finesse, de la vivacité, de la mémoire, du savoir-vivre, du savoir : voilà justement des qualités aussi inégalement réparties que les fortunes. D'intelligence, le peuple n'a guère, de finesse point. Que restera-t-il de lui à nous sinon cette appellation toute abstraite d'« homme » ? Et, même, qui pourra la fonder, qui pourra prouver que nous sommes de même race ? »

Les ministres furent pris de vertige :

— « Vous nous engagez en plein sur la route mystérieuse de l'artificialisme. Et puis qu'est-ce qu'une science sans vérité ? On lit chez Platon que, s'il n'y a point d'Un « force est que se brise ou s'émiette tout être que l'on aura saisi par la pensée ; car ce qu'à chaque fois on appréhendera sera comme un bloc où il n'y a rien d'un » et que « dans ces conditions il apparaîtra un à la vision émoussée d'un regard lointain, mais au regard proche et pénétrant de la pensée chaque unité apparaîtra pluralité infinie, puisque privée de l'Un, qui n'est pas ». Nous avons peur. N'est-il pas à craindre que semblable chose arrive aux objets de science si l'on en retire la Vérité, et qu'ils s'éparpillent en poussière ? Oserez-vous bien toucher à la Vérité ? Elle est si vieille : un sacrilège n'apporte rien de bon et nous avons peur ».

Mais ils répondirent :

« Si vous suivez nos conseils, la Science nous appartient. Pour le reste... eh bien, pour le reste laissez faire les philosophes ».

Et les philosophes furent introduits sur la scène politique. Ils avaient vieilli et formaient, dans leurs vêtements sombres, un cortège inoffensif encore, imposant déjà.

« S'il ne fallait, leur dit-on pour finir, que dérober subtilement deux notions gênantes et leur tordre le cou, nous y pourrions suffire. Mais il faudra aussi rebâtir. En outre ces deux notions-là ont trop d'amis : on pourrait nous demander des comptes. Nous avons donc pensé à vous, dont on ne se méfie pas. Il s'agirait de renchérir sur les affirmations du populaire, de paraître transporté, de pousser ses raisonnements à la limite et comme devançant ses conclusions dans un beau mouvement prophétique, de produire au jour quelque idée informe et immense que vous enverriez béer sur la route de nos gaillards. Esprit et Vérité, tout courant, s'y précipiteront aux acclamations de la foule, ravie de votre concours imprévu. Votre idée cependant se renfermera sur eux et, dans les onctueuses fenêtres protoplasmiques, les digérera, les transformera en lymphe incolore. Pas d'assassinat : une apothéose. C'est ainsi que nos pères se débarrassèrent de Romulus, lorsqu'il devint gênant. Le vrai est à la mode : suivez la mode et trouvez-nous quelque contenant plus vrai que le Vrai, si vrai qu'enfin il ne puisse nous nuire. Plus tard, lorsque le populaire nous redemandera ses favoris, nous pourrons lui présenter votre monstre, vague, assoupi, clos : Ils sont là, dirons-nous, ils font corps avec lui. — Puis, à l'ombre de votre créature, vous chercherez à la science des fondements qui nous avantagent ».

« Si, répondit le doyen des philosophes, nous pouvions croire qu'il s'agisse d'une ruse politicienne, notre probité intellectuelle nous défendrait de vous prêter notre concours. Mais vous ne pouviez mieux tomber : nos méditations nous ont fort approchés de votre sentiment et, nous le disions encore hier : *delenda est Veritas* ».

Ils étaient sincères. Pendant plusieurs lustres ils avaient rempli en conscience leurs fonctions de miroirs. Ils y avaient du mérite : quoique en fort petit nombre ils devaient figurer l'infinité des reflets possibles et, par une rationnelle division du travail, par une habile combinaison de mouvements, ils parvenaient assez bien à donner l'impression de foule. Pareillement, les jours/

+ FRAGMENTS +

Ne sentez-vous pas comme le sourire du portrait l'emporte sur ceux qui se jouent aux lèvres de chair ? Il existe pour soi et se suffit : il répand sur les autres une clarté métaphysique et ceux-ci lui retournent un encens discret, lui rendent les actions de grâce de la créature.

C'est dans ce moment que la Science parut aux yeux du populaire. D'abord ils ne trouvèrent en elle qu'un simple réconfort. Mais, peu à peu, derrière ses raisonnements, où ils se sentaient si fort à l'aise, ils vinrent à entrevoir une certaine vertu libératrice, ils avisèrent qu'elle avait entrepris d'établir une démocratie universelle et l'égalité des trois règnes naturels, mais que personne n'avait encore songé à la retourner sur l'homme. Enfin, un jour, ils s'enhardirent à lui prendre ce dur regard maussade qu'elle jette, comme un maléfice, aux vivants pour les muer en pierres, aux pierres pour les pulvériser en atomes.

Pour les autres ils poursuivirent leur carrière au milieu des troubles que nous avons vus. Mais dans le moment qu'on les appela au ministère, leur poche à fiel était bien près de crever.

LÉGENDE

Enfin, par touches successives, l'équilibre est atteint, il s'en faut infiniment peu que le portrait ne soit calqué sur les apparences du visage. Mais il semble que rien ne puisse ôter ni changer à la figure peinte. On chercherait en vain quelque détail oisif, une courbe qui fuie et se perde; mais tout y est talé, pressé, ramassé sous une poussée irrésistible : comme ces hémisphères vides que l'air applique étroitement l'un sur l'autre.

C'est ainsi que l'homme seul reconstruit son âme ou, si l'on veut, l'idée de solitude : je n'en demande pas plus, ni lui. Cette nouvelle pensée différera si peu de la première qu'il ne pensera jamais qu'elles sont deux. De plus un lien si fort s'établira entre elles qu'il ne pourra point les concevoir séparément. Il se moquera, enfin, que les procédés se puissent, par un certain côté, assimiler à ceux qui produisent les notions universelles. Certainement, la pensée construite existe pour soi, contre lui, en quelque mesure. Mais elle lui appartient doublement, comme un portrait du peintre par lui-même.

On sera peut-être tenté de croire qu'il s'est fait, en cette circonstance, un passage de la puissance à l'acte. Mais non. Je me défie de cette idée de puissance, fille du Romantisme, ressort caché de toute philosophie : je ne connais que des actes, encore qu'il y en ait de qualité fort différente; et lorsqu'une certaine existence n'est pas en acte, je dis qu'elle n'est point du tout. Il semble au contraire que nous puissions saisir ici la façon dont se forme le concept illusoire de puissance. L'homme seul a pris de ses opérations une conscience assez confuse, ainsi que font les enfants qui raisonnent : comme il sent très fort la nécessité de sa pensée de solitude, il recourt naïvement aux causes finales et s'imagine qu'elle tendait naturellement à la perfection.

On m'interrompt ici :

« Vous masquez les rapports universels et vous feignez qu'il n'y en ait plus. Mais il faut bien que votre peintre, votre homme seul les aperçoivent, s'ils veulent apparier des couleurs, des pensées ou des lignes. Qu'ils soient fort enveloppés, je vous le passe. Pourtant, à la fin du compte, tout revient à décider si le mauve s'unit mieux au rouge que le rose, ou de quelque autre union particulière, c'est-à-dire d'une certaine incarnation d'un rapport universel. »

J'entends bien qu'il s'agit de rapports : je les connais ; je connais aussi ces longues proportions où l'on range deux par deux des objets fort divers, parce qu'ils sont entre eux dans la même relation, si bien que, pour finir, on retire de ces termes variables le rapport qui les unit, on l'établit à son compte. Ces rapports sont universels et démontables parce qu'on les a fabriqués. Je dis qu'il en est d'autres.

Vous ne trouverez ni vert ni bleu chez Rembrandt, mais du brun, du noir, du roux, de l'or. Je demande qu'on m'explique au moyen de rapports universels pourquoi rouge ardent ni vert vif n'entrent dans ses tableaux. Direz-vous qu'ils jureraient, au milieu de ces teintes assourdies. Vous n'expliquez rien. Souvent, d'ailleurs, de vives clartés balayent cette rousseur et la refoulent au fond de la toile. D'autres fois des jaunes fort gais se jouent à la surface du tableau : ils y font très bien. Pourquoi ne jurent-ils pas ? Vous dites qu'un jour ces discordances et ces harmonies se laisseront ramener à des rapports de nombres ? Vous affirmez ce que vous ne savez pas, vous répétez, mais sans fondements, que tous les rapports sont universels. C'est à vous d'administrer la preuve. Jusque-là je soutiendrai qu'il existe entre les choses des affinités qui les engagent totalement les unes aux autres. Ces rapports participent si fort des existences qu'ils unissent, qu'on ne peut les en abstraire sans arracher tout. Ils ne sauraient non plus subsister loin d'elles ni servir à rapprocher d'autres existences. Ainsi lorsqu'un homme et une femme sont morts après s'être longtemps aimés, il ne reste plus rien de la flamme qu'ils entretenaient. Je ne puis mieux comparer les affinités qu'à un amour réciproque.

Et maintenant, d'où vient l'idée d'unité ? Si j'en fais une pensée naturelle, je m'ôte le droit de ranger ses produits dans le domaine de l'artifice. Si c'est une notion construite, comment a-t-on opéré la construction ? Je ne puis la donner pour nécessaire : si je fonde en effet la nécessité sur l'unité puis l'unité sur la nécessité, le cercle est évident. C'est donc une notion universelle. Mais alors je réintroduis l'universel, j'en fais le fondement des opérations que je voulais lui dérober.

Il faut mieux regarder. Chaque chose a son unité propre, qu'on ne peut X distinguer X discerner de sa forme particulière, ni reporter sur quelque autre chose. La pensée de tous a certainement dissous un grand nombre de ces vertus singulières, et, en produisant leur équivalent sur le plan de l'universel, elle a formé l'idée d'unité. Celle-ci, en raison de son absolue simplicité, n'est point nécessaire : la nécessité ne va point sans matière, elle apparaît seulement quand le savant combine quelques notions élémentaires d'après l'idée d'unité et forme les concepts de potentiel et de gravitation. Mais pour le peintre ou l'homme seul il ne s'agit pas de réaliser cette unité universelle dans les choses particulières : cela n'aurait même point de sens, tant est grand l'écart de l'une aux autres. Il faut seulement les reconstruire en resserrant leur unité propre.

Or, une pensée universelle ne se doit point entendre, je l'ai montré, comme un être nécessaire en puissance : mais elle est, à chaque instant, tout ce qu'elle peut être par elle seule. Ainsi ne sollicite-t-elle point d'elle-même son auteur de la resserrer. Mais si celui-ci, dans le temps qu'il la forme, produit aussi l'idée abstraite d'unité, par la comparaison qui s'établit de l'une à l'autre, sa pensée naturelle lui paraît inachevée et l'idée d'unité, agissant à distance et par la seule puissance de sa perfection, le détermine à concevoir une pensée-limite X universelle X, différant de la première en ceci seulement que l'unité naturelle y est portée à l'absolu : ainsi les plantes, qui tiennent leur forme de la terre, la réalisent sous la lumière froide de la lune.

L'idée d'un seul enveloppe donc l'infini.

« Ainsi votre homme seul utilisera finalement l'idée universelle d'unité ? »

Oui, mais il ne l'applique point à la pensée qu'il considère. Pour le reste, c'est de bonne guerre.

*

Si l'on me demande de m'ouvrir davantage sur cette idée d'un seul, je ne le puis : tout dépend de celui qui l'a formée. Vous en trouveriez de fort plaisantes, tranquilles et rieuses, d'autres faites de désespoir et d'horreur. J'en sais une que j'aime fort et je l'exposerai ailleurs.

Ce que je peux dire, c'est que cette pensée première ne demeure pas longtemps en son isolement de marbre. D'autres la suivent aussitôt, que leur auteur s'efforce de dériver d'elle : ainsi se forme lentement, pieusement, une doctrine.

J'attire l'attention du lecteur sur une confusion que l'on commet souvent : certains hommes croient penser pour eux-mêmes, qui ne le font point du tout.

« Nous n'avons égard, disent-ils, qu'à nous. Nous visons à rendre nos pensées telles que nous les puissions toujours recevoir en notre maxime, au milieu même des plus profonds changements de notre nature ».

Or il ne suffit pas de se boucher les oreilles, ni de fermer les yeux à l'opinion d'autrui ; on peut rencontrer l'universel sans sortir de soi, toutes portes closes ; et ces gens-là ne l'ôtent point, ils le couvrent seulement : il revient au même, en effet, d'accommoder sa pensée à tous les esprits ou de la travailler de façon qu'elle puisse faire bon ménage avec les plus diverses affections du sens intime.

Tout autre est le dessein de l'homme seul : il se moque de l'avenir, de la sécurité, de la constance, il sait bien que les pensées sont de beaux risques.

A peine a-t-il construit l'idée de son corps, que celle-ci, pesant lourdement au fond de sa conscience, y fait naître une immense agitation. Alors il voit monter et descendre en grande hâte une foule de pensées naturelles, comme font les fourmis quand on frappe le sol d'un bâton. Il leur donne la chasse, les attrape une à une et les éprouve soigneusement : il ne se demande pas si elles lui conviendront toujours, mais s'il les accepte présentement de toute son âme. Il en est qu'il relâche aussitôt : elles se traînent paresseusement et vont mourir en quelque encoignure, comme ces mouches engourdies que les premiers feux d'octobre ont réveillées. Mais si l'une d'elles résiste à l'épreuve, s'il sent bien fort qu'elle tient au plus profond de son cœur, il l'élève jusqu'à la grande idée nécessaire qu'il a de lui-même, l'y rattache adroitement par un lien de filiation et, par les procédés que nous avons dits, resserre avec force son unité particulière.

Je compare l'homme seul à un acteur : les grands acteurs se distinguent des médiocres en ceci qu'ils ne recherchent point la clarté dans leur mimique : ils prennent plutôt l'ambiguïté naturelle et la font passer au typique. Par exemple, par typique de la douleur, je n'entends pas une expression si transparente qu'elle puisse servir de canon à la postérité, mais une nature individuelle existant par soi et telle qu'elle paraisse contenir, en grande indistinction, toutes les douleurs possibles et plusieurs autres sentiments. Encore qu'elle ait été construite sur quelque affection naturelle, on la dirait première dans l'ordre de l'être et comme l'archétype dont dérivent par affaiblissement les manifestations spontanées de la douleur XXX et, par détermination et simplification, ses expressions volontaires. Il en est ainsi des pensées d'homme seul : en effet, grâce à la nécessité du lien qui réunit leurs éléments, elles paraissent des limites vers quoi s'efforcent toutes les pensées naturelles de même ordre, comme tendent vers le cercle les courbes innombrables du sable et des ondes. Encore ne faut-il pas prendre à la lettre l'image dont je me sers ici, car, à la différence du cercle, qui n'est, en quelque sorte, que l'idée d'une courbe fermée déterminée par celle de la simplicité parfaite, les pensées dont je parle sont inépuisables. Tombent-elles en une conscience, sur-le-champ les pensées naturelles y foisonnent. Or, comme on ne peut tenir ces idées parfaites et parées pour des causes transitives (parce que celles-ci, épuisant toutes leurs forces à produire leurs effets, demeurent avec eux de plein pied), comme elles diffèrent profondément en dignité des pensées naturelles, elles les paraissent produire en se jouant, sans fatigue, sans rien abandonner de leur puissance et, dans le même temps, les contenir toutes éminemment. Fermées sur soi, enrichies cependant, par une espèce de cémentation, de toutes les pensées libres qu'elles font naître, elles forment chacune le centre d'une brume mouvante, parcourue de courants et de tourbillons, rétractile [*sic*], vivants, comme ces brouillards de l'eau salée qui sont des animaux marins.

Il faut, pour m'entendre, évoquer ces figures peintes qui semblent l'aboutissement de tant de visages inachevés. Cette femme de Filippo Lippi, qui penche la tête, vous avez aimé de ses sœurs déchues : leurs grâces disparues sont retournées à ce col incliné, à ces douces joues pâles : vous les retrouvez là confusément, mêlées aux charmes d'inconnues, à des natures fugitives, à la lumière italienne, à la douce lumière intérieure de Lippi.

Eh bien ! Imaginez une procession et ce tableau porté sur un char, entouré, suivi de toutes celles qui participent de sa beauté. Ne sentez-vous pas qu'entre ce sourire peint et ceux qui se jouent aux lèvres de chair, il n'est point de commune mesure ? Le premier existe pour soi et se suffit : il donne et ne reçoit point, il répand sur les autres une clarté métaphysique. S'il fallait que ce tableau s'anéantisse et que toute mémoire en fût abolie chez les hommes, ces frais sourires se faneraient et ces belles femmes, un instant maintenues hors des flots, couleraient lourdement avec leurs fards et leurs bijoux, comme les vaisseaux qui portaient l'or espagnol.

Les pensées d'homme seul existent à la manière des tableaux, des statues et des danses, non pas à celle des danseuses, des animaux ni des fonctionnaires de la République et, si l'on m'a suivi, on comprendra qu'elles soient individuelles et/mais non particulières.

On ne saurait jamais les dire vraies ni fausses parce que la vérité n'est qu'un système de références à des existences naturelles institué pour les pensées de tous. Celles-ci, en effet, qui sont universelles, n'ont qu'une existence théorique et s'évanouiraient en poussière, si la précaution n'avait été prise de les rattacher à la réalité. Mais les pensées d'un seul n'ont que faire de ces béquilles.

*

Ah oui devenir légendaire
Au seuil des siècles charlatans.
J. Laforgue

Les savants sont certains de ce qu'ils avancent. Les philosophes tiennent leurs opinions pour probables. Il est temps de voir quelle espèce de croyance l'homme seul attache à ses pensées.

Je rappelle d'abord la distinction qu'on est accoutumé de faire entre les idées et les choses.

Les premières ne résistent pas à l'esprit. Il y pénètre aisément, s'établit en leur centre, commande toutes leurs avenues, inspecte le terrain jusqu'à l'horizon : l'air y est limpide et frais, il porte le regard, il est facile enfin de glisser de là aux autres idées pareillement ouvertes et transparentes.

On donne au contraire les choses pour impénétrables : il faut en faire le tour, palper de la main leur coquille. Il n'est pas fréquent qu'on la brise, mais, si l'on y parvient, c'est pour trouver un dédale sombre, des éboulis, du plâtras, un affreux désordre, un air humide et chargé où la vue s'émousse.

Les pensées de l'homme [1] sont ensemble choses et idées. A les considérer d'une certaine façon, elles paraissent tout à fait indépendantes de leur auteur. C'est que, à la différence des idées de tous, elles sont faites d'une matière si pressée qu'il n'y saurait pénétrer à sa guise. Y est-il, rien ne peut l'en chasser. Mais s'il détourne un instant l'attention, il se retrouve au pied de hautes montagnes X polies X. En vain rôde-t-il alentour : il ne trouvera pas d'entrée. S'il pèse de l'épaule contre ces remparts, leur choc en retour le contient et le froisse. Il s'assied par terre, il frotte son épaule, il regarde avec surprise et dépit cette puissance hostile qui vient de paraître.

Il ne connaît pas toute son infortune : il lui faut, en cette situation, se garder d'une tentation fort basse : celle de se renier soi-même.

Je rappelle que, hors les pensées d'un seul, dont le voilà chassé, et celles d'isolé, qui ne disposent pas du pouvoir de s'affirmer, notre homme peut seulement former les pensées de quelques-uns ou de tous.

En conséquence, et comme il ne lui est pas permis de suspendre son jugement, il glisse à l'universel en dépit de ses efforts ; il entre peu à peu dans les raisons de ceux qui font la science. Cela commence par un doute morne, de l'inquiétude, une grande humilité. Puis, comme il lui reste une vague mémoire des belles constructions où il n'entre plus, une force douce l'achemine sûrement à les envisager sous l'angle du Probable et du Vrai.

1. Peut-être faut-il lire en fait « Les pensées de l'homme seul », dans l'hypothèse où l'adjectif aurait été omis par Sartre ou lors de la transcription.

Entendez-le bien : ce ne sont pas ses chères Idées qu'il livre ainsi : il n'en dispose plus et, d'ailleurs, il y a tant de répugnance entre elles et les notions communes qu'on ne peut aucunement les joindre dans un même acte d'esprit. Les vrais trésors sont à l'abri : non en lui, ni en personne; en soi. Mais quand il n'abandonnerait que des images rompues, des ombres humiliées, cela suffirait pour changer son bannissement provisoire en un exil éternel : telle est la tentation de l'homme seul.

Il est perdu? Non : ses pensées n'ont pas seulement l'impénétrabilité des choses; ce sont aussi des idées. Il n'a besoin que de se contenir un moment et d'attendre une rencontre favorable : tout ce qui parle de l'âme « sa douce langue natale » peut le transporter soudain, dans le temps même qu'il désespère, au sein de son empire. Qu'il vienne à porter ses pas jusqu'à ces pierres antiques soumises encore, au milieu de la prolifération végétale, à servir un ordre pur, que les vents roulent vers lui X un X intersigne, un événement formé au loin par la grâce d'un destin rare et somptueux, qu'il parcoure les rues à cette heure du soir où la pénombre farde obscurément les visages blancs et mous des hommes : il n'en faut pas plus pour qu'il se retrouve soudain chez soi.

Faut-il entendre qu'il reprend possession de ses idées familières? Certainement, mais *il convient d'y regarder de plus près*.

Revenons aux pensées spontanées : celui qui X supprimerait toute communication avec le dehors X se détournerait du monde pour mieux les écouter en soi, se tromperait bien fort : au fond de soi-même il n'en découvrirait qu'une seule : son âme ou pensée de son corps. Les autres se jouent sur les événements et les choses. Elles ne cessent pas, dans ce même temps, d'adhérer à leur objet. Ainsi percevons-nous des pensées autant que des choses.

Or l'homme seul X transfigure seulement les pensées spontanées X travaillant les pensées spontanées ne fait que les transfigurer. Il faut entendre par là qu'il X travaille X élabore la plupart d'entre elles dans les choses et hors de soi et non point dans sa tête. Puis, une fois satisfait de son ouvrage, il l'abandonne, les remous emportent à la dérive X l'événement X la circonstance qu'il a marquée. Mais il ne l'oublie point et, s'il la rencontre ensuite ou l'une de ses pareilles, il jouira sans réserves de la magnifique puissance affirmative qu'il lui a donnée.

Par conséquent, lorsqu'un hasard bienheureux l'a rendu à lui-même, il ne retrouve point ses idées soigneusement rangées en un sanctuaire intérieur : elles imprègnent les événements, comme une clarté naturelle, elles le frôlent au passage, resplendissent et l'illuminent un instant et disparaissent, emportées par le sort particulier de chaque existence, remplacées par d'autres éclairs, d'autres idées. Ainsi, dans une retraite aux flambeaux, on voit sortir de la nuit pour y rentrer aussitôt des visages animés, embellis par la flamme d'un lampion. En un mot l'homme seul rendu à soi retrouve le monde, le/

[*page(s) manquante(s)*]

/forme molle qui raconte assez leur faiblesse. La sève circule encore dans les vaisseaux, elles ondulent encore au vent, mais c'est seulement à force d'amour que celui qui les conçut peut entendre.

J'abandonne ici les pensées naturelles, celles des choses et celles des hommes : il me faut aborder la troisième espèce de pensées fabriquées.

*

J'explique d'abord cette idée d'un seul, la clé de tout le reste : je dis qu'elle est fabriquée.

C'est ainsi qu'on appelle, en effet, une pensée que son auteur ne laisse pas à ses propres forces mais qu'il détermine, au moins dans sa forme, par la représentation d'une certaine collection d'esprits auxquels elle doit convenir. Or, si nous feignons un instant qu'un homme ne vive point du tout en la société de ses semblables, il n'est point seul mais isolé. L'homme seul doit former la pensée positive de solitude : mais cela ne saurait se produire sinon par opposition à la pluralité, c'est-à-dire aux idées de tous et de plusieurs. Il y a donc une technique de la solitude.

Comme on ne peut combattre un régime avant qu'il ne soit établi, il faut situer les premières apparitions de cette pensée dissidente dans la période qui suivit l'invention du Vrai.

Le premier qui forma cette idée d'un seul ne disposait d'abord que du mode de penser naturel et de l'universel : elle naquit de leur concours. On voit bien, en effet, que [ni] l'un ni l'autre, envisagés séparément, ne suffiraient à la produire.

Il semble que je me contredise.

« A quoi vous a servi de rapporter étroitement la nature des pensées au milieu qui les engendre ? Vous affirmiez qu'en mettant les hommes tous ensemble, on les contraint de penser l'universel. Nous en inférions déjà que l'homme seul devait produire en son âme des manières d'individualités. Mais vous voulez à présent dériver votre idée de solitude d'une certaine conjugaison que nous connaissons bien et dont vous nous disiez tout à l'heure qu'elle crée les concepts de la science.

Avez-vous changé d'avis ? Que si l'idée de tous, mise en présence des natures spontanées, les ronge comme un acide et les travaille si fort que d'en laisser seulement une essence très abstraite, votre idée de X tous X solitude ne saurait être d'une autre espèce que celles d'accélération ou de potentiel. »

Voyons.

Dans la plupart des cas, lorsqu'un homme du commun veut se représenter sa propre existence, il n'y met pas de façons, mais il fait simplement sortir, par division, l'idée abstraite d'unité de celle de tous.

Il se tient pour content : il a déterminé sa propre nature, la place qu'il occupe parmi les hommes. Mais, au fond de lui, végètent des pensées naïves et magiques : on les appelle fraîcheur du savant.

L'homme seul n'eut point d'autres commencements ; mais à peine avait-il vingt ans qu'une grâce merveilleuse l'éloigne des notions universelles : il voulait s'élever au ciel de la pensée commune et se débattit longtemps. Mais enfin, connaissant qu'une grande pesanteur le rivait au sol, il prit le parti d'abaisser les yeux sur cette force terrestre et découvrit une lourde pensée naturelle qui variait avec lenteur sa forme pesante. Ainsi, selon Platon, est-il un œil en notre âme qu'il suffit de tourner vers le Bien. Mais, pour notre homme, cette conversion philosophique dut se faire comme une dégringolade : de haut en bas. Au-dessus de lui, légers et recueillis, les savants planaient comme des anges. Mais il aimait déjà cette puissance infernale.

Il avise enfin que c'est son âme, son unique bien, la seule pensée qu'il n'ait point formée pour satisfaire à la Raison. Il voit clair en cette impersonnelle Raison et qu'elle est seulement le point de vue des autres et qu'en démocratie tout revient à faire penser sur soi chacun comme autrui. Il se dégoûte de l'esprit : il veut lui substituer l'âme, cet épanouissement calme de son corps.

A mieux considérer, il reconnaît que la lutte est impossible : on ne peut opposer que le oui et le non ; or ils viennent l'un et l'autre d'esprit, non de nature : l'âme étant une forme naturelle ne saurait s'affirmer. Elle se laisse doucement vivre, avec de paresseux mouvements, une incertitude essentielle, une mollesse qui va plutôt à mourir. Il faut la laisser à son ensevelissement ou la livrer à l'universel : elle y gagnerait le pouvoir de s'affirmer mais au prix de sa vie.

En cette grande perplexité il entreprit d'examiner les principes de la science pour éprouver s'il n'en pourrait détourner quelqu'un. Il eut du bonheur et voici ce qu'il aperçut confusément :

Ce n'est pas leur universalité qui impose les vérités physiques à l'esprit. Elle n'est qu'un appauvrissement systématique des pensées spontanées. Quand on peut pousser le traitement à l'extrême, on les tourne simplement à convenir à tous les hommes : encore faut-il qu'elles s'en fassent accepter. Pour leur donner leur vertu conquérante on doit user d'un tout autre procédé, et leur assurer une cohésion si forte qu'elles paraissent naturellement simples malgré leur complexité. Fait-on passer ensuite dans une âme d'homme quelque pensée ainsi préparée, elle brille dans la pénombre comme un disque d'acier sous la lune. Ce n'est pas qu'elle ait, d'elle-même, un pouvoir de contrainte, un moyen de forcer les gens à l'adopter : elle s'affirme seulement pour elle-même, elle épuise toute son énergie à maintenir une adhérence absolue entre ses parties. Aussi faut-il, par la nécessité d'une pensée, n'entendre qu'une certaine qualité très intime qui ne suffit aucunement à lui donner l'existence.

Un homme peut oublier une pareille pensée dans son cœur, mais, en touche-t-il incidemment quelque chose, elle renaît des cendres, reconstitue sa forme d'elle-même, offre des chemins tracés, des voies obligées, un accommodement admirable de l'ensemble aux parties et des parties à l'ensemble, un air de jeunesse éternelle. S'il se reporte alors à ses pensées indigènes, faibles, douces et si X relâchées X qu'il peut à peine saisir la continuité vague par où elles se fondent les unes dans les autres, il mesure toute la différence qui les sépare de la première, frappé du développement réglé de l'une au prix des changements incertains des autres, il en prend une impression vive, une disposition durable à former celle-là plutôt que celles-ci. Par la suite il la reproduit souvent, pour le plaisir d'admirer son ordonnance : ainsi naît une habitude qu'il ne distingue plus, enfin, de la force irrésistible avec laquelle cette pensée se reproduit elle-même, si seulement on en conçoit une partie; il croit qu'elle s'impose inconditionnellement à son esprit.

Réciproquement, si les vérités de la science ont un air abstrait, cela ne vient point de leur nécessité : il se peut donc qu'une certaine pensée soit nécessaire et, toutefois, demeure par son contenu, semblable aux existences naturelles, aux arbres, aux événements. Il est donc possible de concevoir une nature individuelle et nécessaire, produite par un seul, à lui seul intelligible.

C'est à peu près ce qu'entrevit notre homme : il voulut pénétrer son âme, pensée singulière, de cette précieuse nécessité qui la mettait d'un coup, sans altérer sa complexion, au rang des essences universelles.

Ce fut une victoire : les pensées abstraites avaient une faiblesse, comme je l'ai dit; aussi belles qu'on veut, il leur manquait l'existence; le bon plaisir seul, un engouement, l'influence, surtout, de la société pouvaient décider un savant à les reproduire. Alors elles brillaient d'un pur éclat. Mais, dès que [1] se détournait d'elles, fût-ce un instant, elles retombaient au néant.

1. Sans doute faut-il lire : « dès qu'on » ou « dès que l'homme ».

L'âme, au contraire, tant que le corps est en vie, ne cesse pas d'exister : ainsi ne fut-il pas d'instant qu'elle ne s'affirmât. Et certes, encore que sa nécessité ne pût suffire aucunement à lui donner l'existence, on eût pu dire, par une confusion presque légitime, que la même pensée se déterminait à exister par ses propres forces et se posait pour soi, ce qui est, comme chacun sait, le privilège de l'absolu.

On me demande ce que j'entends à la fin par nécessité. Je réponds qu'une existence naturelle devient nécessaire lorsqu'on la reconstruit selon l'idée d'unité par resserrement de son unité particulière.

Je veux m'expliquer sur quelques difficultés. Supposons la construction faite : voici deux pensées au lieu d'une, à savoir la pensée naturelle et la pensée fabriquée. Il semble à première vue qu'aucune ne puisse convenir à notre dessein. La première appartient en propre à l'homme seul, mais elle ne saurait s'affirmer. L'autre est fabriquée : elle n'est donc plus à lui.

Il faut donc préciser le rapport qu'elles soutiennent entre elles.

J'ai parlé plus haut d'un peintre : j'y reviens. Supposons qu'il veuille reproduire un certain visage. Le modèle présente naturellement quelque unité, mais ce n'est qu'une ébauche. Rien n'empêche de fermer les yeux et de feindre qu'il y ait un autre nez.

Or il s'agit, pour le peintre, de représenter cette figure en telle façon que ceux qui la verraient seulement sur la toile ne la puissent du tout modifier en imagination. Mais il lui faut aussi satisfaire à une autre condition : c'est que le modèle reconnaisse son image comme en un miroir. Le même nez, mais amovible.

Il va supposer qu'une certaine partie du visage soit fixe et s'efforcera de concevoir quelle espèce d'unité elle imposerait à l'ensemble si ce petit monde gravitait autour d'elle; il modifiera insensiblement les autres éléments, en un sens, puis en un autre, au hasard, ou selon des préceptes, ou au gré d'un pressentiment, jusqu'à entrevoir une combinaison stable et serrée. Alors retournant à l'élément fixe, il pèsera doucement sur lui pour l'approcher du reste, puis reprendra son travail en intervertissant les rôles, et ainsi de suite, chaque changement partiel, chaque nuance, l'assombrissement léger de la couleur des prunelles entraînant sur toute la surface visible une foule de modifications infimes.

J.-P. Sartre

LA HUITIÈME HYPOTHÈSE DU *PARMÉNIDE*, GENÈSE DU CONCEPT DE SÉRIALITÉ

Le propos comportera deux temps : d'abord relever la continuité, au travers de l'œuvre, de l'attention philosophique de Sartre pour la huitième hypothèse du *Parménide* de Platon ; ensuite prendre la mesure de l'usage philosophique qu'il en fait, dans ses éventuelles variations, et le mettre en rapport avec quelques occurrences conceptuelles du même thème, observables dans la contemporanéité.

Légende de la vérité

Dès les fragments de la *Légende de la vérité* (jusqu'à présent inédits, et publiés dans cette revue même), fragments intitulés *La légende du probable et des philosophes*, Sartre a eu à cœur de citer le moment crucial de cette huitième hypothèse. C'est l'hypothèse qui suit l'hypothèse désastreuse de ce que l'Un n'est pas. *Il n'y a pas d'Un susceptible d'être dit Un, l'Un n'est pas absolument, donc ne peut être pensé en rien* – grand défi à la manière de Perec qui écrivait un roman en l'absence de la lettre « s » : écrire un discours philosophique sans l'idée d'Unité sinon sans le mot. Avant la septième hypothèse, il y avait eu la somptueuse sixième, qui partait de l'hypothèse que si l'Un n'est pas il n'en reste pas moins *la pensée* de l'Un, en d'autres termes « le compte total en formation ». Avec la septième, forcément, rien ne pourra être dit, rien qui ait un rapport avec l'Un, c'est-à-dire aucune des déterminations par lesquelles celui-ci se détermine, puisque ces déterminations sont ruinées en leur base ou leur objet d'application. Parlerait-on de la taille d'un cheval sans cheval ? ou de sa vitesse ? En l'espèce, l'Un qui n'est pas ne peut avoir ni naissance ni mort, ni mouvement ni repos, ni être ni non-être.

Reste ce qui en résulte pour tout ce qui trouve source d'affirmation de soi en dehors du Un… Qu'arrive-t-il à tous ces êtres s'ils ne bénéficient plus du possible recours ontologique ou hénologique à l'Un, et s'en retrouvent en quelque sorte autonomes ? Et c'est là la huitième hypothèse. Ces êtres hors unité peuvent-ils même accéder à l'existence, à une quelconque présentation ? Là, Sartre établit une analogie entre la perte de l'Unité pour ces êtres et la perte, pour la société, et ce du fait du triomphe de la science, des deux mamelles de la philosophie : l'Esprit et la Vérité. Nous sommes d'emblée aux limites de la tension soulevée par le classique problème du rapport de la philosophie à la science. Ou plutôt, ce problème devenu classique s'expose à l'épreuve du pire : à savoir les conséquences considérables qui s'ensuivent pour la philosophie jugeant la science en tant que celle-ci, par projet, est en déficience d'Unité, déficience entérinée par le « doyen des philosophes » à travers cette sentence paradoxale : *Delenda est veritas*.

Conséquences considérables. « Vous nous engagez en plein sur la route mystérieuse de l'artificialisme. Et puis qu'est-ce qu'une science sans vérité ? On lit chez Platon que, s'il n'y a point d'Un, “force est que se brise ou s'émiette tout être que l'on aura saisi par la pensée ; car ce qu'à chaque fois on appréhendera sera comme un bloc où il n'y a rien d'un” et que “dans ces conditions il apparaîtra un à la vision émoussée d'un regard lointain, mais au regard proche et pénétrant de la pensée chaque unité apparaîtra pluralité infinie, puisque privée de l'Un, qui n'est pas”. Nous avons peur. N'est-il pas à craindre que semblable chose arrive aux objets de science si l'on en retire la Vérité, et qu'ils s'éparpillent en poussière ? Oserez-vous bien toucher à la Vérité. Elle est si vieille : un sacrilège n'apporte rien de bon et nous avons peur ».

Le rapport à l'unité est ambivalent : sa consistance ne relève peut-être que du sacré, l'abandonner serait sacrilège ; mais la philosophie et la vérité doivent-elles avoir affaire au sacré ? Transposé au niveau de l'intelligibilité du social-historique, cet abandon réduirait le monde humain à un phénomène de pure *immanence* et la perte de tout recours *transcendant*... La société est-elle viable sans ce recours ?

Cahiers pour une Morale

Cette dialectique antagonique de l'immanence et de la transcendance va se préciser dans les *Cahiers pour une Morale*. Dans le passage précédent, la grande leçon du paragraphe de Platon n'est pas reprise ou mentionnée, à savoir que le destin de tout être rencontré ou appréhendé dans ce régime sans unité, celui d'« être brisé et émietté » donc d'induire une « pluralité infinie », que ce destin donc n'est possible que grâce *à l'existence ou la persistance d'un lien relationnel entre ces êtres :* la relation par altérité. Si l'Unité est perdue, le principe *relationnel* garant d'un tissu discursif entre les êtres, lui, ne l'est pas : l'Autre comme opérateur de conjonction. Ici c'est la grande leçon du *Sophiste* qui est considérée, à propos de laquelle Sartre dira dans *L'Être et le Néant* que l'Autre n'est autre que la relation néantisante de la conscience à soi et au monde. Dans la huitième hypothèse du *Parménide* l'Autre n'est pas *thématisé* comme dans le *Sophiste* mais il est déjà pleinement *opératoire*, il est même la seule opération relationnelle autorisée : relation par altérité ou différence.

C'est cette relation par altérité qui maintenant est en quelque sorte réfléchie et amplifiée par Sartre au point qu'elle se révèle constituer une dimension ontologique de l'expérience. Il s'agit de la mise en place de la modalité relationnelle originale – véritable existential de l'expérience sociale-historique, qui sera nommée *sérialité* dans la *Critique*. La question est la suivante : *de quel type est la consistance relationnelle des termes multiples d'ensembles pratiques qui ne bénéficient pas de principe unitaire ?* Sartre n'hésite pas à observer l'agissement de cette absence d'unité au sein de populations primitives, populations nomades, sans centralisme institutionnel, multiplicité mouvante nouant sa consistance de purs rapports d'altérité, dont le caractère tournant, à réciprocité fuyante, en perpétuelle dérive, n'est cependant pas sans asseoir une homogénéité immanente entre ses membres. Mais une homogénéité *en extériorité*.

Je regarde l'autre et les autres comme autres, et par là je m'exclus de l'ensemble, la dislocation semble menacer ce dernier puisque je n'en fais plus partie tout en y étant lié, mais me voilà aussitôt rattrapé dans cette ligne de fuite du simple fait d'être à mon tour regardé, dès lors intégré dans l'homogénéité de tous ceux qui sont semblablement vus comme autres par l'autre. Mais celui que je voyais comme autre et qui maintenant me voit semblablement comme tel, réinscrivant et colmatant au sein de l'ensemble des autres mon risque de dérive, lui-même, à son tour, va se trouver réinscrit dans l'ensemble, et il va l'être *non pas selon le jeu de renvoi duel du regardé regardant*, comme dans *L'Être et le Néant*, mais du fait que je vais le saisir me voyant à travers le regard autre de tous ceux que j'aurai faits tels en les regardant... en sorte que vu par ces autres en tant que faits autres par moi, c'est moi qui vois l'autre, *mais moi en tant qu'autre*. Non plus *moi sujet* le faisant autre, mais moi fait autre, moi en tant qu'autre à travers tous les autres. Cette circularité exclut donc que je m'exclue de l'ensemble par mon regard transcendant.

> L'Autre a pour mission de m'actualiser par son regard... Par la face que j'offre au monde, je suis perpétuellement *pris*... Mais d'autre part l'Autre est aussi un Autre pour les Autres, on le regarde pendant qu'il me regarde... A ce moment la vertu envoûtante de l'Autre passe à un Autre et de là à un Autre et finalement à

> moi-même, non comme moi mais comme autre que l'Autre. Ainsi y a-t-il circulation de l'Altérité. Elle est toujours ailleurs, elle saute de l'un à l'Autre. C'est en effet qu'elle est originellement le *Regard*, qui me transperce mais s'éteint dès que je regarde. De sorte que le regard est toujours ailleurs que ce que je vois. Finalement il devient la pure puissance d'objectivation et d'actualisation de chaque sujet en tant qu'*Autre*[1].

En fait ce qui semble une pure immanence résultant du manque d'unité centralisatrice se révèle une pure aliénation, puisque c'est le contraire d'une réciprocité, laquelle consisterait par contre à saisir l'autre comme le même. Ici chacun est le moyen de l'autre pour se faire soi-même moyen au regard de ce qui s'impose comme instance transcendante à titre de *Mana* ou force magique, qui n'est autre que le *Regard :* c'est à dire « la puissance de l'Altérité en tant que telle, le pouvoir qu'a l'Autre de m'actualiser en tant qu'Autre », le contraire d'une immanence de la société à elle-même : sa mise sous condition d'une projection transcendante.

La dénonciation est très forte à l'endroit de cette mise sous condition de l'Autre de la liberté. C'est qu'il s'agit d'une mascarade, d'un faux-semblant de la liberté, autrement dit du « mal radical ». Sartre accepte à ce niveau la définition kantienne de cette notion : le mal radical, ce n'est pas le contraire de la liberté, son autre le plus précis – la nature, les passions, les intérêts privés, l'individualisme égoïste –, mais c'est la liberté elle-même dans la comédie qu'elle se joue, c'est la liberté comme simulation de soi. Scandons les attendus de cette dénonciation dans la citation des *Cahiers pour une Morale*.

> L'immanence devient ce jeu de chassé-croisé perpétuel, cette Aliénation de tous par tous, cette rigoureuse inversion du rapport de liberté (qui elle part du Même pour aller trouver l'Autre en tant qu'il est le même), cette extériorité de chacun par rapport à l'Autre et de soi-même par rapport à soi, qui joue l'intériorité, cette transcendance triple et toujours fuyante, qui figure l'immanence, ce perpétuel "ailleurs" qui figure l'"ici", cette présence de l'absence. C'est précisément cette figure objective de l'intériorité qu'on nomme société primitive... la société primitive est pré-oppressive puisqu'elle est toujours oppression de la liberté comme subjectivité par l'Autre[2].

1. J.-P. Sartre, *Cahiers pour une morale*, 1985, p. 376.
2. *Ibid.*, p. 376-377.

Saint Genet comédien et martyr

Dans *Saint Genet*, Sartre acclimate pour la première fois à nos sociétés le fonctionnement d'une multiplicité pratique humaine sans unité. Et il va en chercher l'attestation au niveau des groupes criminels. Il s'agit du projet maléfique de Genet, de la recherche du pire qui anime sa volonté de faire le mal pour être le méchant. Cette fois Sartre revient explicitement à Platon et le prend à partie en retournant la huitième hypothèse contre un passage de *La République*. Platon, en effet, dans *La République*, plaide l'impossibilité d'une *entreprise* criminelle radicale et parfaite, impossibilité *d'une société d'injustes*. Car toute action soutenue implique un minimum de règles dont l'observance par la société criminelle en question la ferait participer peu ou prou au Bien... Il s'agirait là d'une contradiction dans les termes : le méchant parfait ne peut en rien participer à quelque bonté que ce soit, donc à aucune entreprise concertée à plusieurs.

A quoi Sartre a beau jeu d'objecter que cette contradiction dans la pratique du méchant est précisément une confirmation de sa méchanceté : embarquer le Bien dans le Mal ou contaminer l'un par l'autre en jouant la comédie du Bien par « l'entreprise commune », cela constitue précisément un triomphe supplémentaire du méchant, et l'assure de cette perfection dans le Mal dont Platon affirmait l'impossibilité.

Sartre n'a donc pas de difficulté de rappeler que Platon était plus inspiré quand il montrait, dans la huitième hypothèse, le fonctionnement d'une multiplicité dont est absent tout principe d'unité – les termes de cette multiplicité étant exclusivement soutenus, en l'occurrence, par des relations d'altérité. Dans ce cas, le *Mana* ou « la force magique » devient « unité cauchemardesque »... aucun membre du groupe mafieux ne peut tenter de se réfugier dans la solitude sans aussitôt être hanté par l'ensemble faussement organisé des malfrats, ni tenter de s'identifier à cet ensemble sans le voir aussitôt se disloquer en multiplicité d'éléments discrets. « Platon conclut que l'injustice radicale est radicale impuissance : "Ceux qui sont des méchants complets et des injustes en perfection sont, à la limite, incapables d'agir". Mais il ne nous convainc pas parce que son argumentation demeure trop abstraite, trop purement logique. S'il avait pris la peine de considérer la pègre de son temps (*sic*), il aurait vu que les sociétés d'injustes peuvent garder un certain efficace dans des entreprises de destruction, pourvu seulement qu'elles soient habitées par une apparence de justice. Mais cette justice trompeuse est elle-même la pire des injustices... Étrange société où chacun garde les dehors de l'ordre à la fois par amour et pour mieux atteindre au désordre final... Platon, mieux inspiré, a montré un jour que la négation totale de l'unité exigeait et produisait une sorte d'unité cauchemardesque »[1].

Il cite à nouveau ici, mais dans la traduction plus récente de la Pléiade de Robin, le passage qu'il avait utilisé dans son texte sur *La Légende du Probable et des Philosophes*. Les choses constitutives d'une multiplicité sans unité, « c'est par groupe de plusieurs que toutes autant qu'elles sont, à l'égard les unes des autres, ces choses seront autres. Une par une en effet, il n'y aurait pas moyen qu'elles soient autres puisqu'il n'y a point d'Un. Mais chez elles à ce qu'il paraît, la singularité d'une masse est infinie pluralité. Et en prît-on ce qui semble être le moindre morceau, tel un songe dans le sommeil, c'est plusieurs qu'il apparaît instantanément au lieu de l'Un qu'il semblait être »[2].

Sartre précise la conséquence de cet univers de singularités et de grandes masses meubles composées de singularités. L'impuissance sera sa sanction principale. Mais disparaît aussi bien la pluralité composée d'individualités bien tranchées, la pluralité atomistique, celle qui anime des rapports de violence dans les rapports sociaux. C'est que même cette dernière ressource d'unité au cœur de l'individu disparaît s'il n'y a plus de centre d'unité. *Chacun est fait autre que soi-même en son cœur le plus intime.* « L'absence d'unité, c'est l'apparence jouant à être, c'est *l'unité devenue un mal* : telle est la société des voleurs, tel est le voleur lui-même; s'il s'applique à ressentir, à vivre son appartenance à la communauté, l'illusion se dissipe, il est seul; mais s'il veut tirer les conséquences de sa solitude et poursuivre ses fins propres, il est hanté par son unité insaisissable avec la société sacrée [du Bien] »[3]. Impuissance et inversion de soi sont donc les conséquences de la disparition de l'unité, et d'une distribution de relations sociales sous la seule autorité d'un simulacre d'unité, d'un faux-semblant toujours fuyant et manquant de centre de référence; *c'est l'impuissance érigée en instance sacrée comme illusion d'une synthèse des incompossibles* : illusion de la synthèse de la fraternité et du crime du côté de la société des voleurs, dont l'impossibilité s'exprime dans la trahison, ou illusion de la synthèse du crime et de réconciliation humaine universelle du côté de la société des honnêtes gens, dont l'impossibilité s'atteste dans la tentation de l'aveu, qui, une fois accompli, entérine plutôt la fixation du criminel dans le mal, et se confond avec la délation. Ainsi le méchant ne peut appartenir ni au monde du Mal ni à celui du Bien, à jamais chassé de toute unité.

1. J.-P. Sartre, *Saint Genet comédien et martyr*, Paris, Gallimard, 1985, p. 201-203.
2. Platon, *Parménide*, *Œuvres complètes, II*, Gallimard, "Bibliothèque de la Pléiade", p. 252.
3. J.-P. Sartre, *Saint Genet comédien et martyr*, p. 203.

Critique de la raison dialectique

Jusque-là nous (les honnêtes gens) sommes encore immunisés contre cette faiblesse de l'être que manifestent ces relations par altérité, l'unité semble nous revenir de plein droit, à nous, membres légitimes d'une société de droit. Mais c'est ce que la *Critique de la raison dialectique* va bientôt démentir. En effet, on ne fait pas sa part à l'altérité. Mentionné jusqu'à présent par Sartre, d'abord dans le mythe d'origine de nos sociétés humaines, et plus particulièrement dans celui de l'émergence de la science et conjointement celle de la philosophie (*Légende de la vérité*), puis dans les sociétés nomades en instance de sédentarisation, pré-oppressives (*Cahiers pour une morale*), enfin dans les bas-fonds de la pègre sociale dotée de la seule existence sporadique de ses coups de mains, le régime de relation par altérité en arrive à s'introduire dans notre propre organisation sociale comme sa part maudite mais légitime. C'est le moment de l'aliénation par excellence, l'intelligibilité enfin produite de ce qui infléchit très massivement la liberté à choisir la négation d'elle-même plutôt que de s'assumer. « *De la praxis individuelle au pratico-inerte* » nous retrace l'épopée conceptuelle de cette « chute ». Le « pratico-inerte » y apparaît comme un des deux termes en lesquels se divise le monisme de la *praxis*, l'autre étant le « groupe ». Le premier terme correspond à la stagnation de la *praxis* assujettie à la matière. Le second, à la reprise en liberté ubiquitaire de ce destin d'assujettissement et à sa transformation en histoire. Certes la huitième hypothèse n'est plus mentionnée explicitement, mais Sartre en a tellement intériorisé les effets et amplifié la considération tout au long de son œuvre que cette assimilation lui semble suffisamment acquise pour ne plus avoir à s'y référer. D'ailleurs quand les philosophies de la « différence » prendront leur essor, jouant de cette abolition de l'Unité, elles nommeront « différence » l'altérité, et elles s'en prendront directement à Platon au niveau de l'Idée de toutes les idées, c'est-à-dire l'Un ou le Bien, donc au Platon le plus édifiant, exploitant pour leur compte sans plus d'états d'âme les relations par altérité.

On connaît la double genèse convergente du pratico-inerte : le double devenir autre de soi de la *praxis* individuelle. *Soit* le devenir guerrier et combattant face aux autres dans le cadre de la rareté, cadre dans lequel chacun est ennemi pour l'autre, et chacun l'ennemi de soi en conséquence dans la mesure même où il s'arme face à cette menace ; c'est proprement la *praxis altérée*. *Soit* le devenir *autre* de la *praxis* face à la matière ouvrée avec son cortège d'*exigences*, d'*obligations*, de *règles*, de *contraintes*, d'*impératifs* et d'*intérêts*, toutes dimensions auxquelles la *praxis* doit obéir si elle veut assurer la reproduction de son organisme pratique, c'est-à-dire maintenir son rapport synthétique à la synthèse ouvrée de l'inertie; c'est proprement *l'homme dominé*. Les deux altérités se rejoignent dans la mesure où c'est sur fond de rareté (violence) que s'impose le caractère incoercible de l'alignement de la *praxis* sur les conditions de la matière, et même si la rareté prenait fin, la seconde aliénation n'en perdurerait pas moins dans la simple obligation de *cueillir* les fruits de l'abondance : la cueillette est une *praxis* qui n'est pas de tout repos.

Sur cette base s'instituent des relations sérielles, c'est-à-dire des relations d'altérité tournante en série, sous l'autorité de la fausse unité de la « raison sérielle » : principe de mise en extériorité de soi de la *praxis* individuelle, les lois de soumission au bon usage de l'inertie pour autant que celle-ci a été ouvrée et ne cesse d'être ouvrée par la *praxis*.

C'est, au sein de notre expérience sociale-historique, le niveau où domine la situation de la huitième hypothèse : ce qui reste de relation dans une situation où règne l'absence de vrai principe unitaire, et dont la sanction essentielle est *l'impuissance* liée aux phénomènes de manipulation par contagion qui y sont liés : par exemple les comportements paniques… Il ne s'agit pas, dans ce régime infernal des « collectifs », d'une volonté délibérée d'assujettissement sous l'autorité d'un principe hétérogène à l'affirmation de soi de la liberté, sanctionné par une puissance coercitive, mais de cet implacable engrenage : la mécanique d'accomplissement de la synthèse de la liberté avec ce qui la rend possible : l'inertie par et grâce à laquelle elle se constitue. Le prix à payer pour exister, la chute intrinsèquement liée à la reproduction existentielle et vitale. Le prix de la liberté : qu'elle est liberté par, avec et face au monde.

L'alignement dans la file d'attente de l'autobus fournit l'illustration la plus simple de cette structure d'impuissance. C'est la matière ouvrée que constitue l'autobus avec son habitacle régi par la disposition spatiale d'un nombre de places déterminé qui fixe la contrainte, c'est l'être en extériorité qui contraint la *praxis* à se faire terme interchangeable sérialisé par le seul ordre d'arrivée dans la file d'attente. Le distributeur automatique de billets d'attente constitue la fausse unité, « cauchemardesque » dès lors, des usagers.

Déjà *Huis clos* nous avait familiarisés avec cette impuissance à reconstituer une quelconque réciprocité entre les protagonistes, qui ne parviennent à entretenir d'autres liens que de juxtaposition. Le service de l'enfer est fait par les damnés eux-mêmes : leur véritable punition, c'est que chacun se fait le bourreau des deux autres et mine toute tentative de réciprocité rédemptrice, jusqu'à la prise de conscience de la situation et à la conclusion finale : « continuons ». Le déroulement de la pièce consiste en la démystification des leurres successifs sous lesquels les protagonistes masquent leur présence en enfer, faux alibis de leurs vraies fautes : leur faute, ou l'autre qu'ils sont devenus pour eux-mêmes à leurs propres yeux : l'un par sa lâcheté, l'autre par ses calomnies destructrices, la troisième par l'infanticide, chacun convaincu de sa faute… mais, comme le dit Sartre de la faute de Genet, c'est une faute valable pour lui seul – et la formule est en l'occurrence valable pour chacun des trois protagonistes –, car dans un autre milieu, où l'on se définit par le *faire*, la « faute » de Genet n'aurait eu aucun poids culpabilisant. Chacun est là, dans la circularité sérielle de l'autre qu'est chacun pour l'autre (chacun faisant de l'autre un autre est lui-même saisi par l'autre qu'il a fait devenir tel) pour rappeler à l'autre et à soi comme autre qu'il n'y a pas d'excuse à leur faute, qu'elle est celle de leur propre trahison d'eux-mêmes, c'est-à-dire leur propre devenir-autre dans le monde des autres, ce monde de dépendance maléfique où leur acte est devenu faute…

Mais cette liberté enfouie sous les contraintes de l'inertie ouvrée, sommée de se faire l'objet de son objet, le moyen d'une fin hétérogène (à savoir l'apaisement social, en l'occurrence au sein des files d'attente), réalisant l'accomplissement inconditionné de soi comme autre, est toujours en mesure de renaître, de surgir des tréfonds de l'aliénation et de se revendiquer pour et par elle-même. Ce sera le groupe en fusion, la dissolution des chaînes de la sérialité, la constitution d'une Unité, celle du groupe ; unité qui cependant n'est plus *constituante* à l'instar de la *praxis* individuelle, mais *constituée* comme toute *organisation* plurale de la *praxis*, elle-même se prêtant avec d'autres à un travail commun fondé sur la re-connaissance mutuelle des fins.

Sartre, à l'époque des *Communistes et la Paix*, s'était réjoui d'avoir trouvé l'instrument conceptuel, le « truc » comme il disait à Bernard Frank[1], lui permettant de parler des classes sociales, de leur pesanteur d'inertie et de leur puissance d'insurrection jamais totalement écrasée. Il y fallait en effet, dans la continuité d'une même *praxis*, un monisme de la liberté susceptible de se partager, de manière distincte et non substantielle, entre aliénation et reprise libre de soi, moment de perte, de devenir étranger à soi et de reconquête. C'était là que l'idée de sérialité venait au grand jour après avoir cheminé plus ou moins souterrainement depuis l'origine avec le schème platonicien des relations par altérité. L'Idée sérielle comme mise hors de soi par soi de la libre *praxis* sous l'effet médusant et inversant de l'inertie, en même temps que réversion, également sérielle (voir les conditions de renversement d'une fuite en houle fusionnelle) de l'altérité de chacun au profit d'une fusion de groupe.

1. Cité par J. Simont : *Jean-Paul Sartre, Un demi-siècle de liberté*, Bruxelles, De Boeck Université, 1998, p. 151.

A ce propos, Aron interroge : si cette aliénation correspond à notre lot quotidien, à la banalité de notre commerce avec les choses et les institutions, ne conviendrait-il pas de nommer cette situation « banalité de l'enfer » plutôt que de parler de l'enfer de cette banalité ? « Le pratico-inerte, en dernière analyse, ne se distingue pas du monde dans lequel se déroule notre vie quotidienne : infernal et banal tout à la fois... Banalité de l'enfer ou enfer de la banalité... Pourquoi cette transfiguration, grotesque ou monstrueuse, de notre monde quotidien ? Parce que ma liberté totale et translucide, s'est engluée dans l'inertie des êtres sociaux, prisonnière de la matérialité, elle-même expression d'autres *praxis*, chacune autre que les autres, chacune soumise à l'exigence des machines, perdue dans une série indéfinie, aliénée en ce sens qu'elle demeure libre mais n'exerce sa liberté qu'à l'intérieur des limites fixées par l'ensemble du pratico-inerte »[1].

C'est qu'Aron ne voit pas la *synthèse de fait* entre *l'homme dominé* par la matière ouvrée, l'homme des exigences et des impératifs, et *l'homme guerrier, fait autre en lui-même* pour se défendre du danger qu'est, pour chacun, dans le monde de la rareté, tout autre. Séparant ces deux aliénations, il banalise la première et relativise la seconde par référence au « vieux » concept de « rareté ». Mais l'originalité de Sartre est de les avoir rendus solidaires et inséparables *avec l'intériorisation obligée de la rareté (ou de la menace) à propos de et à travers l'assujettissement aux contraintes de la matière ouvrée.* Car si c'est un impératif de vie de se faire l'objet de ses objets pour survivre, donc de se faire homme *dominé* de part en part, cette domination est d'autant plus requise qu'elle se produit, jusqu'aujourd'hui, dans un monde de la rareté, où il n'y en a pas assez pour tous et où toute faiblesse dans l'identification à l'ordre des intérêts et dans la défense des prérogatives qui y sont attachés conduit à la liquidation pure et simple. Inversement, toute défense guerrière sera toujours adoptée en fonction d'intérêts privés ou collectifs imposés par les exigences de la matière ouvrée qui les supportent.

Bref, l'alignement de la liberté sur les impératifs de survie, de reproduction obligée de l'organisme pratique – la possibilité de la mort n'est pas donnée avec la vie dont le seul objectif est sa propre reproduction –, impératif dialectique lié à l'usage de l'inertie ouvrée, se trouve simultanément toujours aiguillonné par la menace de mort que représente tout autre pour moi : non seulement je m'aligne dans la file de l'autobus, je me fais l'objet de mon objet, et pour atteindre au lieu où je veux me rendre, je me quantifie de façon anonyme et interchangeable avec tout autre, bref, *je me fais autre que moi* (premier niveau d'aliénation par la matière ouvrée) ; mais en outre si je ne le fais pas dans les conditions prescrites par la chose, un

1. R. Aron, *Histoire et dialectique de la violence*, Paris, Gallimard, p. 70.

autre va occuper ma place et supprimer définitivement ma chance d'arriver à destination dans les délais, ce qui est aussi bien ma mort conjoncturelle et ponctuelle au regard de cet objectif (second niveau d'aliénation *par devenir guerrier de chacun* comme défenseur de l'objet qu'il est devenu ou de son « intérêt »).

Et si *l'homme dominé* est d'emblée indexé par le manichéiste obligé en chacun, par le gardien de l'ordre qu'est chacun pour soi quant à ses intérêts (ce qu'il fait et par quoi il est fait), inversement, en commençant par l'autre bout de la circularité, celui du *guerrier paranoïaque* qu'est chacun dans la défense des éléments constitutifs de son être, c'est-à-dire de sa culture au sens le plus large, de l'être constitué par lequel il devient Soi sur le front général de la rareté, il faut également dire que toute militarisation d'une appartenance identitaire à un collectif institutionnel implique la raison sérielle sans laquelle l'agitation guerrière serait banditisme ou don quichottisme voué tôt ou tard à la liquidation : réalisation assurée du destin d'excédentaire individuel au sein de la nécessité sociale, condamné à une perte certaine du fait de sa solitude et de son impuissance dans le cadre des contraintes de la rareté; en ce sens tout collectif institutionnel dans le cadre de la raison sérielle ne constitue jamais que l'exposition sociale de l'auto-organisation des exigences de la matière ouvrée : à la fois l'armure de cette organisation et sa faiblesse à l'égard de tout autre non inscrit sous son autorité, et de ce simple fait transformé instantanément en ennemi potentiel.

Les deux cheminements, de l'homme dominé à l'homme altéré et vice-versa, s'attestent chez Sartre sur l'exemple de la virginité. Dans certains groupes humains relativement traditionnels, les jeunes filles peuvent préserver leur virginité par réquisit familial, ou, dans le vocabulaire de Sartre, par *impératif* inhérent au groupe social : l'observance par la jeune fille des règles du bon usage de son corps lui permettent de trouver preneur sur le marché des échanges, et d'éviter de devenir excédentaire, sans emploi matrimonial; dans ce cas les jeunes filles se font elles-mêmes objet de leur objet. Soit, autre cas, c'est par attachement à la *valeur* de leur intégrité corporelle dans la perspective d'en offrir la primeur à celui qu'elles jugeront digne de cette donation exquise et expresse qu'elles préservent leur virginité, se sentant responsables d'elles-mêmes dans la conscience violente de leur fragilité face à une séduction intempestive. L'option guerrière est directement liée à la menace des autres, elle est donc médiatisée par la volonté de défendre ce qui se présente comme *Valeur*; l'option serve, celle de *l'homme dominé*, est plus spontanément immédiate, condition d'adaptabilité biologico-sociale, et Aron aurait raison de la considérer comme aliénation banale si elle n'était pas d'emblée articulée sur le manichéisme guerrier produit par la rareté. Dans la compréhension de la virginité comme

Valeur la jeune fille se fait la duègne de son corps en vue d'un futur romanesque, et la domination de soi, ou le devenir *être-dominé* est une conséquence obligée de son « libre » idéal. Dans la compréhension de la virginité comme impératif, par alignement sur les exigences du collectif, l'intention est de se rendre adéquate à l'objet qu'est toute épouse potentielle, et la lutte ouverte au regard de la concurrence une conséquence objective, c'est-à-dire nécessaire.

En sorte qu'en tout assujettissement à la matière ouvrée, c'est-à-dire en *l'être dominé*, perce toujours la *menace guerrière* ou *vitale* que constitue chacun pour chacun, et qu'inversement tout devenir guerrier ou manichéiste l'est toujours en rapport avec des conditions biologiques, sociales ou culturelles de reproduction de l'organisme pratique, bref avec les positivités définissant les conditions de reproduction de sa finitude. C'est pourquoi des petites causes peuvent déclencher de grands effets, un incident mineur sur le terrain de la socialité être l'étincelle de grands bouleversements guerriers, et des luttes de prestige se vivre comme des luttes à mort et déboucher sur la spoliation des biens et intérêts de l'adversaire.

Le monisme de la *praxis* est donc plénier : se heurtant au monde et aux autres, la *praxis se fait* doublement *Autre*, ou double instrument de lutte sur le terrain soit des conflits humains, soit des positivités ouvrées, mais n'en couve pas moins comme le feu même de ce double devenir-étranger-à-soi ; tout comme chez Descartes le malin génie ne peut faire l'économie de la conscience trompée pour exercer ses sévices, ainsi le devenir-autre de la *praxis* relève encore d'elle-même, et, braise de liberté jamais éteinte, couve sous l'apparence refroidie de l'aliénation. Le régime de double altérité généralisée est bien celui de l'Enfer, comme le règne des « autres » : base des hécatombes de guerres et de violences qui parsèment l'histoire des siècles.

On peut dire que Sartre avec l'idée de sérialité fournit l'intelligibilité de ce concept paradoxal et quasi contradictoire de libre asservissement de soi de la liberté, ou d'inconditionnalité de la liberté à s'engager dans l'envers de soi-même. Scandons avec Sartre les paradoxes de cette dialectique de la sérialité :

> Et dans le cadre de l'*exigence* comme objectivité à réaliser, c'est la pluralité qui devient unité, c'est l'altérité qui devient spontanéité de moi-même en l'Autre et de tous en moi, c'est la réciprocité des fuites (comme pseudo-réciprocité) qui devient relation humaine de réciprocité [1].

1. J.-P. Sartre, *Critique de la raison dialectique*, Paris, Gallimard, 1985, p. 376.

*

C'est bien là le mal radical, puisqu'on ne peut dire plus nettement l'inversion de la *praxis* en son Autre; c'est le comble de l'aliénation, puisque la liberté s'y transforme sous les masques de soi-même : unité, spontanéité, réciprocité, elle fait passer son autre pour elle-même. Il ne s'agit pas de la simple contrainte matérielle liée à la *reproduction des rapports de production*, ou de l'alignement de la *praxis* sur la valeur de la marchandise « travail », de son être pour les positivités de sa reproduction, mais également de la contrainte existentielle ou anthropologique *de sa reproduction du rapport aux rapports de production*, comme condition même d'*identification* de soi comme Sujet, apte dès lors à telle ou telle fonction : Je est un Autre, socialement réussi, « battant » pour sa survie, prêt à la lutte pour la défense de ses intérêts, existentiellement échoué.

Mais où est passée la liberté dans ce cas ? On voit comment elle se perd en croyant se sauver, comment elle s'engonce dans la satisfaction trompeuse de s'aligner, mais en même temps l'analyse nous montre sa force incoercible et dessine les conditions sociales historiques de sa résurgence au grand jour.

Sartre s'interrogeait dans la *Critique* sur la différence de cet engoncement dans l'aliénation par rapport à ce qu'il en disait dans *L'Être et le Néant*. « Faut-il admettre qu'on *soit passivement* ouvrier ou petit-bourgeois ? L'existentialisme niait l'existence *a priori* des essences; ne faut-il pas admettre à présent qu'il y en a et que ce sont les caractères *a priori* de notre être passif ? Et s'il y en a, comment la *praxis* est-elle possible ? Nous disions autrefois qu'on *n'est* jamais lâche ni voleur. Ne faut-il pas en conséquence dire qu'on *se fait* bourgeois ou prolétaire ? »[1].

La réponse est certes affirmative : *nous nous faisons être* bourgeois ou prolétaire, mais en l'occurrence c'est nécessairement *bourgeois* ou *prolétaire* que nous nous faisons être, soit ce que Sartre nomme « les caractères *a priori* de notre être passif ». La liberté se réduirait-elle ici à tout simplement entériner ce que de toute façon nous serions condamnés à être ? C'est là que l'Idée de sérialité vient fournir la clef d'une solution du problème, c'est là que le moment où la puissance critique de Sartre opère le coup de force de faire de cette situation-limite l'occasion d'un renversement.

L'idée de sérialité fournit l'intelligibilité du paradoxe vivant d'une liberté s'aliénant librement, *mais tout en réservant les ressources d'un ultime sursaut libérateur*. En effet si je me suis fait *bourgeois* ou *prolétaire* du plus profond de mon être passé, c'est en tant que configuration existentielle détenant en elle, au cœur du pratico-inerte, le futur ou le projet

1. *Ibid.*, p. 340.

transcendant de son avenir. Obéir aux caractères *a priori* de notre être passif, c'est actualiser cette pré-programmation d'avoir à se faire le futur inscrit comme sens des déterminations *a priori* de notre être passif, donc se projeter dans le futur d'un avenir donné passivement comme à remplir selon telle règle de sa matérialité culturelle.

C'est le comble de la reconnaissance de soi par soi dans la reconnaissance de ce qu'on se fait être : synthèse du contenu programmé et de la forme de son actualisation, du bourgeois ou de l'ouvrier et de la liberté requise à l'accomplissement de cette condition. Reproduction *du rapport aux rapports de production*, ou appropriation de soi à l'identité de sa fonction : *the right man in the right place*, le Sujet de la situation. « La *praxis* humaine reste entièrement ce qu'elle est – si on la prend abstraitement comme pure *praxis* isolée – mais son propre avenir comme dépassement de son être-passé est dépassé par ce même être-passé en tant que déjà signifié par l'avenir »[1].

Il fallait donc pousser l'épreuve jusque-là... « La raison de l'indépassabilité de l'Être passé, c'est qu'il est lui-même l'inscription dans l'Être d'une *praxis* produisant, au-delà de toute *praxis* humaine particulière, sa propre signification comme être transcendant »[2]. Chacun est fait autre par le collectif, celui-ci téléguide jusqu'à la liberté qui s'y applique pour l'illusionner sur l'indépassable nécessité à s'y conformer tout en conservant l'initiative de soi : reste l'Autre sous le masque de l'Unité jouée comme victoire alors qu'il s'agit de l'entérinement de la contrainte de l'Autre. L'Enfer : le meilleur de la liberté au service de l'Autre, de son propre fait et dans une approbation aveuglée...

Il est certain qu'Aron n'était pas du bois dont se chauffent les rébellions, et qu'il ne pouvait comprendre la dénonciation sartrienne du conformisme sériel. Proie d'une sorte de syndrome de Stockholm métaphorique, aimant ses bourreaux comme unique contact avec la vie, il croyait que l'humanité affichée de ses interlocuteurs socio-collectifs était la face réussie de l'humanisme réalisé... la fausse plénitude du vide de toute institution collective se donnant pour l'Unité retrouvée ou enfin atteinte.

S'agit-il de trancher avec de la psychologie ? Sans doute joue-t-elle un rôle non négligeable dans la sensibilité critique ou conformiste de l'un et de l'autre. Mais philosophiquement ce qui importe c'est la manière de formaliser théoriquement des intuitions existentielles ; et l'on a vu que, dans cette formalisation, Aron souffrait d'une tache aveugle dans sa façon de distinguer *homme dominé* et *altéré*, dans sa manière de banaliser et de neutraliser l'esprit critique de Sartre, bref d'être incapable de comprendre

1. *Ibid.*, p. 344.
2. *Ibid.*

l'originalité du renouvellement sartrien de la problématique sociale et historique. N'ayant plus les mêmes intérêts à défendre, ou ayant bénéficié du vent du large apporté par Sartre, les philosophies de la différence se précipiteront dans la brèche et partiront, sans plus d'états d'âme, à l'assaut des découvertes de la productivité créatrice des concepts une fois ceux-ci libérés du concept de tous les concepts, l'ineffable Unité...

Lacan parlera du jeu des signifiants, Badiou [1] parlera, en partant de la huitième hypothèse du *Parménide*, de l'Être en tant que multiple de multiples, et Deleuze avec Klossowski fera recours à la figure diabolique de Baphomet [2], nouveau prince du syllogisme disjonctif inclusif qui remplace l'Idéal transcendantal kantien et le syllogisme disjonctif exclusif, et qui libère la production de sens de la totalité préalable qu'exprimait l'*Ens realissimum*.

L'intuition critique de Sartre était bien la bonne, car je ne vois guère comment résorber cet éclatement de l'Un à tous les niveaux de l'expérience immanente, sauf à tenter de le restaurer par la religion. Comme, par exemple, le tente Benny Lévy [3].

Pierre VERSTRAETEN
Université Libre de Bruxelles

1. A. Badiou, *L'Être et l'événement*, « Méditation un » et « Méditation deux », Paris, Seuil, 1988, p. 31 *sq*.

2. G. Deleuze, *Logique du sens*, Paris, Minuit, 1969, p. 385 *sq*.

3. B. Lévy, *Le Nom de l'Homme*, Paris, Verdier, 1984.

LA QUESTION DE L'INDIVIDUALITÉ DANS L'ÉPOQUE CONTEMPORAINE (IMAGINATION, HOMME GÉNÉRAL ET HOMME ABSTRAIT DANS *CAHIERS POUR UNE MORALE* ET *VÉRITÉ ET EXISTENCE*)

1. *L'imagination et ses dérives*

L'imagination, c'est la liberté. Voilà une des thèses sartriennes les plus connues et persistantes, qui trouve sa première formulation dans le célèbre essai sur l'imaginaire de 1940. « Toute création d'imaginaire serait totalement impossible à une conscience dont la nature serait précisément d'être 'au-milieu-du-monde' [...], placée au sein du monde comme un existant parmi d'autres ». Pour qu'une conscience puisse former des images il est nécessaire qu'elle puisse prendre du recul par rapport au réel, qu'elle puisse « le nier », en se décrochant de la série causale des événements physiques et psychiques où elle se trouve plongée. « En un mot – concluait Sartre – il faut qu'elle soit libre » [1].

Nous retrouvons cette thèse dans *L'Être et le Néant*, où le couple liberté-imagination n'est jamais mis en question. Elle revient aussi à maintes reprises, dans des contextes divers, dans *Cahiers pour une morale :* quand Sartre y traite de la création artistique, il répète que « l'imagination, c'est la liberté » [2]; quand il fait l'hypothèse de l'existence de l'Esprit Absolu hégélien, il précise qu'alors l'imagination, en tant que dépassement du réel vers des possibles qui ne se réaliseront jamais, ne serait peut-être même pas concevable [3].

Pourtant, à côté de ces affirmations, l'imagination apparaît aussi souvent dans *Cahiers pour une morale* comme un des éléments qui

1. J.-P. Sartre, *L'imaginaire*, Paris, Gallimard, 1952, p. 233-234.
2. J.-P. Sartre, *Cahiers pour une morale*, Paris, Gallimard, 1983, p. 565.
3. *Ibid.*, p. 28-29.

peuvent contribuer à mettre en place une situation d'aliénation et d'oppression. Ce qui ne change rien à la teneur ontologique de la thèse mentionnée – pour Sartre en effet l'oppression n'est possible que dans la mesure où l'homme est libre – mais introduit un léger glissement quant à l'efficacité de la liberté qui se détermine à partir de l'imaginaire qu'elle a créé.

C'est ce qui arrive par exemple lorsque le processus de création d'imaginaire est déclenché par un mensonge : dans ce cas l'imagination demeure sans aucun doute une manifestation de la liberté, mais d'une liberté devenue *abstraite*, qui n'a pas le monde réel comme correspondant de son action, mais seulement le monde imaginaire créé par le mensonge [1]. « C'est que la liberté est en situation dans un monde réel où je suis. Même si elle se porte à concevoir l'imaginaire c'est en liaison synthétique avec le monde réel, qui est présent comme ce dont elle se détourne, ce qui est nié par l'imaginaire [...] En mentant, je lui présente une situation imaginaire et je la lui fais tenir pour réelle. Elle la dépasse vers ses fins et se confirme en cette situation comme en tout autre, comme liberté. Mais comme la situation est irréelle, le dépassement est également irréel et le sens de ses œuvres est irréel » [2]. Pour que le dépassement du réel qui trouve son origine dans l'imagination soit, lui aussi, « réel », il faut que ce que l'imagination nie soit le monde concret et non une fausse image du monde créée à dessein par un mensonge. « Poursuivant en effet un but imaginaire, interprétant les événements réels à partir du non-réel, elle les subit comme une chose sans les modifier » [3]. Ce qui revient à dire que la liberté, dont l'essence est de se déterminer à partir d'une négation du réel qui est en même temps création d'imaginaire, peut aussi bien être « déviée sur l'imaginaire » qu'elle crée, et perdre de ce fait sa transcendance.

Dans le cas du *mensonge* la responsabilité du sujet auquel on ment est très limitée : il est tout entier *chose* et instrument dans les mains du menteur qui prépare la scène où cette liberté « déroutée » opérera. Toutefois nous trouvons dans les *Cahiers* la description de situations où la relation « menteur-menti » est plus ambiguë, où l'imagination apparaît comme « complice », et le choix d'« irréaliser » le monde comme choix déterminé d'une liberté en situation. C'est le cas de la religion, où « tous les actes sont faits dans la perspective d'une volonté et d'une justice divines qui n'existent pas » [4] ; mais, d'une manière plus générale, c'est ce qui se produit chaque fois que l'imagination devient un élément de la dialectique du

1. Voir l'exemple de la femme trompée par un fonctionnaire de la Gestapo et l'exemple de la feinte dans la boxe (*Cahiers pour une morale*, 205-206).

2. *Ibid.*, p. 204.

3. *Ibid.*, p. 205.

4. *Ibid.*, p. 209.

désir, chaque fois que le désir remplace l'action réelle sur le monde. Dans les *Cahiers* Sartre semble trouver le paradigme originaire de cette « dérive » de l'imagination dans la pensée primitive, dont il analyse longuement les structures[1]. Dans le cas du nomadisme primitif, par exemple, l'homme se trouve par rapport à la Nature en un état « d'attente et de désir » : en attendant que la Nature lui donne le fruit ou le poisson, il se pousse à imaginer l'objet pour le faire devenir réel. « En un mot, la transcendance [...] est une transcendance limitée : le désir est bien dépassement de la situation présente, mais dépassement imaginaire »[2]. Ce qui manque au primitif – ainsi qu'à toute conscience enfermée dans son désir – c'est le moment concret du *travail*. C'est donc à partir d'une distorsion du rapport « naturel » qui lie l'homme au monde par l'intermédiaire de sa *praxis*, que l'imagination peut devenir un des moments constitutifs du circuit de l'aliénation. Le *besoin* concret s'aliène en devenant *désir* qui prétend modifier l'être sans agir réellement sur lui[3]. Situation analogue, d'ailleurs, à celle de l'artiste qui a choisi la fuite dans l'imaginaire : « Ainsi l'artiste est-il d'une part l'homme qui choisit de créer réellement des objets imaginaires, mais il est aussi et surtout [...] l'homme qui choisit de créer imaginairement le monde réel ; il est celui dont la perception est déjà irréellement création »[4]. Tout comme la réflexion peut être pour Sartre « pure » ou « complice », selon qu'elle considère la subjectivité comme une transcendance ou comme un être[5], de même l'imagination peut être dépassement du réel vers ce qui n'existe pas encore (authenticité), ou fuite du réel dans un imaginaire qui n'en est que le succédané (aliénation).

Que l'imaginaire ne soit pas seulement le lieu de de la libre création de soi, mais aussi celui de l'aliénation, c'est ce sur quoi Sartre continuera à insister après 1950, au moment où il écrit *Saint Genet, comédien et martyr*[6]. Cette thèse était apparemment encore absente de la perspective ontologique de *L'Être et le Néant*. Mais, dans les *Cahiers*, c'est déjà souvent à partir d'une réflexion sur l'imaginaire comme « milieu » ambigu, hanté par l'Autre, que Sartre analyse les situations où la conscience limite d'elle-même sa propre liberté. Ce que les *Cahiers pour une morale* ajoutent à l'analyse des relations interpersonnelles débouchant sur une situation

1. *Ibid.*, p. 364-374.

2. *Ibid.*, p. 364.

3. Sur la dialectique du besoin et du désir chez Sartre, voir P. Verstraeten, *Y-a-t-il opposition du besoin et du désir chez Sartre ?*, dans « Sartre contro Sartre. Quindici anni dopo », Bologna, Cosmopoli, 1996, p. 145-163.

4. J.-P. Sartre, *Cahiers pour une morale*, p. 570.

5. Cf. J.-P. Sartre, *L'Être et le Néant*, Paris, Gallimard, 1943, p. 201 *sqq*.

6. C'est l'opposition de l'étape imaginaire et stérile de l'« esthétisme » ou du « geste », et de la libération finale par l'écriture entendue comme praxis.

d'oppression, ou encore la dimension supplémentaire qui n'était pas envisagée dans *L'Être et le Néant*, c'est celle-ci : il est des situations où l'oppression est opérée par un Autre que personne ne rencontre directement, par un Autre qui est en même temps partout et nulle part. Cet « Autre », ce sont les structures sociales elles-mêmes, en tant qu'elles se constituent à travers une circulation diffuse de l'altérité, à partir de la priorité que chacun reconnaît à l'« Autre » dont il dépend : « La société, en effet, c'est l'Autre pensé comme essentiel »[1]. C'est donc dans certaines sections des *Cahiers pour une morale* que semble s'opérer le passage d'une conception de l'imaginaire (individuel) comme milieu de la liberté à une conception de l'imaginaire (collectif) comme dimension d'aliénation. Certainement ces deux conceptions cohabitent dans les notes de 1947-48. Mais dans l'ensemble c'est plutôt dans un « climat d'aliénation » que se développent les analyses de Sartre ayant trait à l'imaginaire. Il faudrait alors essayer de comprendre quelle relation s'établit entre imagination, imaginaire, aliénation et société dans les notes pour la Morale, compte tenu du fait que plusieurs des analyses que Sartre mène ici à propos de la liberté qui s'aliène elle-même réapparaîtront radicalisées dans *Saint Genet*, comme support d'une herméneutique de la liberté bien différente de celle qui était en place dans *L'Être et le Néant*.

2. *Homme abstrait, homme général, homme moyen*

Plusieurs notes dans la première partie du « cahier I » montrent que Sartre devient conscient d'une transformation de l'oppression qui caractériserait l'époque contemporaine, démentant parfois les prévisions du marxisme classique : « L'oppression va en s'intériorisant », et revêt une forme « fort éloignée des formes sociales envisagées par Marx »[2]. Nous sommes en 1947, et Sartre écrit : « Il y a dictature bureaucratique et technique remplaçant peu à peu l'oppression capitaliste. Enfin l'homme général devenu facteur historique en tant que général réclame la *généralité*, c'est-à-dire la dictature égale pour tous d'un état abstrait et la liberté et l'égalité dans la totale interchangeabilité. Ces [...] dangers qui menacent sont des formes d'oppression nouvelles. L'homme peut être aussi bien aliéné par l'abstraction et l'universalité que par une catégorie concrète d'oppresseurs. Ceux-ci faisaient la médiation entre l'abstraction et l'opprimé. A présent oppression par l'abstrait sans médiation »[3].

1. *Cahiers pour une morale*, p. 376.
2. *Ibid.*, p. 89.
3. *Ibid.*, p. 87.

Ces considérations appartiennent à une section des *Cahiers* intitulée « L'homme et l'humain ». Le contexte général à l'intérieur duquel elles se déploient est celui d'une discussion avec les philosophies hégélienne et marxiste de l'Histoire, dont Sartre essaie de montrer les limites. Le problème est celui de l'*individualité* et des structures historiques et ontologiques qui en permettent le surgissement.

Pour Hegel, que Sartre relit ici à partir du célèbre commentaire de Kojève[1], l'individualité, c'est le caractère d'*unicité irremplaçable* que l'anthropologie judéo-chrétienne et moderne confère au sujet humain, en tant qu'individu *libre* et *historique*. L'homme n'est vraiment humain que dans la mesure où il est reconnu comme individu par les autres (et où il les reconnaît lui-même en retour). « C'est dans et par la reconnaissance universelle de la particularité humaine que se réalise et se manifeste l'*Individualité* »[2]. C'est en effet par la reconnaissance réciproque que cette « entité naturelle » qu'est l'homme devient une « entité spirituelle », et que chacun dépasse son existence empirique immédiate en devenant « sujet » pour tous les autres. Ici l'Homme se révèle comme être dialectique par excellence, puisque l'individualité comme synthèse du Particulier (animal) et de l'Universel (genre humain) est le résultat d'un double mouvement dialectique accompli par les êtres humains : je reconnais les autres dans la mesure où ceux-ci me reconnaissent réciproquement. Mais il faut encore que ce double mouvement s'institutionnalise et soit pour ainsi dire soustrait à la contingence des rencontres humaines : il va donc s'achever dans l'objectivité de cet Universel réel qui est l'État, où chaque Individualité est reconnue comme « personne juridique » (Citoyen) jouissant des droits politiques et civils. Ainsi chaque individu vient à lui-même comme individu par les autres à travers la médiation de l'État. Il y a pourtant une limite : ce que chaque État, dans sa forme historique contingente, a jusqu'ici reconnu, c'est l'individu en tant que représentant d'une famille, d'une classe, d'une nation, d'une race... C'est pourquoi la dialectique interne de ce mouvement doit amener à un État universel et homogène où, toute différence substantielle entre les hommes étant supprimée, chacun sera enfin reconnu par tous les autres dans sa particularité individuelle.

1. A. Kojève, *Introduction à la lecture de Hegel*, Gallimard, 1947. Ce livre avait été publié dans la collection « Classiques de la Philosophie » au moment où Sartre écrivait ses notes pour la Morale. Sartre l'utilise à maintes reprises dans les *Cahiers*, se servant en particulier du texte publié en Appendice, *La dialectique du réel et la méthode phénoménologique chez Hegel*, qui reprend les leçons de Kojève de l'année 1934-35. Dans ses réflexions Sartre ne se soucie pas de distinguer entre Hegel et Kojève, considérant commentaire et citations comme un seul texte.

2. A. Kojève, *op. cit.*, p. 506, cité par Sartre dans *Cahiers pour une morale*, *op. cit.*, p. 74.

L'État universel serait ainsi le succédané de Dieu, témoin absolu et regard impartial qui confère à chacun sa qualité objective de « sujet ».

Telle est donc est la position de Hegel-Kojève (ainsi que l'expose Sartre). Or, aux yeux de Sartre, aucun « universel » ne saurait reconnaître l'homme dans sa particularité, puisque l'universel ne peut reconnaître que des fonctions universelles [1]. Ce qui manque à l'État en tant que succédané de Dieu, c'est la subjectivité; Dieu, lui, du moins était un absolu-sujet. Mais il y a plus : « Il est évident – écrit Sartre – que l'État universel ne valorise que la réussite. Je reste donc insatisfait ou plutôt, puisque la religion est valorisation de l'échec (je vaux plus que ce que je suis, donc que ce que j'ai fait) et que l'État hégélien considère avec Hegel, au contraire, que 'l'Être vrai de l'homme, c'est son action', l'État universel échoue à remplacer une religion (christianisme) qui me valorise dans ma particularité et jusque dans mon échec »[2]. « Ici comme partout », écrivait Sartre dans *L'Être et le Néant* « à Hegel il faut opposer Kierkegaard »[3]. Et il en est certainement encore ainsi dans les *Cahiers*. Dans la perspective de ces fragments posthumes, où l'Histoire a revêtu une importance croissante, la question de l'individualité résiste. La mort de Dieu est désormais un « grand changement historique », tel que « les hommes ont perdu leur témoin absolu »[4], et par conséquent la solution kierkegaardienne n'est plus praticable (sauf justement comme contestation de l'absorption hégélienne du vécu par la connaissance qu'on en a : les hommes sont ainsi renvoyés à cette « somme d'unités indépendantes » que ni l'État hégélien ni le mythe marxiste de l'Histoire ne peuvent racheter[5].

C'est à ce moment du processus historique retracé par Sartre (fin XIXe siècle-début XXe) qu'une nouvelle « solution » s'esquisse à l'horizon : « Procédé américain : civilisation technique, donc de la généralité. Mais il faut remarquer que la généralité implique l'interchangeabilité des individus, donc supprime entre eux l'unité organique. En tant que tous les individus sont des *unités* du concept 'travailleurs', 'américains', etc., ils sont en état de juxtaposition (solidarité mécanique) [...] Il s'agit donc de lier ces différentes unités juxtaposées en une unité organique. C'est à quoi tendent les *mass media*, best-seller, book of the month, best record, Gallup, Oscar, etc. Il s'agit de présenter à l'exemplaire isolé l'image de la totalité [...] Et comme l'exemplaire isolé est une structure de la totalité, il

1. Cf. *Cahiers pour une morale*, *op. cit.*, p. 77.

2. *Ibid.*, p. 78.

3. J.-P. Sartre, *L'Être et le Néant*, p. 295.

4. *Cahiers pour une morale*, p. 90-91.

5. Sur la critique à la conception marxienne de l'Histoire, cf. *Cahiers pour une morale*, p. 90-92.

apprend son goût sur l'image du goût de la totalité [...] Ainsi l'Américain vit en état de fascination par ce que j'appellerai son opinion objective, c'est-à-dire celle qui est écrite dans les statistiques avant qu'il ne se consulte et dont on lui renvoie l'image »[1].

Cette critique de la société de masse et de ces procédés n'est pas originale, mais elle introduit dans le champ d'enquête sartrien un modèle de relation humaine sérielle et anonyme, qui s'ajoute à la « lutte des consciences par le regard » dont il est question dans *L'Être et le Néant* (et d'ailleurs aussi dans la plupart des notes pour la Morale). Dix ans plus tard, dans *Critique de la raison dialectique*, Sartre cherchera l'intelligibilité de ce modèle au niveau des pratiques matérielles de la société, en tant qu'elles ont une incidence sur l'intersubjectivité. Dans les *Cahiers*, il la cherche plutôt au niveau de ce qu'il appelle « le circuit de l'altérité », c'est-à-dire de la relation entre le « moi » et l'« autre » qui, par l'intermédiaire de l'imagination et du désir, s'institutionnalise en structure sociale aliénante et impersonnelle.

Dans ce même « cahier I » – dans sa deuxième moitié – Sartre s'engage dans une analyse approfondie des moments constitutifs de l'aliénation primitive, réinterprétant dans une perspective phénoménologique et ontologique les matériaux anthropologiques sur le couple Moi-Autre qu'il trouve chez Lévy-Bruhl, Mauss, Dumézil et Leiris. Et nous voyons clairement qu'une des questions dominantes dans le texte est celle des mécanismes individuels et sociaux favorisant l'intériorisation de l'oppression. Or, le sens des développements que Sartre consacre aux primitifs et au désir est avant tout de manifester les proximités qui se tissent entre les civilisations sans histoire et les civilisations techniques. « Tout l'homme est dans le primitif »[2]. Cela signifie que le primitif est ontologiquement libre, qu'il *choisit* de se laisser couler dans « le monde noir du désir », et que, tout choix étant conscience (de) choix, ce choix, si aliéné soit-il, sera toujours traversé par une « inquiétude »[3], qui n'est autre

1. *Ibid.*, p. 93. Parallèlement au « procédé américain » de la démocratie de masse, Sartre indique aussi un « procédé dictatorial », qui prétend de récupérer l'unité vivante des individus dispersés et redonner droit au moment subjectif de la reconnaissance des consciences, par la figure du Chef, du Parti ou de la Nation (*op. cit.*, p. 93-94). Et en un sens le fascisme est plus concret que l'abstraite démocratie américaine, il est « un progrès vers le concret-subjectif par rapport à la démocratie abstraite ». Mais cette concrétude est un faux-semblant, ce progrès en vérité « une régression », et l'individu, s'il n'est plus perdu dans l'abstraction et la généralité, n'en est pas moins réduit à l'objectivité, c'est-à-dire soumis à une pensée qui n'est pas la sienne, à une pensée morte, à une pensée chose qu'il apprend et répète plus qu'il ne la reconnaît : la pensée du chef.

2. *Ibid.*, p. 373-374.

3. *Ibid.*

que la libre négativité. Et inversement, que notre conquérante liberté technique est en permanence habitée par la passivité et l'aliénation : « La magie est partout et toujours *notre* possibilité » [1]. Ce qui diffère, de part et d'autre, c'est sans doute seulement le visage que revêt l'aliénation. Un visage qui devient de plus en plus insaisissable et impersonnel, une aliénation qui finit par perdre quasiment son visage. A plusieurs reprises dans les *Cahiers* Sartre revient sur l'idée d'une intériorisation et d'une dépersonnalisation progressives de l'aliénation et de l'oppression au cours de l'Histoire. Si l'institution humaine nommée « Société » est le lieu où tous sont également susceptibles d'être regardés par le regard insaisissable d'un « Autre » – Dieu, Souverain, Chef – qui a le pouvoir de regarder sans que personne ne le regarde à son tour, l'Histoire nous montre aussi le passage « de la liberté concrète d'un seul à la liberté abstraite de tous » [2]. Le processus de démocratisation et de globalisation de la société a donc transformé le regard concret et direct du Pouvoir – il n'y a plus un seul pouvoir, mais des pouvoirs diffus – et a conféré aux individus une liberté « abstraite » dans la mesure où l'individualité de chacun est devenue plus *abstraite :* « Le passage du particulier à l'universel se fait aussi par l'uniformisation du mode de production donc des coutumes. One World. Là encore, abstraction. L'uniforme est abstrait, renvoie l'image du *on* [...] Accroissement de la population : de l'homme, ce voisin (concret), à l'homme, cet inconnu (abstrait) [...] L'homme s'est perdu parce qu'il est trop *nombreux* pour lui-même, parce que le monde est trop *grand*... [3] ».

Puisque l'homme est devenu trop nombreux, le monde trop grand, et les relations interpersonnelles abstraites, chacun est donc amené à chercher sa propre individualité dans le domaine de la *généralité*, qui est le domaine où chaque conscience rencontre les autres dans l'abstrait. La dimension du « général » devient le succédané abstrait des dimensions communautaires d'antan. Dans ce « général » chacun apprend ce qu'il est à partir des goûts et des opinions de la totalité. La société moderne réalise de la sorte la dialectique hégélienne des consciences en remplaçant les relations concrètes entre individus par la relation concrète de chacun avec une image abstraite de la totalité dont il fait partie. Ainsi chacun construit sa propre individualité par l'intermédiaire d'un imaginaire collectif généralisé qui « réussit » en quelque sorte là où Dieu, l'État et l'Histoire ont échoué, c'est-à-dire qui mène à bien l'institution d'un milieu homogène absolu où chacun communique avec les autres sans avoir avec eux aucun rapport concret. « Le journal : le miroir de l'homme général et de l'homme moyen.

1. *Ibid.*, p. 365.
2. *Ibid.*, p. 151.
3. *Ibid.*, p. 151-152.

Il leur renvoie leur image. La propagande américaine de l'homme moyen sur l'homme moyen renforçant sa médiocrité : l'air le plus écouté de la semaine. Vous êtes renseigné sur l'opinion de la moyenne donc sur votre propre opinion. Le journal est médiation entre l'homme moyen et lui-même »[1]. Il s'ensuit que l'imaginaire généralisé, c'est-à-dire l'imaginaire de la *généralité*, est aujourd'hui ce à travers quoi chacun vient à lui-même comme individu, donc ce à partir de quoi surgit l'*individualité* dans la société contemporaine.

C'est une situation d'aliénation, où manifestement le Moi a posé la priorité ontologique de l'Autre. Mais cette aliénation ne devient pas oppression (du moins pas oppression visiblement violente) puisque, dans le règne contemporain de l'abstraction, l'Autre est un « autre Moi », c'est-à-dire quelqu'un qui me renseigne sur mon opinion de la même façon que je le renseigne sur la sienne : nous sommes des inconnus qui achètent le même journal et qui écoutent les mêmes airs, des « moi » qui communiquent sans se connaître.

Dans *Vérité et existence*, un texte publié à titre posthume, et dont la rédaction n'est postérieure aux *Cahiers pour une morale* que de peu, Sartre consacre quelques pages à l'analyse de ce qu'il appelle *l'homme abstrait*. Cette analyse se trouve dans une section du texte où Sartre s'efforce d'éclairer les motivations « existentielles » de l'ignorance. En absolue continuité avec ce qu'il dit du « dévoilement de l'Être » dans les pages des *Cahiers* consacrées à la « conversion »[2] de l'existence inauthentique en existence authentique, Sartre définit ici l'ignorance comme le choix de l'homme qui *ne veut pas* connaître l'Être. Puisque « le fondement de la Vérité est la liberté »[3], il n'y a de vérité que pour un Pour-soi qui a choisi de dévoiler l'Être, de l'interroger, de faire de l'Être le terme de son intuition révélante. Parce qu'il est libre, l'homme peut choisir la vérité, l'ignorance ou le mensonge. De toute façon, l'Être ne se révèlera ou ne restera voilé que face à un comportement actif du pour-soi : « l'Être apparaît, par principe, comme ce dont nous avons à assumer la responsabilité sans l'avoir voulu [et] le Pour-soi peut projeter de voiler l'Être pour ne pas être obligé de l'assumer »[4].

Loin d'être pure contemplation de ce qui est, la recherche de la vérité implique de la part du pour-soi une assomption préalable des résultats de la recherche : en effet, il ne pourra plus faire que l'être qu'il a dévoilé n'appartienne pas au monde et à son horizon. Ainsi chaque pour-soi devient

1. *Ibid.*, p. 81.
2. *Ibid.*, p. 499 *sq.*
3. J.-P. Sartre, *Vérité et existence*, Paris, Gallimard, 1989, p. 35.
4. *Ibid.*, p. 97.

responsable de la vérité qu'il a découverte. D'où la possibilité de refuser cette responsabilité en choisissant l'ignorance, qui est volonté d'ignorer et fuite[1]. L'homme *abstrait* est une des figures que peut revêtir le « projet d'ignorer », en tant que l'abstraction se révèle comme l'attitude de l'homme qui veut connaître l'Être sans avoir affaire à lui. « Savoir sans voir. Voilà l'abstraction ». Finalement l'homme abstrait est celui qui a des connaissances qu'il ne veut pas vérifier par un contact direct avec l'Être. Il tire donc ses connaissances des autres. Il s'ensuit que son ignorance « n'est possible que par le *Mitsein* », c'est-à-dire par une modalité spécifique de l'être-avec-les-autres que Sartre tient pour inauthentique. « L'homme abstrait profite des révélations des autres [...], pense sur la pensée des autres, c'est-à-dire sur des révélations qu'il n'effectue pas [...]. Pour l'homme abstrait la Vérité [...] c'est une connaissance *sur* l'Être en l'absence de l'Être »[2].

Si maintenant nous revenons au propos de l'*homme général*, que Sartre développe peu après sa discussion avec Hegel-Kojève sur la question de l'individualité, nous voyons que « homme général », « homme abstrait » et « homme moyen »[3] ne sont que trois facettes de la même situation : le procédé par lequel l'homme moderne inauthentique gagne son individualité. Chez Hegel, chaque conscience ne gagne sa vérité que dans la lutte avec les autres, et cela dans la mesure où elle met en jeu sa vie et accepte le risque de mourir et de perdre définitivement son moi. Qu'elle échoue, qu'elle perde la bataille, et c'est l'esclavage. Chez Sartre, l'homme abstrait et l'homme moyen cherchent leur propre vérité dans l'opinion générale, c'est-à-dire dans une vérité qui vaut pour tout le monde, faute du courage d'interroger eux-mêmes l'Être pour en arriver à leur propre révélation de l'en-soi. C'est donc dans la généralité que l'homme abstrait et l'homme moyen décident de trouver la source de leur individualité. La forme moderne de l'individualité est devenue la forme de la *généralité*.

Dans semblable situation, qu'en est-il donc de l'imagination et de la liberté ? L'imagination, c'est la liberté, certes. Mais alors l'homme moyen, l'homme général et l'homme abstrait sont ceux qui, par peur d'assumer leur propre liberté, décident d'imaginer avec l'imagination d'un autre, de la même façon qu'ils pensent avec les pensées des autres. Dans une société où l'imaginaire devient « général », chacun renonce à la possibilité d'imaginer

1. « Ainsi l'ignorance est peur de l'Être ou peur de la liberté ou peur du contact révélant avec l'Être ou peur des trois à la fois » (*ibid.*, p. 108).

2. *Ibid.*, p. 107-108.

3. C'est Kojève lui-même qui introduit dans une note le thème de l'« homme moyen » dont chacun parle toujours comme d'un « autre que soi » (A. Kojève, *op. cit.*, p. 507, note 1). Il se peut aussi que cette note ait engendré la réflexion de Sartre à ce sujet.

quelque chose qui n'a pas encore été imaginé par les autres. Imagination il y a, mais à l'intérieur d'un domaine d'« imaginaires » déjà constitués par la société. C'est ainsi qu'un « pratico-inerte » (qui n'a pas encore reçu son nom), déguisé en liberté, s'introduit dans la conscience de chacun sous forme d'un éventail de possibilités « ayant été déjà choisies par un autre ». Cet autre n'est plus menaçant, il n'a plus l'altérité agressive du *zar* ni du *mana :* il est cet autre « moi-même » que peuvent être tous les autres à l'âge de l'interchangeabilité et de l'abstraction.

3. *Conclusion*

A partir de là, nous pouvons essayer de reconstruire le sens global des notations fragmentaires formant la section intitulée « L'homme et l'humain » du « cahier I ».

Cette section s'ouvre par la discussion du texte de Hegel-Kojève rappelé plus haut. Elle se poursuit avec une mise en discussion de la théorie hégélienne du maître et de l'esclave – « séduisante comme phénoménologie des rapports humains mais [qui] ne tient pas debout historiquement »[1] –; cette discussion débouche sur une analyse des « couches de l'événement historique » et de la « complexité de l'Histoire » par laquelle Sartre met en question en même temps la perspective idéaliste et la perspective matérialiste, amorçant une explication des faits historiques basée sur le principe de la *discontinuité dans la continuité*, c'est-à-dire sur l'impossibilité radicale d'arriver à des synthèses totalisantes dans l'interprétation des faits historiques[2]. C'est au cours de cette discussion que la question de l'individualité posée au départ et d'une manière abstraite, en tant que pure phénoménologie des rapports humains, réapparaît « historicisée », comme problème auquel l'époque contemporaine a fourni deux types de solution : le procédé américain (démocratie abstraite) et le procédé dictatorial (fascisme)[3].

Il paraît donc qu'aux yeux de Sartre la question de l'individualité (de sa genèse, de sa constitution historico-sociale, de sa légitimation) est une question centrale (ce qui va de soi, le « cahier I » tout entier n'étant que la tentative de plonger dans la dimension historico-sociale les catégories herméneutiques de *L'Être et le Néant*). Quel est donc le lien entre la question de l'individualité et celle de l'Histoire, sans cesse mêlées dans ces pages ? Arrivé à peu près au terme de la discussion, Sartre écrit que « son ressort essentiel [de l'Histoire], c'est bien en effet l'inégalité entre la Totalité et la singularité »[4]; inégalité qu'il tient pour insurmontable, mais

1. *Cahiers pour une morale*, p. 79.
2. Cf. *ibid.*, p. 86.
3. *Ibid.*, p. 93.
4. *Ibid.*, p. 95.

dont le dépassement est le but implicite du mouvement historique une fois que « l'Histoire », devenue consciente d'elle-même, vise d'une manière ou d'une autre à sa fin : « Bonheur (E.U.), fin de l'Histoire (Hegel), fin de la préhistoire (Marx), unité du monde sous la domination allemande »... La fin de l'Histoire (« Hegel l'a bien vu ») ne peut advenir que par la réalisation d'une Totalité dont aucune conscience ne serait exclue, ce qui mettrait fin à l'inégalité « entre la Totalité et la singularité ». Mais la fusion réelle de toutes les consciences en une seule est ontologiquement impossible, et « toutes les tentatives actuelles visent à réaliser une Totalité qui *joue* symboliquement l'Absolu-sujet » [1]. Le fascisme l'a tenté à travers l'identification de toutes les consciences singulières dans la conscience du Chef; la démocratie américaine poursuit le même idéal par « le rêve abstrait et impossible d'une subjectivité s'unifiant dans l'objectivité transcendante » [2]. C'est ainsi que la majorité devient « l'expression fascinante de la Totalité » dont chacun veut faire partie; « chaque Américain est un Rousseau en puissance » [3].

On peut en conclure qu'en enchaînant l'imagination individuelle à un imaginaire collectif qui met à la disposition de tous les possibilités « moyennes » ou « générales » déjà choisies par tout le monde, la société contemporaine réalise en même temps le maximum d'égalité et le maximum d'aliénation. La dialectique du Moi et de l'Autre, dont Sartre s'efforcera de retracer la genèse historique dans la deuxième moitié du « cahier I », a abouti à la suppression de l'Autre en tant qu'Autre, remplacé par un « Même » lointain et abstrait que je ne connais pas, dont je reproduis les choix en même temps que, sans me connaître, il reproduit les miens.

Finalement, puisque « l'imagination, c'est la liberté », l'aliénation de l'imagination atteint la liberté à sa source même, là où se produit la première négation de l'en-soi, ce décrochement par rapport aux séries causales des événements, cette possibilité de prendre un recul vis-à-vis de la réalité, qui fait de l'homme, selon les mots de *L'Imaginaire*, un être libre. L'aliénation de l'imaginaire qu'accomplit la société contemporaine à l'aide de la technique apparaît donc à Sartre en 1947 comme la forme la plus répandue d'oppression, et peut-être la plus dangereuse qui ait surgi au cours de l'Histoire. D'autant plus dangereuse que personne ne la perçoit comme telle. « L'homme-machine [...] revendique une libération de lui-même c'est-à-dire de lui comme *il est* sans se rendre compte que cette libération impliquerait sa transformation (autrement dit qu'on ne peut pas le libérer *comme* homme-machine), mais de ce fait il crée un futur du même type, qui

1. *Ibid.*
2. *Ibid.*, p. 94.
3. *Ibid.*, p. 95.

est la libération méditée et projetée du remplaçable, donc il incline l'Histoire à sa ressemblance »[1].

Plus tard, dans *Critique de la raison dialectique*, Sartre consacrera des analyses pénétrantes au thème de l'homme « dominé par la matière ouvrée », décrivant comment dans une structure technique et sociale soumise aux exigences de la production, la *praxis* des ouvriers (et, d'une autre façon, celle des propriétaires et de leurs enfants) est déterminée par des outils et des machines qui exigent des hommes certains gestes, certains comportements et mêmes certaines *inventions*. Dans une structure technico-pratique donnée, les hommes ont donc un *destin* qui leur vient de la machine et de ses « besoins-exigences » ; et, tant qu'on ne conteste pas la liaison synthétique qui s'établit entre les « exigences » de la machine et la *praxis* déterminée des hommes, toute création ou imagination d'un futur « meilleur » demeurera à l'intérieur d'un champ de possibles défini par la machine, donc par l'aliénation. Voilà ce que Sartre appelle « avoir un futur préfabriqué » : « une impossibilité d'aller plus loin, de vouloir ou de comprendre davantage », « un mur d'airain dans la translucidité » de la conscience, un mur qui ne sera jamais rencontré, qui n'apparaîtra jamais comme obstacle[2]. Il faudrait – Sartre l'écrivait déjà en 1949 – « changer la structure de ses yeux »[3]. Mais comment le faire si l'imaginaire, aussi bien que la matière, peut être « ouvré » et dominé par des *exigences* « générales » apparaissant à la liberté comme son propre choix ?

Fabrizio Scanzio
Professore ordinario di Filosofia e Storia
Liceo Classico « G. & Sella », Biella (Italie)

1. *Ibid.*, p. 71.
2. *Critique de la raison dialectique*, I, Paris, Gallimard, 1985, p. 352-353.
3. *Cahiers pour une morale*, Appendice II, p. 591.

LA SOCIÉTÉ DU MENSONGE :
RÉFLEXIONS À PARTIR DES *CAHIERS POUR UNE MORALE*

Dans un bref passage des *Cahiers pour une morale* – il s'agit d'à peine huit pages –, Sartre se livre à une réflexion quant au mensonge. Ce n'est pas la première fois qu'il se rapporte de façon spécifique à cette question. Dans *L'Être et le Néant* déjà, et plus précisément dans le second chapitre de la première partie, consacré à la mauvaise foi, le problème du mensonge était abordé. Mais, alors que, dans le traité d'ontologie phénoménologique, la référence au mensonge avait pour objectif la délimitation exacte du concept de mauvaise foi (par différence, justement, d'avec le mensonge), dans l'ouvrage posthume de 47-48, par contre, le mensonge cesse d'être subordonné à autre chose que lui-même, et acquiert une importance propre au sein de la problématique de l'intersubjectivité. La façon de se rapporter à autrui a en effet changé depuis *L'Être et le Néant.* L'échange des regards pétrifiants et aliénants, cet enfer, n'est plus le seul modèle de la relation à autrui. Est désormais possible *aussi* la reconnaissance de l'autre comme être libre. Et cette libre reconnaissance de la liberté approfondit d'autant l'énigme de l'aliénation, rend d'autant plus nécessaire une enquête diversifiée sur les instruments qui permettent de dominer et de contraindre cet autrui-libre; non, l'épure du duel des regards n'explique pas tout. Les moyens de domination sont nombreux, et bien concrets. Parmi eux, le mensonge nous semble mériter une attention particulière, pour autant que, face aux modes de domination fondés sur la coercition et la violence physique, il met en œuvre des mécanismes autres, plus subtils, sournois et effectifs : précisément ceux qui se sont imposés dans nos sociétés contemporaines.

Le texte de Sartre sur le mensonge est prémonitoire. Cela ne signifie pas qu'il suffit, en lui-même, pour procéder mécaniquement à une extrapolation qui nous fasse rejoindre la réalité actuelle; la lettre des exemples choisis par Sartre – le mensonge dans un parti politique, et « la religion pour le peuple » – est dans cette perspective bien plutôt insuffisante. Ce sont là des exemples à répercussion faible ou nulle quant à notre actualité (ce n'était pas le cas, évidemment, à l'époque de la rédaction des *Cahiers*). Pourtant il y a, dans le texte, des suggestions et intuitions qui permettent de mieux comprendre notre société occidentale d'aujourd'hui, la société médiatique.

Les *Cahiers pour une morale* effectuent, comme je l'ai mentionné ailleurs[1], toute une remise en jeu du système des relations à autrui tel qu'établi dans *L'Être et le Néant*. Sartre à la fois poursuit les directions tracées par *L'Être et le Néant*, et expérimente des formes neuves de rapport à l'autre. L'univers de *L'Être et le Néant* continue à s'étendre au long de certaines pages des *Cahiers* – même si la condamnation de la violence nous fait pressentir une tendance à la dépasser. C'est dans ce contexte que se produit la réflexion sur le mensonge, comme forme de relation à l'autre qui vise à le dominer.

La spécificité du mensonge en tant que figure de domination de l'autre tient en ce que la domination se produit au moyen de la perpétuation d'une fiction : celle de la liberté de l'autre[2]. Alors que dans le modèle plus classique de la domination par violence physique, il y a conscience de la perte de liberté, selon le schème de la lutte du maître et de l'esclave (que Sartre reprend au texte hégélien tout en le modifiant), la domination par le mensonge, elle, produit chez le dominé une liberté fictive, puisqu'« il reste libre de se déterminer à l'action qu'il choisit »[3]. C'est là que réside la subtilité du mensonge : à travers lui, le Pouvoir (appelons ainsi celui qui a le contrôle de l'information, et qui est donc en position de *pouvoir* mentir) atteint ses objectifs sans nécessité de recourir à la violence physique.

La pratique du Pouvoir passe par le mensonge, c'est-à-dire par l'altération d'un des constituants fondamentaux de la subjectivité sartrienne, celui à partir duquel se construit le projet : la situation. On sait que la

1. J.M. Aragüés, *El viaje del Argos. Derivas en los escritos póstumos de J.-P. Sartre*, Zaragoza, Mira, 1995.

2. C'est déjà le motif kantien : le mensonge est la pire des atteintes au sentiment du devoir parce que, se faisant passer pour vérité, il pervertit la liberté elle-même dans ce qu'elle a de plus propre, c'est-à-dire la vocation de communication des libertés entre elles, et dissimule cette perversion sous une apparence de transparence : « Le mensonge est le rejet et pour ainsi dire l'anéantissement de la dignité humaine [...] La communication de ses pensées à quelqu'un à travers des mots qui contiennent intentionnellement le contraire de ce que le locuteur pense à ce sujet est une fin directement opposée à la finalité naturelle de la faculté de communiquer ses pensées, par conséquent un renoncement à sa personnalité et, au lieu de l'homme même, l'apparence trompeuse de l'homme » (E. Kant, *Métaphysique des mœurs*, trad. Joëlle Masson et Olivier Masson, in : *Œuvres philosophiques, III*, Paris, Gallimard, « Bibliothèque de la Pléiade », p. 716).

3. J.-P. Sartre, *Cahiers pour une morale*, Paris, Gallimard, 1983, p. 203.

situation définit les possibles de la subjectivité, entre lesquels elle choisira, s'exerçant ainsi comme liberté. La situation n'est rien d'autre que l'éventail plus ou moins large des possibles. Ainsi, construire la situation, c'est aussi construire la subjectivité elle-même, et contrôler son projet. Si la subjectivité se trouvait face à la situation *telle qu'elle est*, son projet pourrait fort bien aller à l'encontre de l'intérêt de la conscience dominante, de sorte que celle-ci, comme l'écrit Sartre, lui « masque cette réalité »[1]. La subjectivité conserve une sensation fallacieuse de liberté, puisqu'en effet toutes les décisions sont bien les siennes. Mais « les prémisses sont fausses. J'ai changé le donné à dépasser »[2]. Sartre ajoute, quelques lignes plus bas : « Et ce monde réel qui est sa situation, elle le dépasse vers d'autres fins. En mentant, je lui présente une situation imaginaire et la lui fais tenir pour réelle. Elle la dépasse vers ses fins et se confirme en cette situation comme en toute autre, comme liberté. Mais comme la situation est irréelle, le dépassement est également irréel et le sens de ses œuvres est irréel »[3]. Le réel lui-même est occulté à la subjectivité, et ce n'est pas par le poids du monde que celle-ci est écrasée ; c'est au contraire l'absence de cette contrainte pesante du réel, face à laquelle elle pourrait se révéler à elle-même comme liberté, qui la fait à son insu évoluer dans l'élément de la fiction, de la liberté fictive. « En même temps il y a un élément de destruction, mais *inverse* de celui qu'on trouve dans la violence physique : dans cette dernière on s'approprie la liberté et le refus de la liberté humaine dans le monde en la faisant écraser par le monde, c'est-à-dire que la violence affirme la supériorité du monde sur la conscience – dans le mensonge on s'approprie la liberté et le refus *en détruisant le monde* pour la conscience-de-l'autre, on le détruit subtilement en le cachant par l'imaginaire »[4].

1. *Ibidem*, p. 203.
2. *Ibidem*.
3. *Ibidem*, p. 204.
4. *Ibidem*, p. 206, 208-209. Que la contrainte interne, douce et insidieuse soit plus aliénante que la contrainte externe, directe et répressive (parce que celle-ci peut induire la révolte, alors que celle-là passe inaperçue), c'est là une idée qui continue à faire son chemin dans la pensée de Sartre. C'est, dans Critique de la raison dialectique, la différence entre l'« exigence » et la « valeur ». L'exigence, c'est la force contraignante de la matière ouvrée, la valeur, c'est cette même contrainte, mais radicalement intériorisée, reprise par la liberté comme son projet propre, et donc imperceptible à *titre de contrainte :* « Dans les deux cas, la structure originelle c'est la matérialité ouvrée comme lien entre les hommes et la *praxis* comme absorbée et inversée par la matière. Mais dans le premier, c'est directement ce renversement qui *me signifie* en tant que je suis le *moyen de réaliser* une fin matérielle ; dans le second, qui se trouve à un autre niveau de l'expérience, je saisis *d'abord* ma praxis, mais je la saisis en tant que dans sa liberté même elle se dépasse vers l'être-Autre de toute praxis » (*Critique de la raison dialectique, I*, Paris, Gallimard, 1985, note 1, p. 356). C'est selon cette même structure que Sartre, dans les écrits encore inédits qu'il consacre, dans les

Il ne s'agit pas ici d'approfondir l'intéressante comparaison établie par Sartre entre le mensonge et la structure subjective par laquelle Freud définit le malade[1], et pas davantage d'étudier les deux exemples de mensonge auxquels Sartre accorde une attention spéciale : le mensonge au sein du parti politique, la religion pour le peuple[2]. Notre propos est plutôt d'exploiter ce qui, dans le texte de Sartre, peut servir à analyser sous l'angle du mensonge la question des médias et de la communication dans nos sociétés.

Nombreux sont les auteurs actuels qui abordent le thème de la communication de masse en des termes relativement proches de ceux de Sartre quand il réfléchit sur le mensonge. De Baudrillard à Bourdieu, en passant par Balandier, Negri, ce qu'on appelle la sociologie des médias occupe un lieu privilégié dans la pensée contemporaine – à proportion même de l'importance de l'élément médiatique dans notre monde. Ce n'est pas pour rien que l'omniprésence des médias en est venue à définir l'ensemble des pratiques subjectives. Et c'est un lieu commun des théories des médias que de considérer celles-ci non pas comme reproductrices mais comme productrices de réalité. En langage sartrien : les médias produisent la *situation*. Et s'il y a une constante dans la réflexion philosophique sartrienne, c'est bien celle-ci : la référence à la situation comme soubassement à partir duquel la subjectivité définit son projet et sa pratique. L'altération de la situation est donc d'une importance philosophique particulière, puisqu'elle implique le conditionnement de la pratique subjective – c'est précisément, on l'a vu, ce qui arrive dans le cas du mensonge. « Le mensonge est fait pour inciter quelqu'un à faire ce qu'on veut qu'il fasse ou à ne pas faire ce qu'on veut qu'il ne fasse pas »[3]. Toute stratégie tendant à transformer la situation de la subjectivité a une indéniable portée politique.

années soixante, à l'élaboration d'une morale dialectique, aborde la différence de l'« impératif » (directement répressif) et de la « valeur » (assumée par une liberté mystifiée) : « Dans le cas de l'impératif on est vite renvoyé à l'absolu du besoin. L'impératif démasqué devient nécessité sociale et inhumaine. Par contre la valeur comme valorisation de l'agent entraîne la complicité avec les classes dominantes et l'acceptation » ; ou encore : « En gros nous pouvons mettre d'un côté : 1) impératif-radicalisme-révolte-refus du destin-groupe en fusion, et de l'autre 2) valeurs-évolution-acceptation du destin en tant que fait et subi à la fois-classes dominantes [...] L'éthique des valeurs pose la liberté comme pouvoir et en fait l'aliène, au lieu que l'éthique de l'impératif soumet la liberté à l'interdit, mais en fait la suscite » (cité par P. Verstraeten, « Impératif et valeur », in *Annales de l'Institut de Philosophie et de Sciences morales*, « Sur les écrits posthumes de Sartre », Éditions de l'Université de Bruxelles, 1987, p. 72).

1. *Ibidem*, p. 206.
2. *Ibidem*, p. 209-216.
3. *Ibidem*, p. 203.

Même s'ils se livrent à des développements théoriques différents, les auteurs contemporains qui analysent les médias, que ce soit d'un point de vue sociologique ou anthropologique, s'accordent en ceci qu'ils soulignent tous le rôle de producteurs de réalité joué par les moyens de communication. La médiologie contemporaine propose une vision des médias très éloignée des paramètres dont ceux-ci font usuellement leur bannière (impartialité, objectivité). Il n'est pas question ici de faire une analyse en profondeur des dynamiques médiatiques, de leurs dérives idéologiques et de leurs liens avec le pouvoir [1], mais simplement de prendre en considération ce qui peut apparaître dans les médias comme une expression de ce que Sartre a appelé « mensonge », c'est-à-dire comme instrument de l'altération de la situation. Baudrillard et Balandier, en réfléchissant sur le passage des événements par le filtre médiatique, ont élaboré, pour désigner la réalité en tant que produite par les médias, le concept de *simulacre.* Le but de ces réalités simulées est de placer la subjectivité dans une situation à partir de laquelle le Pouvoir peut l'orienter dans le sens qui lui convient. Ainsi du processus de dissolution de l'Est, accéléré par semblables opérations. Eltsine, hissé sur un char pour activer l'imaginaire russe par l'évocation de Lénine, n'est pas décrit comme un putschiste qui vient à bout du pouvoir légitime à coups de canon, mais comme le héros qui s'affronte à d'obscurs complots réactionnaires. Les rues de Timisoara, jonchées de cadavres – préalablement déterrés et placés de façon appropriée devant les caméras –, accentuent autant que faire se peut les horreurs du régime agonisant de Ceausescu ; les guerres de notre fin de siècle ont également été un terrain propice pour cette « économie de mensonges et de vérités distordues » dont parle Balandier. Ce n'est pas par hasard que Baudrillard a intitulé un de ses derniers livres *Le Crime parfait* : car la réalité, à proprement parler, *succombe* sous les coups du Pouvoir. Souvenons-nous de la Guerre du Golfe, et de la marée noire censément provoquée par Saddam Hussein dans la Mer rouge ; ou des innombrables témoignages photographiques de fosses communes qui nous furent offerts par la propagande de l'OTAN lors de la récente guerre de Yougoslavie. Bourdieu, dans un court texte intitulé *Sur la télévision,* soutient que la télévision produit un « effet de réel » qui convertit en réalité tout ce qui passe par elle. Une image fournie par un satellite espion, où l'on voit de la terre fraîchement remuée dans la campagne du Kosovo, se change immédiatement en charnier, et la belligérance anti-serbe croît parmi les spectateurs. La division sociale réelle dans les sociétés médiatiques n'est plus tellement une division de classes (même s'il ne faut pas renier les potentialités herméneutiques et les implications

1. On trouvera une bonne approche de cette question dans : J.L. Sánchez Noriega, *Crítica de la seducción mediática*, Madrid, Tecnos, 1997.

politiques de ces dernières), que celle qui nous partage en spectateurs et producteurs du « réel ». Ou, pour utiliser une terminologie d'inspiration sartrienne : en « situés » et en « situeurs ».

Tous les exemples mentionnés ci-dessus, et bien d'autres encore (notre vie quotidienne en fourmille), manifestent une même volonté : la production de situation – moyennant l'altération ou la production du réel – qui va configurer des réactions, des projets subjectifs conformes aux intérêts des détenteurs de l'information. Le pari de l'Ouest en faveur d'Eltsine à un moment déterminé de l'effondrement de l'U.R.S.S requiert que l'on produise de lui une image positive : le leader d'une Russie en voie de démocratisation ; l'intervention américaine au Panama a été occultée dans les médias par la mise en évidence des brutalités de la répression roumaine, soit des derniers râles de la violence communiste ; la sensibilité de l'Occident a réagi au quart de tour à la dernière ignominie « écologique » du tyran du Golfe ; et, pendant que l'opinion publique s'indignait devant les atrocités serbes, dûment soulignées par les médias, les constantes violations du droit international par l'OTAN (bombarder d'un État sans consentement de l'ONU, déborder le rôle de l'ONU en décidant d'étendre sa zone d'influence sans aucun contrôle politique), ne firent l'objet que de quelques dénonciations rares et marginales. Javier Solana ne risque pas de devoir comparaître avec Milosevic, comme il le devrait, devant un tribunal chargé de juger les crimes de guerre, mais est récompensé par l'octroi d'une importante charge internationale.

Baudrillard se trompe quand il écrit, dans les premières pages du *Crime parfait*, que l'assassinat de la réalité n'a ni motif ni auteur. Les motifs suintent par tous les pores du corps du Pouvoir, artisan de ce crime. Un Pouvoir qui certes n'a plus son visage traditionnel, tel qu'il se confondait avec l'État, mais qui n'est pas pour autant une force oppressive éthérée et impossible à appréhender. Il est certain, comme l'a montré Foucault, que le Pouvoir est infiltré et répandu dans tous les ressorts de la réalité, qu'une de ses plus grandes vertus est la dissimulation, qu'il a abandonné le modèle du Léviathan. Et pourtant, il est possible de le reconnaître, de le repérer, principalement dans les instances économiques à travers lesquelles il s'exerce, et, de façon tout à fait spécifique, dans les moyens de communication de masse, détenus par le pouvoir économique[1]. Le motif du crime est

1. La fusion récente, en Espagne, de la banque Banco Bilbao Vizcaya Argentaria avec la compagnie de télécommunication Telefonica a eu pour résultat la présence de ces deux entreprises dans l'actionnariat majoritaire des quotidiens les plus importants du pays (El País, El Mundo, ABC, El Periódico), et des trois télévisions privées (Tele 5, Antena 3, Canal Plus), ainsi que des deux télévisions digitales (Canal Satélite et Vía Digital) et des radios les plus importantes (COPE, SER).

simple : c'est la domination, c'est obtenir que l'autre agisse en fonction des intérêts du producteur de réel. D'où la proximité avec la réflexion sartrienne, et les objectifs du mensonge tels qu'ils sont définis dans les *Cahiers*.

De nos jours, il n'y a quasiment plus d'accès direct à la réalité. Si la philosophie du XVIIIe siècle, et plus particulièrement celle de Diderot, risquait des conjectures à propos de ce que serait l'univers moral, politique, esthétique d'un individu privé de l'un de ses cinq sens, actuellement, nous nous trouvons plutôt face à une subjectivité qu'on a dotée d'un sixième sens, d'une sorte de prothèse, nommée « média », qui devient l'outil privilégié de contact avec le réel. Et les capacités épistémologiques de cette subjectivité s'en trouvent modifiées.

Il est clair que la technologie de l'information a permis de grands progrès, mais il ne l'est pas moins que ses capacités se trouvent *aussi* mises au service d'une entreprise de domination. Dans la société médiatique, la grande asymétrie politique est celle qui sépare ceux qui reçoivent l'information et ceux qui la produisent, et cette distance transforme la liberté d'expression revendiquée par nos constitutions en une liberté à caractère censitaire, comme la liberté de vote au XIXe siècle : tu communiques dans la mesure où tu possèdes. Sartre, dans un autre écrit posthume des années quarante, *Vérité et existence*, pressent combien la vérité est le résultat d'une production et jamais d'une reproduction ; et comment c'est par l'Autre que cette vérité est « naturalisée » telle, ou reçoit sa nature de vérité. La vérité, c'est le triomphe d'un regard sur le monde [1].

La seconde moitié des années quarante est pour la pensée théorique de Sartre une période d'incertitude, ce qui explique la non-publication d'une bonne partie des écrits rédigés alors. Incertitude caractéristique de cette philosophie « en guerre avec elle-même », comme l'écrit Bernard-Henri Lévy [2]. C'est ce qui se produisit en tout cas avec les *Cahiers*, et aussi avec *Vérité et existence*. En sorte qu'il est vain de vouloir trouver dans ces écrits des positions fermes et bien arrêtées. Mais la richesse de ces textes tient précisément dans la multiplicité des directions qu'ils suggèrent, et qui en font une sorte de boîte à outils sartrienne, qui souvent permet de mieux penser notre contemporanéité. C'est le cas pour sa théorie du mensonge, c'est le cas aussi pour sa théorie de la vérité, qui est une autre face du même

1. J.-P. Sartre, *Vérité et existence*, Paris, Gallimard, 1989, p. 17-25. La vérité est *produite* : c'est là une assomption à double tranchant. Elle est produite, parce qu'elle est résultat d'une libre pratique, et non sujétion à des Idées préexistantes. Mais aussi : parce qu'elle est produite, et qu'elle n'est arbitrée par aucun critère extérieur, elle est susceptible de toutes les contrefaçons. Tout comme la liberté elle-même : libre pour le meilleur et pour le pire, libre de se choisir comme liberté, et de s'aliéner dans la mauvaise foi.

2. B.-H. Lévy, *Le Siècle de Sartre*, Paris, Grasset, 2000, p. 14.

problème. La façon dont Sartre comprend la vérité découle de la « détotalisation », de la multiplicité des consciences : cette dimension de l'intersubjectivité, présente depuis *L'Être et le Néant*, est ici envisagée dans une de ses conséquences particulières : elle fait obstacle à une illumination unique de l'Être, donc à une Vérité Une : « Malheureusement il y a *des* consciences »[1]. Et cette multiplicité implique que l'éclairement ou le dévoilement de l'Être ne s'opère pas à partir d'un sujet transcendantal immaculé dirigeant son regard neutre sur une objectivité aseptique, mais au contraire à partir du projet subjectif d'un individu en situation : « Tout projet dévoile, tout dévoilement résulte d'un projet »[2]. La condition pour que ce dévoilement atteigne au statut de vérité, c'est qu'il soit reçu par l'autre comme vérité, ou comme lumière objective : « Je vis dans le *Mitsein* et je ne vois souvent que pour indiquer à l'autre. Mieux encore, je ne vois souvent qu'en indiquant. Ainsi l'homme voit pour l'autre ou voit le déjà vu »[3]. Cette configuration est ambivalente. Elle est liberté et générosité, don de la vérité à l'autre, mais elle est *aussi* lutte des consciences pour l'illumination de l'Être, conflit des regards, qui voient chacun en fonction de leur projet spécifique. Et c'est cette seconde dimension qu'on peut mettre en rapport avec le projet des médias, qui consiste à imposer à l'autre une manière de voir le monde qui n'est pas la sienne, tout en lui faisant croire pourtant qu'il voit bien par ses propres yeux.

La réalité, en opposition aux visions idylliques du communicationnel comme instrument de dialogue ou de libération telles que nous pouvons les trouver chez Vattimo ou Habermas, est que les moyens de communication sont le plus puissant instrument de domination des sociétés actuelles. Ainsi que l'établit Postman dans le prologue de son livre *Se divertir à en mourir. Le discours public à l'ère du show business*, le modèle de communication qui s'impose dans les sociétés médiatiques n'est pas celui dont parlait Orwell dans 1984, le modèle de Big Brother qui voit tout et dirige tout, mais plutôt celui d'Huxley dans *Le meilleur des mondes*, un modèle fait de suggestion, d'insinuation, de construction sournoise de la subjectivité. Une subjectivité qui est devenue un effet du dehors, ce dehors étant fondamentalement médié et médiatisé[4]. Nous sommes ici dans le cadre de ce que Marx, au chapitre VI du *Capital*, a appelé la subsomption réelle du

1. *Vérité et existence*, p. 17.

2. *Ibidem*, p. 39.

3. *Ibidem*, p. 23.

4. Deleuze parle du sujet comme dépendant du dehors, comme appendice du dehors, comme un pli du dehors, une manière dont le dehors prend un point de vue sur lui-même. Mais le dehors, alors, tient *d'abord* dans les forces inhumaines, infra-humaines, cosmiques. Et dans *Qu'est-ce que la philosophie ?* Deleuze et Guattari adressent une critique féroce à Habermas et à l'idéal de communication.

travail dans le capital, le moment où la subjectivité ne ressent plus le Pouvoir comme son antagoniste, car elle a été entièrement construite par lui.

L'efficacité de ce modèle de domination est indéniable. Alors que dans les modèles fondés sur la violence physique ou l'endoctrinement, modèles où le Pouvoir se fait manifeste par le geste ou la parole, les sujets sont conscients de leur condition de serfs, par contre, dans le modèle du mensonge, dont l'expression la plus achevée est la société médiatique, la dynamique de domination atteint deux objectifs conjoints : une sorte de présence du Pouvoir par son absence même, ou d'absence dans sa présence, en tout cas un mode de présence infiniment ductile, et, par conséquent, pour le sujet, le sentiment de sa propre liberté. La subjectivité de la « subsomption réelle » est une subjectivité qui se considère libre et qui considère le Pouvoir comme une instance technique dénuée de portée idéologique. La « Fin de l'Histoire », la « mort des idéologies » sont quelques-unes des conséquences du triomphe du mensonge. Il n'y a sans doute pas eu, dans l'histoire, de moment où les subjectivités ont été aussi étroitement contrôlées, et en même temps où elles se sont senties si peu soumises.

C'est Borges, avec son génie coutumier, qui nous propose une version littéraire de cette question. Dans une nouvelle de 1967, significativement intitulée *Esse est percipi*[1], il nous raconte l'histoire d'un passionné de football qui, par hasard, entame une conversation avec le président du club dont il est supporter. La conversation est interrompue par l'entrée, dans le local, du reporter chargé de la transmission radiophonique du match chaque dimanche. Le président lui donne quelques instructions à propos du match du dimanche suivant, dont il lui annonce également le résultat. Le supporter, perplexe, lui demande si le match est truqué, à quoi le président répond que le football n'est qu'une des nombreuses fictions que les médias offrent au public : inaugurations d'établissements scolaires, voyages de têtes couronnées, et même la course à la conquête de l'espace, coproduction soviético-yanquee, c'est tout un. Voici le dialogue final :

> — Président, vous me faites peur, marmonnai-je, sans respect pour la hiérarchie. Alors, il ne se passerait rien dans le monde ? — Pas grand-chose en effet, me répondit-il avec son phlegme britannique. Ce que je ne saisis pas, c'est votre peur. Le genre humain est à la maison, vautré, suspendu à son écran, ou aux paroles du speaker, et sinon, à la presse du cœur. Que voulez-vous de plus, Domecq ? C'est la marche géante des siècles, c'est le rythme du progrès. — Et si l'illusion se brise ? dis-je avec le filet de voix qui me restait. — Et

1. J.L. Borges, *Obras completas en colaboración*, Barcelone, Emecé, 1997, p. 360-362. La nouvelle en question est écrite avec Bioy Casares, et fait partie du volume intitulé *Crónicas de Bustos Domecq*, qui date de 1967.

comment se briserait-elle ? me tranquillisa-t-il. — En tout cas, moi je serai muet comme la tombe. Je vous le jure par mon adhésion à l'équipe, à vous, à Limardo, à Renovales[1]. — Dites ce que vous voulez, personne ne vous croirait.

Personne ne le croirait. Le mensonge est si efficace que n'importe quelle contestation est étouffée par la puissance médiatique. Peut-être notre modèle n'est-il pas encore parvenu à un tel degré d'achèvement, de compacité, mais les rares fissures qui y subsistent sont en train de se refermer de façon apparemment inexorable. La pensée unique à laquelle se réfère Ramonet, qui n'est rien d'autre que l'unidimensionnalité dont parlait Marcuse transposée à l'ère du village global, se consolide à travers tout le spectre de la pensée médiatique. Les différences entre les moyens de communication ne sont que des nuances, fonctions des intérêts des instances économiques. Mais celles-ci sont toujours dominantes, en processus constant de fusion et d'unification. La fusion des grandes entreprises, qui a pour conséquence le contrôle toujours plus étendu des réseaux de communication, est un des grands dangers qui nous menace. Bourdieu parlait du danger que la télévision fait courir à la politique et à la démocratie[2]. Mais il ne s'agit pas seulement de la télévision, il s'agit de l'ensemble des moyens de communication. Étant donné leur dépendance par rapport aux pouvoirs économiques, la communication se restreint à ce qui est conforme aux intérêts des groupes concernés, et éradique tout ce qui pourrait leur être dommageable. Sánchez Noriega montre combien les médias évitent de diffuser toute information potentiellement nuisible à une entreprise qui appartient à leur actionnariat ; et nuisible non seulement au niveau des intérêts économiques, mais encore au niveau des intérêts idéologiques et sociaux. Production ou omission de réalité : dans les deux cas les situations de la liberté, du moins celles qui la relient de la façon la plus directe à la vie sociale et politique, sont déterminées par les entreprises de communication, en fonction de leurs intérêts idéologiques, économiques, sociaux, culturels.

Dans la société globalisée, l'État-nation est en train de perdre progressivement son pouvoir au profit d'entités transnationales de caractère économique – la communauté européenne n'est pas une union politique ; lui font défaut, pour l'être, une Constitution, un pouvoir politique effectif ; elle est une instance économique, elle n'est rien d'autre que la banque centrale européenne, dont les décisions sont indépendantes des pouvoirs politiques, et, dans cette mesure même, déterminent ceux-ci –, et les pouvoirs politiques traditionnels perdent leur importance. Les médias ne

1. Joueurs qui, c'est clair à présent, n'ont jamais existé.
2. P. Bourdieu, *Sur la télévision*, Paris, Liber, 1996, p. 5.

sont plus l'expression directe d'un pouvoir politique, comme c'était le cas jusqu'à la fin de la Guerre froide et dans l'hypothèse d'Orwell, mais la stratégie idéologique du vrai pouvoir du XXIe siècle naissant : le pouvoir économique, par rapport auquel la politique n'est qu'un épiphénomène.

Nous assistons, perplexes et impuissants, au triomphe du mensonge. Les simulacres prolifèrent dans notre vie sociale et politique, sans que nos voix, bannies de l'univers de la communication, ne parviennent à s'élever. Comme le Tersite de l'Iliade, nous sommes réduits au silence, non par la violence souveraine du sceptre d'Ulysse, mais simplement par l'incapacité de nos voix à se faire entendre parmi les voix dominantes. Nous pouvons certes remuer les lèvres, mais en vain. La majorité, et c'est bien le plus dramatique, considère que les ombres qui défilent devant elle, ainsi qu'elles le faisaient dans la caverne platonicienne, en l'occurrence les simulacres qui quotidiennement lui rendent visite dans l'intimité du foyer, représentent le monde réellement existant. Platon, il y a 25 siècles, nous avertissait de ce que celui qui voudrait sauver de leur erreur les esclaves enchaînés serait tenu pour fou, et c'est un sort semblable que la réalité contemporaine réserve aux discours non normalisés. La nef des fous est destination obligée de toute parole alternative. C'est le triomphe du mensonge, dont l'effet est la réification d'un être humain qui continue à se considérer comme libre. Sartre écrit : « Le mensonge transforme l'homme en chose. Mais il veut en même temps le garder libre »[1]. Et cette liberté fictive est la meilleure garantie dont s'est dotée la domination médiatique, la domination du mensonge.

Juan Manuel ARAGÜÉS
Fundación de investigaciones marxistas
Zaragoza

Bibliographie

G. Balandier, *Le pouvoir sur scènes,* Balland, Paris, 1992.
J. Baudrillard, *Le crime parfait,* Galilée, Paris, 1995.
J. Baudrillard, *La guerre du Golfe n'a pas eu lieu*, Galilée, Paris, 1991.
N. Postman, *Amusing ourselves to death. Public discours in the age of show business*, Viking Penguin, New York, 1985.

1. *Cahiers pour une morale*, p. 206.

DON ET GÉNÉROSITÉ, OU LES DEUX CHANCES DE L'ÉTHIQUE

§ 1. *Points de passage (conversion, réflexion pure, catharsis)*

Les *Cahiers* posent la question morale à partir de l'ontologie de *L'Être et le Néant*. Dans le texte posthume, plusieurs renvois au traité de 1943 nous rappellent que l'ontologie élaborée par Sartre exigeait un complément éthique. Il y a donc un lien entre la formulation de la nécessité d'une « morale de salut et de libération », sur laquelle se referme *L'Être et le Néant*, et le *Plan d'une morale ontologique*, divisé en deux sections, qui ouvre la deuxième partie du *Cahier* II. Parmi les neuf points que présente ce plan, les six premiers ont trait à une phénoménologie de l'aliénation, tandis que les trois derniers préparent l'entrée dans « le règne de la morale ». Plus précisément, le septième point postule la conversion en tant que « réflexion non complice », réflexion dont le sens consiste dans « le rejet de l'aliénation »[1]; le huitième point aborde la médiation du rapport avec autrui par l'*œuvre*, et le neuvième « le signifié du règne de la morale »[2].

La description du phénomène de l'aliénation, fondée sur une reconsidération de l'ontologie, précède et détermine à son tour la recherche d'une possibilité historique de la morale. Cette recherche est l'objet de la deuxième section prévue par le « plan », section que Sartre n'a finalement pas écrite. Ce qui semble autoriser l'hypothèse suivante, concernant le rôle de l'histoire dans la conception *in fieri* de la morale sartrienne de 1947. L'analyse des notes sur l'histoire, de leur état fragmentaire (elles prennent parfois le rythme et l'allure d'aphorismes), paraît suggérer que c'est le

1. *CM*, p. 486.
2. *Ibid.*, p. 487.

difficile problème de l'articulation entre histoire et ontologie qui a interrompu le chemin de la pensée sartrienne sur la morale [1].

Comment est-il possible d'être moral dans l'histoire? Est-ce qu'il existe des conditions pour réaliser la morale, en tant que celle-ci se présente d'abord comme extra historique, et ne dépendant que de l'ontologie? En effet, les questions morales, les questions propres au champ de ce qui depuis Kant a été défini comme *raison pratique*, supposent, préalablement à toute détermination historique, une interrogation ontologique : elles supposent déjà une détermination des fins et de *la* fin ou, autrement dit, une téléologie qui est en même temps une téléologie de l'être. L'interrogation sur la possibilité de la conversion est donc aussi une interrogation qui porte sur le but de l'être.

Mais, sur le chemin de la conversion, Sartre rencontre également l'histoire, cet obstacle encombrant. Le problème de la conversion est celui du *passage*, du passage de l'ontologie à une morale *dans* l'histoire.

Il n'est dès lors pas étonnant qu'en un lieu conceptuel tous ces thèmes s'entrecroisent et deviennent pour Sartre l'indice du même problème. Ce lieu, c'est la catégorie d'oppression, où se rencontrent ontologie et histoire, et qui est, en même temps, le lieu où peut éventuellement s'effectuer le passage à la morale (par dépassement), et le lieu de ce qui fait obstacle à ce passage.

Pour mieux approcher ce passage de l'ontologie à la morale, il faut remonter aux concepts philosophiques qui y conduisent – tant dans *L'Être et le Néant* que dans les *Cahiers*. Que l'oppression (et l'aliénation) soient données avant la morale, on ne peut le comprendre que par la structure des relations ontologiques entre les deux régions de l'être – en-soi et pour-soi – relation qui peut revêtir deux modes : l'inauthenticité et l'authenticité.

L'inauthenticité est la fuite perpétuelle du pour-soi par rapport à son propre néant, ou son *manque à être*. Cette fuite s'opère en direction d'une synthèse d'en-soi et de pour-soi, d'un idéal de totalité. Mais cette totalité est inaccessible, elle ne peut que rester fantasmatique, en sorte que le *désir d'être* – un autre nom pour le projet inauthentique –, se reconduit incessamment et en vain vers une synthèse inexistante, aussitôt dissoute dans les deux termes inconciliables de l'ontologie : en-soi, pour-soi.

L'authenticité, au contraire, consisterait à *bouleverser* le projet d'identification à une totalité idéale. Elle devrait conduire le pour-soi à la reconnaissance de sa propre liberté aussi bien que de la nécessité de sa réalisation concrète dans le milieu historico-social. C'est justement là ce que Sartre appelle « conversion », « réflexion pure » ou « catharsis ». La conversion

1. Cf. P. Verstraeten, « Sens de l'abandon de la morale de 1947 par Sartre », dans AA.VV., *Justifications de l'éthique*, Bruxelles, Éd. de l'Université de Bruxelles, 1984, p. 459-468.

serait à la fois l'éclosion des « perspectives morales » esquissées par l'ontologie de *L'Être et le Néant* et l'abandon du plan de l'existence inauthentique.

Dans *L'Être et le Néant*, lorsque Sartre pense la possession comme projet d'être[1], il explique le rôle de la « réflexion purifiante » par rapport au jeu. S'il faut d'abord concevoir, nous dit Sartre, le jeu comme une conduite qui vise l'identification du pour-soi à l'être (et c'est alors une conduite appropriative et inauthentique), il reste qu'il est aussi pensable comme un type d'activité humaine « gratuite »[2], non appropriative et donc opposée à « l'esprit de sérieux » et à l'inauthenticité. D'où, dans le texte, un appel à l'éthique, à une éthique de la liberté se prenant elle-même pour fin et accomplissant le passage de l'inauthentique à l'authentique.

> Ce type particulier de projet qui a la liberté pour fondement et pour but mériterait une étude spéciale. Il se différencie radicalement en effet de tous les autres en ce qu'il vise un type d'être radicalement différent. Il faudrait expliquer tout au long en effet ses rapports avec le projet d'être Dieu [ou la totalité en-soi-pour-soi] qui nous a paru la structure profonde de la réalité humaine. Mais cette étude ne peut pas être faite ici : elle ressort en effet à une *Éthique* et elle suppose qu'on ait préalablement défini la nature et le rôle de la réflexion purifiante (nos descriptions n'ont visé jusqu'ici que la réflexion 'complice') ; elle suppose en outre une prise de position qui ne peut être que *morale* en face des valeurs qui hantent le Pour-soi[3].

« Conversion », « réflexion pure », « catharsis » : ces trois termes utilisés par Sartre pour indiquer la transformation radicale du projet ontologique du pour-soi joignent ce qui est divisé, les deux modes de l'existence, inauthentique et authentique. Quel est le sens du trait logique qui à la fois joint et sépare l'inauthenticité et l'inauthenticité ? Ce trait, c'est la disjonction : ou/ou, soit l'inauthentique, soit l'authentique. Mais cette disjonction a aussi la vertu de décliner l'existence selon la *possibilité*. C'est un *pouvoir être* virtuel, pouvoir être ceci plutôt que cela, pouvoir *choisir* une voie plutôt qu'une autre. Comment ce choix s'effectue-t-il, comment l'impossible (l'existence étouffée par l'inauthenticité et l'aliénation) se restitue-t-il à elle-même sa propre possibilité ? Avançons une hypothèse : il y a deux chances pour la fondation de l'éthique, par où Sartre mobilise les ressources de l'anthropologie d'une part, celles de l'ontologie d'autre part. Elles sont liées par un concept difficile et ambigu, celui du

1. *EN*, p. 635-660.
2. *EN*, p. 640.
3. *EN*, p. 641-642.

don. Autour de ce concept se déploient les voies de l'éthique, de *L'Être et le Néant* aux *Cahiers pour une morale*.

§ 2. « ... *par exemple, la générosité* ». *Le présupposé ontologique du don*

Dans *L'Être et le Néant*, Sartre utilise déjà le concept de don, en faisant appel à l'apport de Marcel Mauss, le premier dans les sciences sociales à en avoir montré l'importance, mais sans explicitement le citer. Le don apparaît en deux endroits : dans le chapitre consacré aux relations concrètes avec autrui, et notamment dans le paragraphe sur l'amour[1]; et dans la section consacrée aux conduites d'appropriation[2]. Je commencerai par cette deuxième occurrence. Le don ici est présenté comme un *exemple* d'appropriation parmi d'autres.

Le paragraphe en question fait partie d'une série d'analyses qui visent à expliciter le caractère *magique* des objets, et par conséquent la portée illusoire ou fantasmatique de tout projet d'appropriation. Sartre passe obstinément sous silence sa dette à l'égard de Mauss. Ce sont pourtant bien les concepts de ce dernier qui sont tirés du discours de l'anthropologie, et déplacés vers un usage ontologique – qui lui-même sera déterminant pour l'intelligibilité de la psychanalyse existentielle. Celle-ci, dit Sartre, explore l'inflexion spécifique et irréductible du choix originel d'une liberté. Cela ne se peut que si d'abord est élucidé jusqu'au bout le sens ontologique du « désir d'être ». Si le désir est la relation du pour-soi, comme manque d'être, avec l'en-soi, cette relation se monnaye selon une double détermination : d'une part le désir est désir d'être une totalité, « dont l'existence est idéale », dit Sartre[3] (c'est l'impossible synthèse d'en-soi et de pour-soi, déjà évoquée, et qui, à ne pas se savoir impossible, est le moteur de l'existence inauthentique); d'autre part il est désir d'un objet concret au milieu du monde, *appropriation* d'un en-soi concret et contingent.

En examinant la catégorie d'appropriation Sartre passe par le *sacré*, par les cérémonies funèbres, la possession fantasmatique, les reliques (notamment religieuses), le luxe et l'argent, l'émanation, et pour finir par la destruction et la générosité[4]. Dans sa forme même, cet agencement des thèmes rappelle les éléments utilisés par Mauss dans la définition du don comme « fait social total » et le système où il prend place comme « système des prestations totales »[5].

1. *EN*, p. 413-422.
2. *EN*, p. 653-656.
3. *EN*, p. 646.
4. *EN*, p. 647-657.
5. *ED*, p. 143-279.

Que Sartre ne cite jamais le nom de Mauss, qu'il le masque sous l'anonymat d'un « on sait… »[1], c'est une chose… dont il n'y a pas lieu de s'étonner, dès lors qu'on connaît sa désinvolture par rapport au code des « bonnes manières » universitaires. Plus surprenant est le sens de cette « appropriation » philosophique, elle-même destinée à faire comprendre ce qu'il en est de l'appropriation. Mais c'est tout le sens de l'attaque philosophique – au sens de mode d'approche – qui est surprenant. Avant de présenter *le don comme un exemple* de l'appropriation, Sartre énonce une prémisse très claire : toutes les remarques faites sur les thèmes précédents « permettront de mieux comprendre le sens de certains sentiments ou comportements ordinairement considérés comme irréductibles : par exemple, la générosité »[2]. Mais il est tout à fait évident que cet exemple n'est pas un exemple parmi d'autres, qu'il n'est pas formellement équivalent à n'importe quel autre exemple. Cet exemple est en soi exemplaire. Si la générosité peut être *réduite* à la structure ontologique du désir d'être, c'est-à-dire à la phénoménologie de l'appropriation, alors il n'y a de générosité que fictive, dissimulant sa forme réelle et son sens ontologique, bref, sa vérité. La possibilité de la morale en serait d'autant plus problématique… s'il est vrai qu'elle a partie liée à la générosité.

Or, un des buts de la recherche de Mauss était de restaurer une morale de la générosité, qui, selon lui, survit de nos jours, face à l'amplitude du système marchand d'échange, dans des formes liminaires. Les « Conclusions » de l'*Essai sur le don* témoignent de cette surdétermination politico-morale de la recherche[3]. Sartre, par contre, semble refuser toute validité à une morale du don, de la donation sans retour, de la générosité. Mais pour montrer qu'une morale axée sur le don n'est qu'un exemple d'appropriation, il lui faut appauvrir la complexité de la pensée de Mauss, et ne reconnaître au don qu'un sens ontologiquement réductible. Un sens qui le place *en deçà* du champ éthique.

Cette réduction du sens du don, Sartre l'accomplit en établissant une équivalence, celle du don et du potlatch. Dans *L'Être et le Néant*, le don *c'est* le potlatch, c'est-à-dire la destruction sacrificielle :

1. *EN*, p. 655.
2. *EN*, p. 655.
3. *ED*, p. 258-279. J. Derrida a bien souligné ce point (cf. *Donner le temps. 1. La fausse monnaie*, Paris, Galilée, 1990, p. 87 et *sqq.*). J'ai avancé ailleurs l'hypothèse d'une mise en contexte politique de l'*Essai* par rapport à l'« Appréciation sociologique du bolchevisme » (publiée dans la *Revue de métaphysique et de morale*, 31, 1924, p. 103-132), texte qui donne des éléments supplémentaires quant au sens de la *ratio* économique et de ses perversions. Pour ce problème je renvoie à mon *Economia e follia. Sulle « Conclusioni » del « Saggio sul dono » di Marcel Mauss*, « aut aut » (Milan), nn. 287-288, 1998, p. 213-259.

> [...] par exemple, la générosité. En effet, le don est une forme primitive de destruction. *On sait* [voilà le silence sur le nom de Mauss, je souligne, R.K.] que le potlatch, par exemple, comporte la destruction de quantités énormes de marchandises. Ces destructions sont défi à l'autre, elle l'enchaînent. A ce niveau, il est indifférent que l'objet soit détruit ou donné à l'autre : de l'une ou l'autre manière, le potlatch est destruction et enchaînement de l'autre[1].

En un sens, cette interprétation est fidèle à la lettre des thèses de Mauss, du moins en ce qui concerne le lien d'obligation entre donateur et donataire, obligation de donner et de rendre qui pour Mauss structure le système du don et de l'échange. A lire attentivement l'*Essai*, il est pourtant clair que l'équivalence entre don et potlatch n'est jamais soutenue par Mauss, sauf dans le cas particulier du don hyperbolique, qui prévoit la destruction des biens matériels.

Dans un paragraphe intitulé « Prestations. Don et potlatch », Mauss définit le potlatch comme appartenant « à ce genre d'institution que l'on pourrait, avec moins de danger et plus de précision, mais aussi plus longuement, appeler : *prestations totales de type agonistique* »[2]. Ce qui définit essentiellement ces prestations totales, outre leur structure circulaire (la triple obligation, donner, recevoir, rendre), c'est leur caractère de défi : les sujets impliqués dans le rapport circulaire de donation et d'échange tendent à occuper ou la position du maître (le *magister*, celui qui gagne le défi) ou bien la position de l'esclave (le *minus habens*, celui qui a perdu). Et il n'est pas moins certain que Sartre prend en compte et interprète ce rapport à travers le prisme de la dialectique hégélienne du *Kampf um Anerkennung*[3]. Bien entendu, c'est Mauss lui-même qui rend possible une telle interprétation, lorsqu'il affirme, dans la *Conclusion* de l'*Essai*, que dans l'échange primitif de dons il ne s'agit pas souvent de générosité, mais plutôt d'une lutte de pur prestige visant à rendre l'autre esclave par des formes ritualisées de guerre, qui peuvent aussi bien déboucher sur la guerre pure et simple. Le don comme source de civilisation semble donc se renverser dans les formes les plus brutales de l'*agôn*.

1. *EN*, p. 655.
2. *ED*, p. 153.
3. Pour une analyse de la dialectique maître-esclave dans les *Cahiers pour une morale* et *L'Être et le Néant*, cf. A. Honneth, « Kampf um Anerkennung. Zu Sartres Theorie der Intersubjektivität », dans *Sartre. Ein Kongress*, (éd. T. König), Frankfurt a. M., Rowohlts, 1988, p. 73-83 et, dans le même ouvrage, M. Hunyadi, « Sartres Entwürfe zur einer Unmöglichen Moral », p. 84-92 ; cf. aussi J. Simont, « La lutte du maître et de l'esclave dans les *Cahiers pour une morale* et la *Critique de la raison dialectique* », *Études sartriennes IV*, Cahiers de sémiotique textuelle, n°18, 1990, p. 69-87.

> La forme purement somptuaire, presque toujours exagérée, souvent purement destructrice, de la consommation, où des biens considérables et longtemps amassés sont donnés tout d'un coup ou même détruits, surtout en cas de potlatch, donne à ces institutions un air de pure dépense dispendieuse, de prodigalité infantile[1].

C'est ici que le potlatch joue son rôle : l'impossibilité de rendre à l'autre ce qu'il a donné contraint à la rupture du lien social de reconnaissance réciproque, c'est-à-dire à la rupture de la circularité de l'échange et la circulation des biens donnés. Le rapport social va dès lors dans le sens d'une *asymétrie* entre les sujets.

Pourtant cela semble pour Mauss n'être qu'un cas exceptionnel. A propos de l'obligation de rendre, il affirme :

> *L'obligation de rendre est tout le potlatch*, dans la mesure où il ne consiste pas en pure destruction. Ces destructions, elles, très souvent sacrificielles et bénéficiaires pour les esprits, n'ont pas, semble-t-il, besoin d'être toutes rendues sans conditions, surtout quand elles sont l'œuvre d'un chef déjà reconnu supérieur. Mais normalement le potlatch doit toujours être rendu de façon usuraire et même tout don doit être rendu de façon usuraire[2].

A côté du don comme forme d'échange dans la dimension « normale » de la circulation de biens et des signes (l'échange par intérêt ou par prêt à usure), apparaît donc une pratique anéconomique, la destruction sacrificielle. Celle-ci peut cependant donner lieu à un contrat avec les esprits et les dieux[3]. Autrement dit le sacrifice sans reste et sans conditions, le sacrifice le plus anéconomique, peut admettre, voire demander, une restitution. La destruction, pratique anormale qui excède la normalité circulaire du potlatch, doit donc à ce titre être inscrite dans le concept du don comme *fait social total*. Celui qui donne peut aussi donner par destruction s'il donne aux dieux ou aux esprits, et alors ce don excessif, démesuré, peut à son tour rentrer dans le cercle du *do ut des*, à savoir dans une économie restreinte :

> L'un des premiers groupes d'êtres avec lesquels les hommes ont dû contracter et qui par définition étaient là pour contracter avec eux, c'étaient avant tout les esprits des morts et les dieux [...]. La destruction sacrificielle a précisément pour but d'être une donation qui soit nécessairement rendue[4].

1. *ED*, p. 269.
2. *ED*, p. 212.
3. *ED*, chap. I, IV, *Remarque : le présent fait aux hommes et le présent fait aux dieux*, p. 164-169.
4. *ED*, p. 167.

Reste que, dans l'*Essai*, le don, le potlatch et l'échange sont des concepts instables. D'une part il y a identité entre don et potlatch (« Le potlatch lui-même [...] n'est pas autre chose que le système de dons échangés »[1]), d'autre part le potlatch, par son aspect de pure dépense, ne peut pas rentrer dans le système du don comme échange[2]. Et même si le sacrifice peut être contrat avec les dieux et entrer dans une économie restreinte, le potlatch comprend *aussi* en soi-même la destruction des biens sans qu'il y ait retour. Dans le chapitre II de l'*Essai*, qui porte sur « l'extension » du système, Mauss énonce cette thèse, en prenant en compte les formes du potlatch chez les Indiens du Nord-Ouest américain. On y retrouve l'élément agonistique lié à la dépense illimitée :

> Nulle part le prestige individuel d'un chef et le prestige de son clan ne sont plus liés à la dépense, et à l'exactitude à rendre usurairement les dons acceptés, de façon à transformer en obligés ceux qui vous sont obligés. *La consommation et la destruction y sont réellement sans bornes* [je souligne, R.K.]. Dans certains potlatch on doit dépenser tout ce que l'on a et ne rien garder. C'est à qui sera le plus riche et aussi le plus follement dépensier. Le principe de l'antagonisme et de la rivalité fonde tout[3].

Et encore, un peu plus loin :

> Dans un certain nombre de cas, il ne s'agit même pas de donner et de rendre, mais de détruire, afin de ne pas vouloir même avoir l'air de désirer qu'on vous rende[4].

La conséquence immédiate est qu'il faut reconnaître dans le potlatch deux « figures » opposées, qui donnent lieu à deux pratiques et à deux institutions réunies sous le nom de don mais dépendant en fait de deux logiques différentes et non superposables. Le potlatch qui vise la destruction est une pratique non pas circulaire, mais linéaire, et à sens unique. Comme la guerre et le sacrifice, elle n'admet pas ce *retour* qui est essentiel dans le prêt usuraire pour qu'il y ait échange, réciprocité économique et don. Il s'agirait donc, dans le vocabulaire de Bataille, d'une « économie générale ».

C'est de cet aspect hyperbolique du potlatch, entendu comme équivalence du don et de la destruction, que Sartre fera l'argument principal de « l'exemple » de *L'Être et le Néant*. Il est ainsi en cohérence avec la lettre

1. *ED*, p. 197.
2. C'est l'aspect sur lequel a insisté G. Bataille dans *La notion de dépense*. Cf. G. Bataille, *La part maudite* précédé de *La notion de dépense*, Paris, Minuit, 1967.
3. *ED*, p. 200.
4. *EN*, p. 201.

de certaines des thèses de Mauss. Mais cette cohérence littérale cache aussi une trahison. Une trahison consommée en privé, dans le silence, pour qu'il y ait fidélité. Fidélité au texte de Mauss, d'abord.

Sartre considère la donation et la destruction comme *essentiellement équivalentes*. Ainsi le sacrifice ou la destruction du nom de Mauss dans *L'Être et le Néant* est déjà en lui-même un don à son égard (un don de fidélité, bien sûr). Mais précisément un don sacrificiel, accompli dans une économie du don et du sacrifice réduite par Sartre à sa structure ontologique profonde. On ne peut que souligner la cohérence de l'acte : tout en étant un don, l'exemplaire exemple de la « générosité » est un petit acte d'appropriation. Un acte d'appropriation ontologique. Tout sacrifice est accompli au nom de l'être, de la totalité imaginaire de l'en-soi-pour-soi comme « idéal de conscience » et valeur fondamentale de la *réalité humaine*.

« Je détruis l'objet en le donnant aussi bien qu'en l'anéantissant »[1], écrit Sartre. Donner quelque chose implique en effet l'effacement de la propriété – il en va de même quant à la propriété d'une thèse, d'une idée, de la lettre d'un texte –, l'effacement de son « être mien » exclusif. En même temps ce quelque chose est constitué en tant qu'objet absent et imaginaire. L'acte de détruire, d'effacer ou de sacrifier la propriété d'un objet est préalable à un deuxième mouvement, opposé et symétrique, qui rétablit la propriété de l'objet d'une façon imaginaire.

Dans le *do ut des* du potlatch tel que le pense *L'Être et le Néant*, c'est une économie imaginaire qui prend forme. L'équivalence du don et de la destruction est utilisée par Sartre selon les lignes théoriques de *L'Imaginaire*, où l'image est le résultat d'un processus de constitution *in absentia* d'un objet réel anéanti et remplacé par son *analogon* imaginaire. L'objet réel persiste dans sa matérialité, mais il reçoit son sens uniquement par l'acte d'imagination effectué par la conscience (ou thèse irréalisante). Transposons ce schème d'intelligibilité à l'anéantissement qui se joue dans la donation, elle-même réductible à la structure ontologique du désir d'être : ce qui a lieu dans l'échange est une *destruction imaginaire et non pas réelle* de l'objet. Le potlatch, forme déterminante du don, n'est pas un échange empirique d'objets, mais plutôt une des formes de manifestation du champ ontologique du pour-soi, où l'objet est détruit dans son être-en-soi et constitué en vue du pour-soi par l'hégélienne « puissance du négatif ». L'objet donné demeure dans sa matérialité, mais il est premièrement anéanti par l'acte donnant, deuxièmement constitué virtuellement en tant qu'objet imaginaire par la conscience du donateur.

1. *EN*, p. 655.

> Je détruis l'objet en le donnant aussi bien qu'en l'anéantissant ; je lui supprime la qualité de *mien* qui le constituait profondément dans son être, je l'ôte de ma vue, je le constitue [...] en *absent ;* moi seul lui conserverai l'être spectral et transparent des objets *passés*, parce que je suis celui par qui les êtres poursuivent une existence honoraire après leur anéantissement[1].

D'où la sentence, à la fois maussienne et anti-maussienne : « Ainsi la générosité est avant tout fonction destructrice »[2].

L'équivalence ontologique entre destruction et donation entraîne deux effets principaux.

A) Le premier a trait à la relation d'asymétrie entre donateur et donataire. Le mouvement de la destruction imaginaire de l'objet et de sa reconstitution virtuelle est la « spiritualisation » presque funéraire de l'objet donné. Pour Sartre, le don n'est pas don de la chose donnée, donc de l'objet détruit, mais don d'une image *transmise*[3] d'une conscience à l'autre. Mauss l'avait déjà souligné, le potlatch est nécessaire au donateur pour démontrer « qu'il est hanté et favorisé des esprits et de la fortune, qu'il est possédé par elle et qu'il la possède »[4]. De l'anéantissement de la chose s'élève, en s'animant, un esprit qui conserve l'image du propriétaire. C'est le *hau* ou le *mana*. Mais si pour Mauss la circulation de l'esprit de la chose donnée garantit la réciprocité des échanges, dans l'interprétation sartrienne, le don, et la circulation d'une propriété qui est devenue hallucinatoire, deviennent un *enchantement*, une magie, qui asservissent le donataire[5].

Cet enchantement, cette séduction magique, prennent sens dans un contexte visuel ou optique : ce qui est échangé, ce qui circule, ce sont

1. *EN*, p. 655.

2. *EN*, p. 655.

3. Il faudra revenir sur la forme de cette *transmission* de l'image, qui est constitutivement liée par Sartre à la *création continuée* de l'image elle-même. Si ce lien est conçu dans *L'Être et le Néant* comme forme d'appropriation ontologique, et donc est dépendant du désir d'être, il s'agira alors de montrer comment il est possible de le modifier à la suite de la transformation du projet ontologique du pour-soi, parallèlement à la conversion. Comme on le verra, la *transmission* de l'image va acquérir un sens positif, progressif et téléologique dans le contexte d'une esthétique de l'engagement. Cf. ci-dessous, § 4.

4. *ED*, p. 206.

5. Cet aspect « magique » du don, entendu comme réversibilité foncière, Mauss l'a souligné dans le fameux article *Gift/gift*, où il avait énoncé la double loi du *Gift* en tant que *présent* et en tant que *poison* dans l'agencement linguistique don-Gift-poison-pharmakon. Cf. *Gift/gift*, dans M. Mauss, *Œuvres complètes*, t. III, Paris, Minuit, 1969, p. 46-51. Dans les *Cahiers pour une morale*, quand Sartre analysera la société primitive et « l'univers du désir », il en viendra à considérer cette dimension de réversibilité ambivalente du don. Cf. *CM*, p. 374-382.

toujours des *images*. Le donateur, dans *L'Être et le Néant*, en donnant, donne l'image de soi :

> [...] le don envoûte celui à qui l'on donne, il l'oblige à recréer, à maintenir à l'être par une création continuée ce moi dont je ne veux plus, que je viens de posséder jusqu'à l'anéantissement et dont il ne reste finalement qu'une image[1].

Le don qui envoûte est ici comme le regard de Méduse : il vise l'appropriation imaginaire de l'autre. Il fait œuvre de captation. Le lien « spirituel » entre les pour-soi est le regard en tant qu'il altère la subjectivité. Le don offert par le donateur, c'est son *mana* qui prend la forme de l'image soutenue ou maintenue à l'être par une création continuée de la conscience. Cette dimension optique ou « iconologique » de la donation est aussi économique. Il ne faut pas que le don soit rendu par un contre-don. Il suffit qu'il y ait don, c'est-à-dire potlatch comme transmission de l'image, pour que la restitution se réalise à travers une nouvelle appropriation de l'image par une autre conscience. Le don offert dans le potlatch, qui, originairement, selon la loi du *Gift/gift*, ne peut pas être distingué du don généreux, est en conséquence un don empoisonné et pervers. Cette perversion explique le deuxième effet de l'équivalence sartrienne.

B) Si le don est un moyen pour s'emparer de l'autre, alors il structure un rapport entre les pour-soi qui dépend, encore une fois, du projet ontologique et totalisant. La réduction du don nous montre finalement sa vérité ontologique : il s'agit d'une entreprise d'appropriation de l'autre comme transcendance transcendée, où le même et l'autre, en tant que transcendances, sont en mesure d'échanger sans fin leurs places, exactement comme dans le modèle sadomasochiste des relations intersubjectives développé dans la IIIe partie de *L'Être et le Néant*.

Ce qui s'accomplit de la sorte, c'est le renversement de la catégorie morale de la générosité. La générosité comme vertu perd son signifié dès lors qu'elle n'est pas autre chose qu'un acte anéantissant de la conscience imaginative. La générosité se transforme en possession imaginaire de l'objet, la perte matérielle étant compensée par la jouissance fantasmatique produite par le lien d'obligation : « [...] cette rage de détruire qu'il y a au fond de la générosité n'est pas autre chose qu'une rage de posséder »[2]. C'est une « jouissance, âpre et brève, presque sexuelle »[3], nous dit Sartre, faisant ainsi le lien entre la donation-potlatch et la dynamique de l'intersub-

1. *EN*, p. 655-656.
2. *EN*, p. 655.
3. *EN*, p. 655.

jectivité « sadomasochiste ». En résumé : « Donner, c'est asservir »[1]. L'ambiguïté fondamentale du don, son sens *à la fois* généreux et agonistique est effacée. L'opposition entre prendre et donner est en illusoire, et tout se passe comme si le don n'était que poison.

Résumons-nous. Sartre, sur les concepts de Mauss, effectue une double opération, une double réduction. La première est *déplacement du don*. Le véritable enjeu théorique de l'*Essai sur le don*, c'est l'analyse du don en tant que *fait social total*. Sartre, lui, avant tout soucieux de manifester la structure ontologique du don, et son sens eu égard à la psychanalyse existentielle, procède par contre à une « mise entre parenthèses » de toute analyse socio-anthropologique. La deuxième est *l'effacement de la circularité de l'échange*, selon les trois obligations qui sont la loi du don (obligation de donner, de recevoir, de rendre). Sartre ne reconnaît au don que sa forme hyperbolique : la destruction dans le potlatch. *C'est l'identité entre donner et détruire qui fonde le lien ontologique entre donation et asservissement.* Seule compte la portée ontologique du don comme appropriation, alors qu'il faudrait comprendre quelle est sa fonction dans la socialité originaire. « Cet aspect du don ne nous intéresse pas ici », tranche Sartre, « car il concerne surtout les rapports avec l'autre »[2]. Ce qui semble suggérer un renvoi à l'analytique du pour-autrui. Mais dans cette analytique, il n'est jamais question de don. Pour combler cette absence, il aura fallu attendre la publication posthume des *Cahiers pour une morale*, et notamment d'une longue section du *Cahier* I consacrée au problème de l'oppression.

§ 3. *La première chance de l'éthique, ou l'anthropologie du don*

Dans l'ouvrage de 1943 Sartre présentait le don comme un exemple qui pouvait expliquer avec efficacité les « conduites d'appropriation », elles-mêmes subordonnées à la structure ontologique du désir d'être ; et la nature anthropologique de l'exemple était tout à fait accessoire. Dans les *Cahiers pour une morale*, quand il recherche les conditions de possibilité d'une conversion, ce sont bien, par contre, les données de l'anthropologie qu'il interroge. Cette recherche est l'objet du *Cahier* I, qui se dirige vers la « conversion » à travers un examen de l'oppression historico-anthropologique, et l'élucidation de son fond ontologique.

Les quatre-vingts pages consacrées aux « conditions de l'oppression »[3] jouent un rôle pivot dans l'articulation entre ontologie et éthique. Leur

1. *EN*, p. 656.
2. *EN*, p. 655-656.
3. *CM*, p. 338-426.

enjeu est bien la dimension sociale et anthropologique de l'ontologie du pour-autrui. Dans un paragraphe important, Sartre, en se référant au problème de l'histoire développé dans la première partie du *Cahier* I, définit la société à partir d'une double totalité, la totalité de l'être et la totalité détotalisée de l'être social :

> L'analyse de la société que j'ai faite plus haut tend à montrer que la société est un phénomène immédiatement déductible des considérations ontologiques sur la Totalité détotalisée. Dès qu'il y a pluralité d'Autres il y a société. La Société est la première concrétion qui fait passer de l'ontologie à l'anthropologie[1].

« Déduction » est à entendre ici en sens kantien. L'oppression n'est pas un donné primitif, elle se présente plutôt comme une condition qui surgit *en droit* de la négation d'intériorité, c'est-à-dire de la dialectique des consciences[2]. Il ne s'agit pas de l'analyser selon le point de vue particulier des savoirs de l'homme, mais au contraire de comprendre le donné historique, social et économique de l'oppression à partir de la dialectique des consciences et des libertés, qui est le modèle ontologique d'où surgissent les différentes formes historiques de socialité. En outre, il s'agit de ne pas oublier que cette analytique n'est qu'une conséquence (une ek-stase supplémentaire) de l'impossibilité pour le pour-soi de fonder son être dans la Totalité de l'en-soi-pour-soi.

En sorte que d'une certaine façon le privilège de l'ontologie subsiste. Mais il est désormais pensé différemment. Au début de son analyse, Sartre laisse entrevoir la hiérarchie des concepts et des disciplines. Il souligne qu'« il ne s'agit *pas encore* de l'oppression économique et sociale mais des conditions ontologiques de l'oppression »[3]. Il y a donc des priorités à respecter, et l'anthropologie, l'économie et la sociologie viennent après l'ontologie[4]. Cependant le rapport entre ontologie et sciences de l'homme s'est complexifié. Certes, Sartre, en 1947, n'a pas encore envisagé nommément la solution de la méthode progressive-régressive élaborée une dizaine d'années plus tard, dans la *Critique de la raison dialectique*. Mais c'est bien ce mouvement dialectique « d'aller et retour », de l'ontologie à l'anthropologie et *vice versa*, qui est mis à contribution. Ici, une fois qu'a été conduite l'analyse ontologique de l'oppression, c'est-à-dire aussi bien l'analyse des conditions structurelles de l'aliénation de la liberté que celle de la possibilité de modifier ces conditions, il faut poursuivre la recherche,

1. *EN*, p. 124.
2. *EN*, p. 281 et *sqq*.
3. *CM*, p. 338.
4. Comme on sait, Sartre les nommera « disciplines auxiliaires » dans *Question de méthode* et dans la *Critique de la raison dialectique*.

en assumant d'abord les donnés concrètes des disciplines sur la base des structures ontologiques, et en revenant ensuite sur le plan de l'ontologie pour y intégrer les nouvelles relations.

La « déduction » a *en premier lieu* un caractère *progressif* : les phénomènes historico-économiques sont interprétés comme la façon dont se remplit concrètement l'ontologie de l'en-soi et du pour-soi, qui à son tour fournit le cadre pour leur intelligibilité. Dans ce cas, l'ontologie ordonne les phénomènes historiques et les fonde dialectiquement. Cependant, *en deuxième lieu*, la déduction comporte un aspect *régressif*, car l'analyse ontologique de l'oppression et de ses conditions est pré-ordonnée à l'exigence éthique de définir *à l'origine* un terrain vierge, qui n'est pas, au plan ontologique, soumis à l'aliénation ni, au plan historique, social et économique, à l'oppression.

Le premier mouvement est d'ordre *archéologique*, il est dévoilement des formes originaires de l'aliénation et de l'oppression, et de leur structure ontologique ; il prend son sens à la lumière d'un deuxième mouvement, d'ordre *téléologique*, par lequel ce dévoilement vise à la libération de la liberté, tâche éthico-politique. On reconnaît dans ce double mouvement, archéologie et téléologie, la force d'un présupposé typiquement humaniste qui forme l'arrière-plan de la *koiné* philosophique de cette époque.

Sur la voie archéologique, nous rencontrerons Mauss, cette fois cité comme tel. Et Sartre se livre à un véritable corps à corps avec la complexité du concept de don comme *fait social total*.

Sartre énumère cinq conditions de l'oppression.

La première est que *l'oppression* ne peut se comprendre qu'à partir *de la liberté*[1]. Oppresseur et opprimé doivent tous deux être libres. Sans cette liberté première, on ne pourrait pas parler d'oppression, mais seulement de l'action de forces inertes : « Un rocher peut détruire un homme. Il n'opprime pas sa liberté »[2].

Et il y a liberté quand il y a choix parmi des possibles qui ne peuvent pas tous être réalisés (toute détermination est négation, toute négation est détermination). Autrement dit il y a liberté pour autant qu'il y a des limites à la liberté.

Or la limite essentielle de la liberté n'est pas la mort (celle-ci n'est pas limite, condamnation au choix, elle est impossibilité pure et simple de toutes mes possibilités), elle consiste en la rencontre de l'autre liberté, de la liberté de l'autre. L'oppression vient de la *multiplicité des libertés*, telle est la deuxième condition. Ici, c'est encore la dialectique des consciences qui joue, telle que décrite par *L'Être et le Néant* : je reconnais la liberté de

1. *CM*, p. 338-340.
2. *CM*, p. 338-340.

l'autre, et en même temps je fais de lui un objet. Et réciproquement. Mais selon une réciprocité brisée qui d'une part oblige à ce que je sache que la liberté que j'objective est bien une liberté, et d'autre part exclut que je me reconnaisse en elle – comme le voudrait une réconciliation de type hégélien. Lorsque les libertés entrent en rapport, l'oppression se manifeste par la *transformation immanente* de leur liberté, et telle est la troisième condition de l'oppression [1] :

> Il y a oppression quand la liberté se retourne contre elle-même, c'est-à-dire qu'il faut une dualité au cœur de la liberté. Et cette dualité est précisément ce que nous nommons totalité détotalisée [2].

La cinquième et dernière condition de l'oppression, à savoir la *complicité réciproque* de l'oppresseur et de l'opprimé [3], est strictement liée à la troisième. Elle consiste en une relecture de la dialectique hégélienne du maître et de l'esclave. Relecture au cours de laquelle Sartre s'oppose à Hegel sur deux points. D'une part, il refuse le dépassement des conditions de l'oppression si celui-ci s'opère au nom d'une totalité des consciences déjà donnée au départ : c'est l'accusation d'« optimisme ontologique » déjà avancée dans *L'Être et le Néant* [4]. D'autre part il met en jeu un certain nombre d'éléments de la vie concrète et matérielle de l'esclave qui n'étaient pas présents dans le texte hégélien, comme la misère, la dépendance, la faim, la résignation, la révolte. Tous éléments qui rendent la libération plus difficile, et qui sont non pas des « moments » de l'histoire, destinés à disparaître dans son cours et devant son tribunal, mais bien des possibilités perpétuelles de la liberté en situation d'esclavage.

Mais c'est dans la quatrième condition qu'apparaît le possible trait d'union entre ontologie et éthique. « Les libertés en présence ne sont qu'incomplètement conscientes d'elles-mêmes » [5]. Il s'agit ici en même temps de mauvaise foi, au sens où l'entend l'ontologie phénoménologique, et de mystification, au sens marxien. Sartre écrit :

> [...] il y a mystification de la liberté. Mais cette falsification elle-même est de mauvaise foi [...]. La première mystification c'est celle qui consiste à présenter les origines historiques de l'oppression comme *déterminées*, c'est-à-dire à montrer que l'humanité ne pouvait pas ne pas commencer par l'oppression pour des raisons économiques, sociales et pour d'autres résultant de la nature humaine, au lieu de présenter l'oppression comme un *fait*

1. Cf. *CM*, p. 342.
2. *CM*, p. 345.
3. *CM*, p. 398-412.
4. *EN*, p. 288.
5. *CM*, p. 353.

> historique, c'est-à-dire comme un événement qui s'est produit en certaines circonstances, *qui pouvait se produire* [je souligne, R.K.] (structures ontologiques), *qui n'était pas nécessaire* [je souligne, R.K.] et qui a décidé du cours de l'Histoire[1].

Dans l'espace qui s'ouvre entre « possibilité » et « nécessité » réside la chance de l'éthique, l'éventualité de la conversion. S'il y a possibilité il y a choix, et s'il y a choix il y a l'éthique, l'éventualité de la conversion, il y a la liberté de choix, liberté pouvant se choisir pour ou contre elle-même. Et c'est ici qu'entre en scène le don comme ressource de l'anthropologie.

L'analyse sartrienne des conditions de l'oppression peut être divisée en trois parties, dont la dernière est consacrée au concept de potlatch et à l'économie du don.

Dans la première partie Sartre considère l'origine de l'oppression en exploitant une comparaison entre la thèse d'Engels et celle de Dühring[2]. Pour Dühring, l'oppression économique relève des relations politiques. Si la violence politique est le fait primitif de l'oppression, celle-ci dépend de la volonté des hommes[3]. Engels, lui, considère l'oppression comme le résultat des forces économiques (production-échange et répartition). Dans cette perspective la violence est un phénomène secondaire par rapport à la dialectique économique[4].

Sartre montre comment la conception de Engels s'appuie sur un déterminisme transformé en nécessité dialectique[5], tandis que celle de Dühring, qui fonde l'oppression sur une décision gratuite, est abstraite[6]. Engels a raison, car l'oppression naît à un certain moment du développement technico-économique. Mais Dühring aussi, car l'oppression est d'abord un fait humain. Il faudrait donc concevoir une synthèse des deux positions :

> Nous arrivons donc à la nécessité de tenter une synthèse de Dühring et d'Engels : l'oppression n'est pas une décision gratuite mais cependant elle est un fait humain ; elle apparaît dans une situation économique favorable mais cette situation ne peut à elle seule faire naître l'oppression sans du même coup la déshumaniser et lui faire perdre son sens ; la société communautaire originelle peut ou non

1. *CM*, p. 353. Et aussi, à la même page : « La grande faiblesse de la dialectique du maître et de l'esclave c'est que les raisons du fait d'oppression sont insuffisantes. Il faut donc se demander si un autre rapport que celui d'oppression était possible en général, était possible dans les circonstances historiques, et lequel ».
2. *CM*, p. 353-364.
3. Cf. *CM*, p. 353-355.
4. Cf. *CM*, p. 355-356.
5. Cf. *CM*, p. 356-361.
6. Cf. *CM*, p. 361.

décider l'esclavage et si elle le fait cela n'est pas seulement un fait économique[1].

La description du monde primitif et de « l'univers du désir »[2], qui compose la deuxième partie de la section, lie la mise en question de l'oppression et l'analyse du don. C'est le moment archéologique, le moment de remontée aux formes primaires de l'aliénation et de l'oppression, à la fois dans leur structure ontologique et dans leur concrétion anthropologique. Sartre montre comment, dans le monde primitif, l'altérité a une priorité de fait sur la mêmeté. Tous les phénomènes de croyance aux esprits, de magie ou de captation magique, de possession, et aussi d'animisme primitif sont réductibles au renversement du rapport entre le pour-soi et l'Autre[3].

Quatre pages de cette partie sont consacrées à la façon d'échapper à l'aliénation du monde primitif. La voie de cette libération, écrit Sartre, c'est la *réflexion non complice*. Mais comment s'opère le sursaut libérateur, s'il est vrai qu'à première vue le monde primitif est homogène et étanche dans sa sujétion à l'altérité ? « Il n'y a pas plus de raisons intérieures à ce monde de changer de point de vue vis-à-vis de lui qu'il n'y en a, dans la phénoménologie husserlienne, dans la *natürliche Einstellung*, de pratiquer l'*épochè* »[4]. Reste que, si opaque que paraisse le monde primitif, il est tout entier suspendu à la liberté. Le primitif *choisit* son monde, et puisque le choix est toujours conscience (de) choix, il y a dans ce choix une « inquiétude », la conscience qu'il était possible de choisir autrement.

> Cependant si le monde est en équilibre, c'est-à-dire s'il ne possède pas en lui d'inégalité, au sens hégélien du mot, entraînant sa rupture [...] et s'il ne peut fournir aucun prétexte à l'*épochè*, il n'en demeure pas moins entièrement suspendu dans à la liberté. [...] si nous voulons que la *natürliche Einstellung*, tout en étant sans inégalité, comporte une voie d'accès [je souligne, R.K.] vers l'*épochè* [...] il faut que l'*épochè* soit déjà présente dans la *natürliche Einstellung* ou, si l'on veut, que la liberté incarnée soit pénétrée par la liberté absolue [...].

1. *CM*, p. 362.
2. *CM*, p. 364-382.
3. Cf. *CM*, p. 364-382. En particulier, on peut reconnaître dans le texte l'agencement suivant des arguments : discussion de l'opposition travail/désir (364-367) ; la relation entre instrumentalité et désir (367-370) ; l'hypothèse de la catharsis comme dépassement de l'univers du désir (370-374) ; le *mana* comme réflexion (374-376) ; le zar et l'âme (376-380) ; le rapport entre altérité et souveraineté (380-382). Les auteurs à qui Sartre fait référence dans cette partie sont Leiris (*La croyance aux génies « zar » dans l'Ethiopie du Nord*), Dumézil (*Mitra-Varuna*), Lacan (*Les complexes familiaux*).
4. *CM*, p. 371.

> [...] dans le moment même où il est le plus profondement désir, le plus frénétiquement désir, la possibilité d'une autre voie (d'ailleurs indistincte) reste ouverte en son cœur[1].

Le monde primitif, que Sartre nomme aussi « l'univers du désir », c'est le monde de l'assujettissement à l'Autre, c'est le monde où fonctionne à plein la structure ontologique de l'appropriation, ou encore de la quête d'en-soi-pour-soi. Mais « l'autre voie » dont il est traversé comme de sa possibilité, c'est la voie éthique, qui implique un projet autre que d'appropriation. Le don est le point où s'entremêlent les deux projets, ontologique et éthique. C'est dans le don qu'il faut rechercher la possibilité d'une voie qui conduise à la désaliénation et à la fin de l'oppression historique. C'est pour cela que l'examen des structures ontologiques du don doit précéder de fait tout examen anthropologique ou historique.

Pas de surprise, au début. Sartre reprend la définition du *potlatch* qu'il avait déjà donnée dans *L'Être et le Néant* : « Le Potlatch c'est la générosité aliénante »[2]. Mais il fait remarquer aussi que toutes les relations impliquées dans le potlatch, amitié et inimitié, générosité et asservissement, don et créance, désintéressement et intérêt, rite et technique, sont indiscernables[3]. L'explication de cette ambivalence ? La réponse de Mauss est la suivante : le don est tout cela ensemble, car il est le *fait social total* par excellence. Et Sartre ?

Sartre agence trois moments enchevêtrés l'un dans l'autre, mais que l'on peut néanmoins tenter de distinguer.

1) Le premier moment, c'est un renversement apparent de l'essence ontologique du potlatch (auparavant figure ontologique de l'appropriation, figure du désir d'être et de l'aliénation). Sartre écrit en effet : « Ontologiquement le don est gratuit, non motivé, désintéressé »[4]. Cela signifie qu'il postule la présence d'un tel don avant tout don aliéné, ou potlatch. Ou encore qu'il avance une distinction conceptuelle entre le potlatch d'une part (le don inauthentique) et le don proprement dit (le don bon et généreux). Outre cette distinction, il sépare aussi le plan de l'éthique de celui de l'économie[5]. « S'il n'était pas gratuit et désintéressé ce serait un contrat »[6]. Ce don ontologiquement « pur » est *transmission*, ou passage de propriété. Comme dans *L'Être et le Néant*, ce qui est transmis est une *image*, voire

1. *CM*, p. 372-373.
2. *CM*, p. 382.
3. Cf. *CM*, p. 382.
4. *CM*, p. 382.
5. Conformément d'ailleurs au but propre des « Conclusion » de l'*Essai sur le don*. Cf. ci-dessus, § 2.
6. *CM*, p. 382.

une *œuvre* en tant qu'image de moi-même. Seulement, cette fois, celle-ci n'est plus magie ou enchantement asservissants. Au contraire, elle suppose réciprocité et reconnaissance :

> Donner c'est faire exister le monde pour que l'autre le consomme. C'est conférer au monde un sens humain. Ainsi ma liberté en se dégageant trouve une autre liberté en face d'elle. *Le don suppose une réciprocité de reconnaissance. Mais cette réciprocité n'est pas réciprocité de dons* [je souligne, R.K.]. Puisque par le don je traite l'autre en liberté, il convient qu'en retour l'autre, pour que cette reconnaissance ait lieu dans la dimension de la vérité, me reconnaisse le reconnaissant. Cette reconnaissance se fait dans et par la pure acceptation du don. Mais celle-ci, si elle est libre et fière comme elle doit, implique tout simplement que je *reconnaisse* que le don n'a pas été provoqué par un intérêt, que c'est une pure liberté qui a créé le monde pour moi, installant ainsi le rapport inter-humain. C'est le sens de la vertu de *reconnaissance*[1].

Dans ce passage, Sartre fait glisser la reconnaissance du registre « ontologique » au registre « éthique », de la lutte pour la reconnaissance entre les consciences à la *vertu*, sans intérêt et sans échange, de la *reconnaissance* (en italique dans le texte, justement pour marquer la différence). Et une hiérarchie se profile entre don et liberté. Le don authentique exige la libre réciprocité, mais celle-ci, par contre, n'implique pas l'échange de dons. La priorité de l'ontologique sur l'économique est donc une fois de plus soulignée.

2) Le deuxième moment, c'est la retombée de ce don ontologico-éthique au plan de l'anthropologie et, par extension, de l'histoire[2]. En effet, si le don authentique relève de la relation ontologique entre le pour-soi et l'autre, et s'il se trouve que cette relation est aliénée dès son apparaître effectif (« [...] le rapport originaire de l'autre à moi-même est déjà d'aliénation »[3]), alors tout don ne peut qu'être aliéné à son tour, et souffrir en son cœur d'une altération, qui tient d'habitude en ceci qu'on n'est pas en mesure de le refuser. D'où la chaîne des trois obligations mises au jour par Mauss[4]. Sartre soutient donc que le cercle de l'échange n'est qu'une *dégénérescence* du don « pur » qui serait en-deçà de l'histoire. Dès que le don, dans l'histoire, implique le contre-don, la relation de liberté mutuelle

1. *CM*, p. 383.

2. Cf. *CM*, p. 382 : En donnant, « je me place [...] au-dessus de tous les types d'univers dans une sorte d'absolu par-delà les époques, un absolu *non historique* ».

3. *CM*, p. 384.

4. Cf. *CM*, p. 384 et *sqq.* En particulier p. 386 : « ... le caractère obligatoire du Don : c'est bien ma liberté qui s'affirme en donnant mais comme la toute-puissance en moi de l'Autre. Et, nous l'avons marqué, l'obligation c'est l'Autre dans le Même ».

ne peut que s'altérer dans la surenchère infinie des rapports humains, surenchère qui finira par produire les figures du maître et de l'esclave. L'aliénation de la relation humaine se traduit par l'altération du don, et l'altération du don renforce l'aliénation de la relation humaine. « Ainsi le don devient entreprise concertée d'aliénation, non par la violence mais par la générosité »[1]. Cette entreprise est marquée par la transmission de « l'image narcissique de moi-même qui me possède »[2]. Nous voilà donc ramenés au point de départ, c'est-à-dire au projet ontologique d'appropriation imaginaire.

3) Le troisième moment, c'est la découverte de l'ambivalence foncière et originelle du don. Étant donné le cercle du don, qui vient d'être mentionné, Sartre est obligé de discerner ses deux structures. S'il y a aliénation de la relation humaine, c'est qu'il y avait *d'abord* liberté, dans un avant intemporel – car seule une liberté peut être aliénée ; et c'est à cette liberté première que correspond le don pur et authentique, sans contre-don. Mais la liberté aliénée, effective, historique, se traduit, elle, par le don asservissant.

> Mais remarquons l'ambiguïté du don, car il s'agit aussi dans sa structure profonde d'une générosité qui fait paraître la liberté réciproque par double reconnaissance et l'essentialité de l'humain sur la destruction de l'univers. Autrement dit il y a double structure : 1) structure profonde de solidarité ; 2) structure secondaire et manifeste d'asservissement réciproque de l'Autre par l'Autre, avec défi[3].
>
> L'ambiguïté vient de ce que l'on donne à la fois dans la liberté pour la liberté et pour affirmer l'essentialité de l'homme, et pour enchaîner, pour aplatir, pour limiter par un destin la transcendance de l'autre. Il ne s'agit pas de deux acceptions qui peuvent être envisagées successivement mais de deux aspects simultanés du don. La structure "libération-gratuité" est le noyau interne, c'est la conscience non-thétique (du) "don". Même dans l'élément défi il y a la structure "contestation", c'est-à-dire que la structure essentielle et première de la contestation est la conscience non-thétique d'être ce que je ne suis pas et de ne pas être ce que je suis. Enfin la structure "Destruction-Création" fait paraître le double aspect de la liberté[4].

1. *CM*, p. 386.
2. *CM*, p. 387.
3. *CM*, p. 389.
4. *CM*, p. 389.

Ambiguïté ou *indécidabilité* du don[1]. Il est, peut-être, un non-concept, un concept dont le noyau est vide, ou encore un concept fait de termes opposés qui n'ont d'autre rapport que de conflit.

> De sorte que l'ambiguïté du Potlatch c'est qu'il laisse indécidé s'il est proposition d'amitié ou défi – et si l'Autre en face de moi est traité en ami ou en ennemi. Très exactement, les notions d'amitié et d'inimitié ont la même source originelle, comme la notion de défi et celle de contrat, comme celle de guerre et de paix[2].

Le don, un autre nom de la *rerum concordia discors*. Autour de ce lieu vide et contradictoire, toutes les relations peuvent changer de place.

> Donc le don est structure ambivalente avec perpétuelle instabilité : issu peut-être originellement d'un désir contractuel entre des libertés, il devient tentative d'asservissement magique et de nouveau il se conteste à ce niveau par la conscience non-thétique et par la réflexion. Et selon qu'il varie de la sorte, l'homme *en face* varie : il est ami, il est ennemi, il est esclave. Et chacune de ces notions passe dans l'autre sans qu'il y ait d'arrêt possible[3].

Le renversement est incessant, en sorte que le moment du *défi*, qui signifie l'aliénation, est aussi le moment de la *fête*, « qui est risque et jeu »[4]. C'est toujours le *potlatch*, mais son sens a basculé. Pourrait-on appeler « éthique » ce moment ?

> En même temps le *défi* est jeu : il est rupture avec l'esprit de sérieux, dépense, anéantissement, passage à l'aspect fête. La fête en effet c'est la libération de l'esprit de sérieux, la dépense des économies, la ruine de la hiérarchie et l'absorption de l'Autre par le Même, de l'objectif par l'intersubjectivité, de l'ordre par le désordre. Ce sera par la suite *l'apocalypse* comme un des types extrêmes de relations interhumaine[5].

Le don semble n'être que variation, il se transforme et change sans cesse, et de même la relation entre les sujets : contrat, échange, sacrifice, reconnaissance, tout cela est bien compris dans le don en tant que *fait social total*. Il semble bien que le don n'a pas de sens propre. La conclusion de tous ces renversements du « concept » sans concept de don, dans ses

1. J. Derrida souligne la perte du « feu » du concept de don, comme s'il était sujet à la dissémination de son sens. Cf. particulierment les analyses derridiennes de l'*Essai* de Mauss contenues dans le chapitre 2 (*op.cit.*, p. 51-94).

2. *CM*, p. 389.

3. *CM*, p. 390.

4. *CM*, p. 388.

5. *CM*, p. 388.

rapports à l'oppression ? Une *aporie*, en forme de cercle, qui semble, cette fois, tout à fait indépassable : « le cercle vicieux de l'aliénation et de l'oppression », événement premier « analogue à la faute originelle » [1].

> [...] l'homme est d'abord présent à lui-même comme autre. Le surgissement de l'homme dans le monde est péché contre la liberté, par aliénation. Et tant que l'homme ne sortira pas de la phase d'aliénation, toutes les tentatives pour affirmer sa liberté seront reprises par-derrière, aliénées et finiront en oppression. Mais il y là un cercle vicieux qui n'invite pas à l'optimisme puisque l'aliénation perpétue l'oppression mais l'oppression perpétue l'aliénation [2].

§ 4. *La deuxième chance de l'éthique, ou « la morale de la générosité »*

Si l'analyse anthropologique du don aboutit donc à cette figure métastable du cercle vicieux de l'aliénation et de l'oppression, si donc le passage par le don dans son sens archaïque se révèle une *aporie*, une « chance sans chance », ou une possibilité impossible, reste à Sartre une autre voie. Cette voie s'ouvre là où le chemin semblait également barré, refermé par un autre cercle, celui du sadomasochisme dans les relations intersubjectives.

On s'en souvient, l'exemple de la générosité employé par Sartre dans la IVᵉ partie de *L'Être et le Néant*, et la formulation de son sens ontologique (« Donner, c'est asservir ») renvoyaient aux rapports avec autrui.

La publication posthume des *Cahiers pour une morale* nous permet à présent de comprendre et la portée de ce renvoi et son sens par rapport à la possibilité d'une éthique. Dans la section du *Cahier* II consacrée à l'analyse de *conditions pour la conversion*, au point 4, Sartre se réfère aux structures ontologiques du pour-soi. Avant de montrer comment le sujet organise sa propre création et la *donne* aux autres, Sartre bouleverse la description ontologique d'autrui, de façon rapide et décisive. Les autres apparaissent non plus comme des regards fuyants qui en même temps me révèlent et me volent ma propre existence au dehors de moi-même, dans le monde, mais comme des « créatures révélées » :

> Car une des structures du *Mit-sein* est de révéler l'Autre dans le monde. Dans l'Enfer des passions (décrit *in* E.N.) cette révélation de l'autre est conçue comme pur dépassement [...]. Mais *ce que je veux marquer ici c'est que dans cet enfer déjà il y avait générosité et création* [3].

1. *CM*, p. 398. Mais cf. aussi la « chute originelle » en relation au regard, dans *EN*, p. 336.
2. *CM*, p. 398.
3. *CM*, p. 515. C'est moi qui souligne, R. K.

Indication précieuse. D'abord, elle renvoie à la troisième des « figures » du don, la « destruction-création » ; ensuite, elle rompt le schéma circulaire du modèle quasi hégélien de l'intersubjectivité et en manifeste une dimension sous-jacente qui en est en même temps sa condition ontologique. De quoi s'agit-il ? Faut-il s'étonner que l'on rencontre, encore une fois, le don, la donation et la générosité ?

Si dans l'enfer du pour-autrui est présente une générosité qui échappe au projet d'être, alors dans le cœur de la dialectique de l'appropriation il doit se trouver une sorte de contre-mouvement, non pas sous la forme d'une expropriation du propre (voire d'une aliénation) qui privilégie l'étrangeté de l'autre, mais d'une *ex-appropriation* qui soit *en même temps* la condition de l'appropriation et de l'expropriation. Ce contre-mouvement serait une espèce de « saut » modifiant le rapport entre en-soi et pour-soi tel qu'ordonné au projet ontologique du pour-soi à s'accomplir comme totalité.

Revenons à la IIIe partie de EN, et à ces passages du chapitre 1 où Sartre décrit « La première attitude envers autrui : l'amour, le langage, le masochisme »[1]. Le don est introduit à travers une métaphore dont on ne remarquera jamais assez l'importance dans la description de la dialectique du désir amoureux. Elle ouvre sur une perspective ontologique (la « générosité ») qui n'est qu'esquissée par l'architecture de l'œuvre. Voilà comment Sartre décrit, dans un passage complexe, le don comme métaphore d'un double mouvement composé par le recevoir et le donner :

> Dans la mesure, en effet, où le surgissement de la liberté fait qu'un monde existe, je dois être, comme condition-limite de ce surgissement, la condition même du surgissement d'un monde. Je dois être celui dont la fonction est de faire exister les arbres et l'eau, les villes et les champs et les autres hommes, *pour les donner ensuite à l'autre* [je souligne, R.K.] qui les dispose en monde, tout de même que la mère, dans la société matronymique, reçoit les titres et les noms, non pour les garder, mais pour les transmettre immédiatement à ses enfants[2].

Comment interpréter ce passage presque lyrique dans sa représentation de l'amour ? Quelle fonction attribuer à la métaphore qui lui donne son sens (la métaphore de la mère) ? Et surtout, quel est le rapport entre l'amour compris en termes d'appropriation, selon la dialectique du pour-autrui, et

1. *EN*, p. 413-429. Il faut aussi souligner un autre lien très fort entre EN et les CM à ce propos. Il s'agit d'un passage où Sartre définit soit le potlatch soit l'échange des dons (donc aussi la circularité du don et du contre-don) comme ayant la même structure de l'amour décrit dans EN. Cf. *CM*, p. 389-390.

2. *EN*, p. 419.

ce dont il est ici question : le *don*, la transmission, la transmission d'un *nom*, donc la filiation, la reconnaissance et l'hérédité ?

D'abord le début du passage. Où il est évident qu'aimer c'est donner à apparaître un monde qui n'est pas encore monde, un substrat de l'être qui n'a pas encore reçu sa forme, donc une nervure cachée mise en lumière par un mouvement qui se destitue de soi-même. La matière, la *hylé*, est tirée de l'obscurité grâce à l'ouverture de l'ek-sistence, qui agit ici en « tiers » et qui permet, comme la *chôra* platonicienne, qu'un monde soit forgé. C'est une sorte de « médiation sans médiation » ; dans *Vérité et existence* – le bref écrit contemporain aux *Cahiers* – elle prendra le caractère opératoire d'une *synthèse finie* d'en-soi et de pour-soi. Cette médiation entre le monde et l'être brut (le *il y a*) a sa condition dans le *donner*. La médiation, en disparaissant, laisse-être l'être, ou bien le donne-à-être, c'est-à-dire donne un encore-sans-forme que l'autre « dispose en monde ». Médiation disparaissante, médiation qui ne se conserve pas, qui n'économise pas ni n'établit la loi d'une économie, le donner est plutôt la condition anéconomique de l'apparaître de l'être, forgé en monde par la loi de la liberté d'autrui. Donner à autrui, c'est sortir l'être de son obscurité et de son silence, en attendant que l'autre, comme le démiurge platonicien du *Timée*, lui donne sens et forme.

Or, ce mouvement de donation – le donner-à-être – est décrit par Sartre comme féminin. Il apparaît rapidement pour se cacher derrière le voile du paysage qui deviendra monde. Dans ce don, il ne s'agit ni de donner une forme à ce qui est donné-à-être, ni de s'en emparer. Il n'y a pas de propriété de l'existence, mais seulement garde ou sauvegarde d'un don qui doit être transmis. Autrui reçoit un don par transmission. La femme, la mère, dans une société matronymique, donne ce qu'elle ne peut pas garder en tant que propriété, et qui lui appartient pourtant le plus intimement – le nom, qui doit être donné, cédé, transmis. La mère disparaît derrière les titres et les noms qu'elle porte et qu'elle donne aux enfants. La mère donne, après avoir reçu. Elle transmet, mais pour donner, il faut qu'elle ait reçu : c'est le trait d'union entre les générations : une transformation de cette même métaphore, un peu plus tard, dans *Vérité et existence*, le mettra en évidence.

Tentons de débrouiller les deux fils de la métaphore, celui de la féminité et celui du recevoir.

A) *La féminité*. La métaphore a sa ressource dans le féminin ou dans le maternel. Comment insérer cet aspect du féminin dans l'économie de la description sartrienne de l'amour, dès lors que celle-ci a été conduite d'un point de vue ou masculin ou neutre ? La première personne, le « je » des descriptions, l'observateur-phénoménologue, est au masculin. Les pages sur l'amour ont été rédigées comme si Sartre avait pour but une description de l'amour en deçà du partage des genres. La définition des « rôles » de l'aimant et de l'aimé est tout à fait indépendante de ce partage.

Et cependant le sujet-observateur ne peut que s'identifier à une femme, avec la mère justement, pour comprendre ce qui advient lorsqu'on donne. Renversement soudain et dépaysant, l'assomption de *l'autre genre*, du *genre de l'autre*, arrive en un clin d'œil, et l'identité du sujet est remise en jeu. Et c'est l'instant où celui-ci (*celui-ci ?* Est-ce possible encore d'utiliser ce pronom ?) formule la condition du projet d'aimer : la donation.

C'est une logique bien étrange que celle mise en œuvre dans la métaphore. L'effet dépaysant, *unheimlich* pourrait-on dire, fait trembler l'identité du sujet. Si l'on essaie de formuler cette logique d'une façon raccourcie, on reste étonné par le paradoxe qui défigure le genre : « Je dois être *celui* ... tout de même que *la* mère... ». Peut-on reconnaître dans cette métaphore un petit « coup de don » du texte – comme on parle de « coup de folie », ou de « coup de foudre » ?

La métaphore surprend. Elle s'ouvre et se renferme en un instant, l'instant d'un « jeu » libératoire, comme Sartre le dit de l'ironie chez Kierkegaard[1]. Elle donne à apparaître une scène différente, où l'on est *appelé* et où il y a du don. Certes, l'écriture de Sartre, après ce clin d'œil paradoxal, en revient rapidement à des lignes plus sûres. La dialectique de l'amour est « normalisée » et équivaut à la lutte pour la reconnaissance, à l'hégélien *Kampf um Anerkennung* du maître et de l'esclave. Cette équivalence apparaît un peu plus bas. « Ce que le maître hégélien est pour l'esclave, l'amant veut l'être pour l'aimé »[2]. Sartre dit bien qu'il faut être prudent dans la traduction en termes hégéliens de la dialectique de l'amour. Reste que cette traduction, qu'il appelle *analogie*, a pour but de rétablir le rythme des descriptions, de ravauder la brèche du don et du féminin. Le petit « coup de don » disparaît, mais ses effets ne cessent pas de se propager. Ils ne se font pas attendre, ni deux pages plus bas, ni surtout quelques années après, dans les *Cahiers*, comme nous le savons maintenant et *a posteriori*. Dans les deux cas, il s'agit de penser le don de concert avec une voix, un *appel*.

Dans la *Conclusion* de *L'Être et le Néant*, Sartre définit la conscience – et il faut ici entendre le *cogito* dans sa pré-réflexivité – comme « appel d'être »[3]. Sur cette définition se joue une partie du sens de l'œuvre. C'est à partir d'elle que se développera le discours éthico-ontologique du *Cahier* II sur la conversion. Il ne s'agit pas d'une conversion morale, ou comme on a cru parfois à tort, de la définition d'un cadre normatif apte à garantir la

1. *EN*, p. 641.
2. *EN*, p. 419.
3. *EN*, p. 681.

fondation d'une « éthique existentialiste »[1]. Sartre, au contraire, par « l'appel », entend une dimension de l'expérience soustraite à tout caractère mondain, impossible à représenter en termes de norme ou de valeur établie. Au point 2) de l'analyse de la conversion dans le *Cahier* II, Sartre parle d'une « transformation radicale du projet réfléchi »[2]. Et il esquisse le tracé des deux formes de projet : d'une part le projet ontologique qui vise à la totalité de l'en-soi-pour-soi, en d'autres termes le projet d'appropriation et d'identification ; d'autre part le dévoilement de l'être, qui consisterait dans l'assomption, pour que l'être soit monde, du *rien* que le pour-soi est et n'est pas (qu'il est en ne l'étant pas, qu'il n'est pas en l'étant). Ce dévoilement de l'*il y a* ontologique est un acte de *réponse* à *l'appel* de l'être. Il s'inscrit dans une double générosité : celle de l'être qui se donne, celle du pour-soi qui se donne en tant que *rien*, pour que l'être se fasse monde.

La dimension de générosité excède le registre moral et normatif. La « morale de la générosité » apparaît plutôt comme une dimension éthique de la donation de l'être et du dépliement ek-statique de la temporalité du pour-soi. C'est l'ek-sistence, dans son flux pré-réflexif, qui est en soi générosité.

> Mon existence est parce qu'elle est *appelée*. Cette existence en tant que je l'assume devient pure générosité[3].

L'ek-sistence *donne :* elle révèle un être encore dépouillé de toute détermination, tel l'être « brut et sauvage » de Merleau-Ponty, et qui se manifeste comme *contingence injustifiable*. C'est le *de trop* sartrien, antonyme du principe de raison. Mais, en même temps, cet être n'est plus présenté, ainsi que dans *La Nausée*, comme apparition obscène et insensée. Il est plutôt ce qui se donne comme la condition « matérielle » de tout sens et de toute forme : l'en-soi. Cette donation est aussi « bonté », on va le voir. Et Sartre, pour exprimer le « *il y a* », fait usage d'un étrange lexique, certes sécularisé, mais non exempt de connotations théologiques.

La dialectique des libertés suppose cette scène qui reste cachée. Et l'amour comme appropriation et conflit[4] se nourrit de cette dimension éthique de la donation, selon laquelle le pour-soi donne-à-être l'être, avec une bonté infinie et sans condition, toujours antérieure à toute condition.

1. C'est une tendance typique de la critique anglo-saxonne. Je rappelle ici, en passant et par exemple, les ouvrages de M. Warnock, *Existentialist Ethics*, London-New York, McMillan-St. Martin's Press, 1967; T.C. Anderson, *The Foundation and Structure of Sartrean Ethics*, Lawrence, The Regent Press of Kansas, 1979; D. Detmer, *Freedom as a Value. A Critique of the Ethical Theory of Jean-Paul Sartre*, La Salle (Illinois), Open Court, 1988.

2. *CM*, p. 499.

3. *EN*, p. 420.

4. Cf. *EN*, p. 415, *passim*.

> Je suis parce que je me prodigue. Ces veines aimées sur mes mains, c'est par bonté qu'elles existent. Que je suis bon d'avoir des yeux, des cheveux, des sourcils et de les prodiguer inlassablement dans un débordement de générosité à ce désir inlassable qu'autrui se fait librement être[1].

C'est en ce sens que « dans cet enfer déjà il y avait générosité et création ». Au sens de cette bonté, de cette générosité libérée de l'obligation de rendre. Au sens de ce don qui est reçu par l'autre, transmis à l'autre. Ce qui nous conduit au deuxième fil conducteur, celui du *recevoir*.

B) *Le recevoir*. L'usage de la métaphore du féminin ou du maternel met en relation deux plans. Le premier plan est celui de l'ordre ontologique de *L'Être et le Néant*. En relèvent les problématiques du regard, de la spécularité, de la réflexion, de l'imaginaire, du désir d'être. Le deuxième plan est dans *L'Être et le Néant subordonné* au premier ; il concerne ce qu'on peut nommer assez largement « dimension symbolique », la dimension de la parole et du langage, dont fait partie « l'appel ». Cette dimension semble n'être qu'ébauchée. En réalité, toute l'œuvre repose sur elle et la suppose.

La métaphore de la mère provient du discours de l'anthropologie[2]. Mais ce serait réduire son importance que de la considérer comme un artifice rhétorique, comme un simple ornement de l'argumentation. Comment comprendre le sens de cette métaphore et la relation symbolique que Sartre institue entre la donation de l'être et la transmission du nom et des titres ? Par rapport au *recevoir*. Le sujet qui se compare à la mère ne reçoit rien. Cependant, il donne à l'autre, qui, lui, reçoit, il se donne à l'autre, pour rien, complètement, sans réserve ni attente de recevoir. L'expression *donner pour rien* peut signifier ici, d'une part, sans récompense, sans échange, donc d'une façon tout à fait désintéressée : c'est le registre éthique ; d'autre part, chez Sartre, il faut toujours penser le « rien » comme subordonné au néant : donc pas de donation sans néant, sans mon néant propre, le néant que je suis en tant que pour-soi : et c'est le registre ontologique.

1. *EN*, p. 420.

2. Et la présence de cette métaphore d'ordre anthropologique dans *L'Être et le Néant* n'est pas sans soulever des questions quant à la réception et la chronologie des œuvres. Lévi-Strauss publie *Les structures élémentaires de la parenté* en 1947, donc après la parution de *L'Être et le Néant*. Que Sartre, dans ce dernier ouvrage, fasse déjà recours à des thèmes anthropologiques, cela prouve que sa confrontation avec l'anthropologie date de bien avant la vague structuraliste, et qu'elle s'élabore de façon continue jusqu'à la *Critique*, élaboration dont attestent notamment les *Cahiers pour un morale*, cette sorte de laboratoire philosophique privé auquel nous avons à présent accès.

La donation de soi donne à exister quelque chose qui, pour l'autre, sera le devenir-monde. Le pour-soi a-t-il reçu quelque chose avant de donner à l'autre ? A proprement parler, non. Ce néant qu'est le pour-soi, il ne l'a reçu d'aucune instance supérieure, il n'a été dispensé par aucune ouverture bienveillante de l'Être, il est parfaitement contingent. Et c'est cette contingence assumée qui libère le discours sartrien de toute accointance avec la théologie. Le discours sartrien, mais non le pour-soi comme tel, qui n'a de cesse de fuir sa contingence, de tenter d'être Dieu, ou l'en-soi-pour-soi. Tentative d'appropriation de l'être dont le don serait l'exemplaire exemple, l'exemple par excellence. Donner pour asservir (l'autre), donner pour s'asservir à une image de soi.

Et pourtant, on le voit, le don revient, malgré cette aporie ontologique, qui en fait le paradigme de l'inauthenticité, et il revient comme une nouvelle promesse éthique.

Il y a ici un paradoxe. Lorsqu'il utilise la métaphore de la mère et de la transmission des noms, Sartre semble implicitement accepter de s'inscrire dans le cadre de la pensée maussienne, d'assumer la triplicité de l'obligation à recevoir, donner, rendre (c'est dans ce cadre en effet que prend sens, pour Mauss, la transmission du nom). Et pourtant, le sens ontologico-éthique que Sartre dégage de ce don tient dans une forme de donation inconditionnée, soustraite à la circularité de l'échange. Ce caractère inconditionnel du don a partie liée avec le concept de *création*, tel qu'il sera développé dans les *Cahiers*. Concept présent dans le passage sur l'amour déjà cité (« dans cet enfer déjà... »), et présent également dans le deuxième *Cahier*, quand Sartre parle de la conversion à l'authenticité :

> La conscience authentique [...] se saisit elle-même dans sa structure la plus profonde comme créatrice. Elle fait qu'il y ait un monde par son surgissement même, elle ne peut voir sans dévoiler et dévoiler [...] c'est créer ce qui est[1].

La conversion apparaît ici liée à la création, et même à la création esthétique. Elle est la charnière entre une dimension ontologique du pour-soi en tant que délivré du désir d'être et une dimension esthétique qui ne se comprend que par cette libération, ou par la liberté originaire du pour-soi.

Dans son *Plan d'une morale ontologique*, au point 7), Sartre définit le sens de la conversion comme « rejet de l'aliénation » et découverte d'un « rapport originel à soi »[2] qui se réalise à travers une modification du projet ontologique et qui a son but dans la *donation* de la liberté originaire comme « fondement de l'être-au-monde ». Cette modification est juste-

1. *CM*, p. 530.
2. *CM*, p. 486.

ment la création. Et la relation à l'autre apparaît d'emblée essentielle dans la conversion. C'est le point 8) du *Plan*, qui fait dépendre la transformation du pour-soi de la transformation de la relation ontologique entre les pour-soi :

> Le vrai rapport à autrui jamais direct : par l'intermédiaire de l'œuvre. Ma liberté impliquant reconnaissance mutuelle.
> Mais l'on se perd en se donnant. Générosité. Amour.
> Rapport nouveau entre mon Pour-Soi et mon Pour-Autrui : par l'œuvre. Je me définis en me donnant à autrui comme objet que je crée pour qu'il me rende cette objectivité[1].

La conversion est un véritable *bouleversement* de l'existence, selon l'étymologie du mot : *conversio, cum-vertere*. L'existence se trouve bouleversée dans ses trois aspects : le rapport à l'être, le rapport à soi du pour-soi, le rapport à l'autre. Ces transformations du projet d'être ont toutes trait à *générosité*, qui se révèle dans la *donation*.

Et Sartre semble frayer la voie à ce bouleversement en se dirigeant vers une acception esthétique de la conversion. C'est là une sorte de glissement. Sartre s'engage dans « l'itinéraire ontologico-esthétique »[2] comme s'il tenait pour acquis que la conversion est possible, comme s'il oubliait le cercle vicieux du don, source d'assujettissement, et le cercle vicieux de l'aliénation et de l'oppression, tels que les avait pensés le *Cahier* I.

C'est le concept d'*engagement* qui permet de comprendre ce glissement, en tant qu'il se lie aux concepts de création et de générosité, dont il constitue le soubassement. Il n'est plus tellement question de rechercher quelles pourraient être les conditions ontologiques de la conversion – de comprendre, autrement dit, comment peut s'opérer le travail de « déconstruction » de la subjectivité dans son rapport profond à l'être –, mais d'assumer la liberté originaire du pour-soi comme téléologie de l'œuvre, et donc comme but de la création esthétique. Ce à quoi vise l'œuvre (et l'œuvre d'art comme forme éminente de la création humaine), c'est à en *appeler* à l'autre pour qu'il assume sans conditions sa propre liberté et reconnaisse la liberté d'autrui.

On arrive alors aux thèses de *Qu'est-ce que la littérature ?*, qui date de 1947, et qui est donc contemporain au travail d'écriture des *Cahiers*. Il est surprenant de voir comment Sartre reprend les fils conducteurs de l'ontologie et de l'éthique de l'œuvre d'art et les renoue dans le cadre de l'engagement de l'écrivain. Prenons le deuxième chapitre, intitulé

1. *CM*, p. 487.
2. J. Simont, « Morale esthétique, morale militante : au-delà de la "faribole" ? », *Revue Philosophique de Louvain*, t. 87, n°73, 1989, p. 25 et *sqq*.

Pourquoi écrire ?[1]. La thèse fondamentale de l'essai est que l'œuvre d'art est un *appel*[2], et que cet appel prend la forme d'un impératif catégorique kantien[3]. Le lecteur, nous dit Sartre, est engagé par l'œuvre parce qu'il est appelé par elle, parce qu'elle l'appelle dans sa liberté ; l'œuvre est la source du rapport entre l'œuvre, l'écrivain, le lecteur.

> Ainsi les affections du lecteur ne sont-elles jamais dominées par l'objet et, comme nulle réalité extérieure ne peut les conditionner, elles ont leur source permanente dans la liberté, c'est-à-dire qu'elles sont toutes généreuses – *car je nomme généreuse une affection qui a la liberté pour origine et pour fin* [je souligne, R.K.]. Ainsi la lecture est-elle un exercice de générosité ; et ce que l'écrivain réclame du lecteur ce n'est pas l'application d'une liberté abstraite, mais le don de toute sa personne, avec ses passions, ses préventions, ses sympathies, son tempérament sexuel, son échelle de valeurs. Seulement cette personne se donnera avec générosité, la liberté la traverse de part en part et vient transformer les masses les plus obscures de sa sensibilité. Et comme l'activité s'est faite passive pour mieux créer l'objet, réciproquement la passivité devient acte, l'homme qui lit s'est élevé au plus haut[4].

Dans cet exercice de générosité, qui se joue à deux et qui implique toujours le couple indissoluble de l'écrivain et du lecteur, il s'agit d'abord d'un échange de dons. L'écrivain donne son monde à travers l'œuvre. Rendant ainsi possible la conversion, la conversion du lecteur dans ce cas. Sartre dit, vers la fin du chapitre, que c'est là une véritable tâche existentielle, c'est-à-dire d'une « modification esthétique du projet humain »[5] qui est permise par « pacte entre les libertés »[6]. Et ce pacte n'est pas autre chose qu'une donation double et réciproque. Si le lecteur est appelé à donner « toute sa personne » à l'œuvre, l'écrivain, de son côté, *donne* ou *transmet* au lecteur un objet esthétique qui ouvre un monde. « Écrire, c'est donc à la fois dévoiler le monde et le proposer comme une tâche à la générosité du lecteur »[7].

Et au point où s'entrecroisent les deux donations, au point de ce pacte, on retrouve la métaphore de la mère, celle qui dans *L'Être et le Néant* ouvrait une brèche de générosité dans le monde étouffant du sadomasochisme. Elle s'est transformée. La générosité, cette fois, a acquis un sens

1. *SIT II*, p. 89-115.
2. Cf. *SIT. II*, p. 96-97.
3. *SIT II*, p. 98.
4. *SIT II*, p. 100.
5. *SIT II*, p. 108.
6. *SIT II*, p. 109.
7. *SIT II*, p. 109.

esthétique, elle est devenue la vérité de l'œuvre d'art, don d'un monde aux regards des autres. C'est le sens phénoménologique profond de l'œuvre, conçue en tant que forme donnée à l'en-soi brut, c'est-à-dire au substrat hylétique de l'être et à sa finalité sans fin.

> Ainsi je m'entremets entre la finalité sans fin qui paraît dans les spectacles naturels et le regard des autres hommes; je la leur transmets; par cette transmission, elle devient humaine; l'art est ici une cérémonie du *don* et le seul don opère une métamorphose : il y a là quelque chose comme la transmission des titres et de pouvoirs dans le matronymat, où la mère ne possède pas les noms, mais demeure l'intermédiaire indispensable entre l'oncle et le neveu[1].

Dans *Vérité et existence*, la métaphore apparaît à nouveau, et elle est cette fois exploitée en un sens ontologique plutôt qu'esthétique. Le don, à présent, est mis en rapport avec le dévoilement de la vérité. La vérité, c'est-à-dire la manifestation de l'être, son auto-révélation au pour-soi, ne se donne qu'à une multiplicité d'existants. Et elle est pour-être-donnée. Dévoilement de l'être et don à autrui de l'être-dévoilé, c'est en réalité un seul et même mouvement :

> C'est là ce qu'on appelle la Vérité. C'est l'en-soi apparu à un pour-soi quand son apparition en tant que subjective se dévoile à un autre pour-soi comme en-soi. Et, réciproquement, pour moi, qui ai le premier *dévoilé*, mon dévoilement, qui était purement vécu, m'est rendu comme absolu-objet par l'autre si d'abord je *le lui donne*[2].

Le don est à fois la vérité de la vérité de l'être qui se manifeste et le principe d'un lien ontologique entre les pour-soi qui échappe à la circularité aliénante de *L'Être et le Néant*. Le lien entre les subjectivités est *donation* au double sens qu'on vient d'évoquer: donation de soi de l'être qui se donne, et du pour-soi qui donne à autrui le phénomène de l'être. Pas de manifestation sans donation, pas de donation sans don à autrui. C'est ce deuxième moment que Sartre appelle *transmission.* Et la « mère » est convoquée à nouveau. De la générosité dans l'amour, donation à l'autre d'une nappe brute d'être qui n'est pas encore monde (*L'Être et le Néant*), à l'œuvre d'art, qui préfigure un monde où la communication parmi les hommes sera parfaitement transparente et permettra la reconnaissance mutuelle des libertés (*Cahiers pour une morale, Qu'est-ce que la littérature ?*), à la vérité de l'être enfin qui se révèle en tant que don aux pour-soi (*Vérité et existence*): dans toutes ces transformations, c'est le

1. *SIT II*, p. 103.
2. *VE*, p. 23.

même qui revient, se donnant dans ses différences. Et voici la variation de *Vérité et existence* :

> La Vérité ne peut demeurer la propriété de l'absolu-sujet unique. Elle est pour être donnée. L'absolu-sujet transmet ce qu'il voit comme on transmet (matronymie) des noms et des pouvoirs. La Vérité est don[1].

Sartre ajoute que la vérité, comme l'œuvre d'art, et la littérature, est une propriété qui n'a de sens qu'abandonnée à l'autre, qu'expropriée. Don soustrait à l'économie de l'échange, don à perte, ou de dépense, don sans rendu. Et que donne-t-on avec la vérité ? On donne le *nom*, parce que la vérité a toujours une *provenance* qui est défi à l'anonymat. La vérité, ce don, est comme une lettre, qui n'attend autre chose que d'arriver à sa juste destination, et de ne pas rester en souffrance ?

> De même qu'un don concret, un cadeau, n'est pas anonyme mais implique nécessairement une *adresse*, de même la Vérité en tant que don n'est pas anonyme. C'est *mon* ami, *ma* femme, que j'appelle pour lui désigner tel spectacle, telle apparition[2].

Voici l'entrecroisement des thèmes : il faut *appeler* pour *donner* à voir cette apparition de l'être qui n'est pas à moi, mais qui devient ce qu'elle est *grâce à moi, pour rien*, pour rien d'autre que d'être donnée à l'autre. Et il n'y a pas d'appel humain qui ne soit pas à son tour écoute de l'appel de l'être. *Vérité et existence* est un pas de plus dans le lien entre les différents aspects de la donation, exprimés par la métaphore de la transmission des noms et des titres (et dans cette perspective, la restitution du nom à laquelle Sartre se livre quant à Mauss, le tirant de l'anonyme « on sait » qui le masquait dans *L'Être et le Néant*, cette restitution peut être considérée comme un don).

Cette transmission – et je reviens maintenant aux arguments de *Qu'est-ce que la littérature ?* – préfigure, dans la perspective d'une littérature engagée, une société libre et pleinement humaine. La société telle que Sartre nous la donne à entrevoir à travers l'œuvre d'art. Car celle-ci est l'incarnation d'un à-venir qui conteste le présent s'il est celui d'une réalité historico-sociale aliénée. L'œuvre d'art, en se faisant don pour l'autre, sacrifie le présent en vue de l'à-venir. Elle met en jeu une économie tout à fait différente de l'échange et de la consommation. On pourrait même penser qu'il s'agit d'une sorte d'économie de la dépense :

1. *VE*, p. 27.
2. *VE*, p. 31.

> Ainsi la littérature concrète sera une synthèse de la Négativité, comme pouvoir d'arrachement au donné, et du Projet comme esquisse d'un ordre futur; elle sera la Fête, le miroir de flamme qui brûle tout ce que s'y reflète, et la générosité, c'est-à-dire la libre invention, le don[1].

Passage problématique, parce qu'il est proche, littéralement proche de ce que Sartre avait décrit à propos de la fête dans les pages du *Cahier* I mentionnées ci-dessus[2]. Mais dans les *Cahiers*, la fête n'était finalement que le fantôme d'un ordre social différent, elle ne changeait en rien la structure ontologique de l'aliénation; alors qu'ici elle transforme les relations entre l'homme et la société par un projet de contestation qui vise une société d'hommes libres et égaux. C'est le miroir ardent, qui inverse les effets de ce miroir maléfique où s'alimentait la relation à autrui dans *L'Être et le Néant*, ce miroir d'une reconnaissance impossible, qui engendrait la dialectique infinie et infernale du regard mortifère. Le miroir ardent, lui, brûle tout, sans distinction, il sacrifie le présent et ouvre un avenir de liberté. Don comme sacrifice, encore une fois. Mais il ne s'agit plus d'un potlatch qui vise à asservir l'autre : c'est un potlatch de pure dépense qui est fait *au nom de l'avenir*.

Qu'est-ce qui a changé alors, dans l'idée de la fête et du potlatch, entre les *Cahiers pour une morale* et *Qu'est-ce que la littérature ?* Le contexte, l'angle d'attaque. Dans les *Cahiers*, la description des cérémonies du don et de la fête pratiquées par les sociétés primitives relevait d'un discours où Sartre partait du don inauthentique (en présupposant la possibilité d'une réduction de la morale à l'ontologie de l'appropriation et du désir d'être) pour gagner, à travers les donnés de l'anthropologie, le plan du don authentique et généreux (en visant à la source éthique de l'ontologie). Et la conversion se soldait par un échec, exprimé par le cercle vicieux de l'aliénation et de l'oppression.

La description de l'œuvre d'art comme don se découpe par contre sur l'horizon du « règne kantien des fins » comme but de l'œuvre elle-même. C'est un présupposé téléologique qui articule ici le discours sartrien, et semble se subordonner l'ontologie. Alors le don change de signe, et d'asservissant, devient libérateur : son indice négatif, lié d'abord aux conditions ontologiques, puis historico-sociales, devient positif, et peut se réclamer d'une éthique qui donne sens et cohérence à l'idée de don et de générosité.

Cependant cette inversion du résultat (désespérant) de la recherche ontologique dans le présupposé d'une éthique (optimiste) de l'esthétique comme engagement, n'est jamais thématisée par Sartre *en tant que telle*. Il

1. *SIT II*, p. 196.
2. Cf. ci-dessus, § 3.

n'y a pas d'interrogation systématique sur les transformations des concepts de don et générosité. De sorte que c'est le statut même de l'éthique qui est marqué par un basculement, ou une équivoque fondamentale. Si le don est pensé à partir de l'ontologie et du désir d'être, il est nécessairement empoisonné et asservissant. Et en même temps, il porte en soi, comme une sorte de double, l'exigence d'une générosité libératrice, qui implique le recours à une téléologie, ou au « règne des fins ». Dans ce règne inconditionné des fins, une éthique des valeurs serait possible, axée sur la valeur première de la liberté. C'est finalement là ce que le don nous aura permis de découvrir : une double approche de l'éthique.

Y a-t-il une unité de cette dualité ? Peut-être se trouve-t-elle formulée par la fameuse formule du *Saint Genet*, dans sa déchirure même : la morale est à la fois « inévitable et impossible »[1].

Tel est l'appel de l'éthique. Son aporie est son être propre, sa possibilité est nécessairement son impossibilité, son impossibilité sa nécessaire possibilité. Telle est sa *troisième chance*. Il faudrait lire dans cette perspective les autres avatars du don, de la donation et de la générosité dans l'œuvre philosophique et littéraire de Sartre, et d'abord dans *Saint Genet*[2].

Liste des abréviations

J.-P. Sartre, *L'Être et le néant*, Paris, Gallimard, 1943 : *EN*. Je cite l'édition dans la coll. « Tel », Gallimard, 1991.

J.-P. Sartre, *Cahiers pour une morale*, Paris, Gallimard, 1983 : *CM*.

J.-P. Sartre, *Vérité et existence*, Paris, Gallimard, 1989 : *VE*.

J.-P. Sartre, *Qu'est ce que la littérature ?*, in : *Situations II*, Paris, Gallimard, 1948, p. 55-317 : *SIT. II.*

M. Mauss, *Essai sur le don*, in : *Sociologie et anthropologie*, Paris, PUF, 1950 : *ED*.

Raoul Kirchmayr
Chercheur en philosophie, Département de philosophie
Université de Trieste (Italie)

1. *Saint Genet comédien et martyr*, Paris, Gallimard, 1952, p. 177.

2. Sandra Teroni s'y est employée dans un article qui met au jour la portée du don, entre philosophie et littérature, à travers l'image de *l'arc de Philoctète* (« L'arc de Philoctète. Sartre et l'attirance pour le don », *Cahiers de l'Association Internationale des Études Françaises*, n°50, mai 1998, p. 279-295). Parmi les possibilités quant au fil conducteur du don, Pierre Verstraeten m'avait signalé la présence d'un traitement du don dans certaines pages du chapitre B (*Sur les relation humaines*) de la Ire partie de la *Critique de la raison dialectique*, tome 1, ainsi qu'une note sur le *potlatch* dans le même chapitre, où Sartre répond à Levi-Strauss au moyen d'une référence à *La part maudite* de Bataille. Mais on pourrait aussi prendre en compte la surenchère du « qui perd gagne » (dans *Les Mots* et dans *L'Idiot de la famille*, vol. II). Et ce relevé est loin d'être exhaustif.

FREUD, UN PROJET DE SARTRE

L'homme avait déjà subi deux blessures narcissiques. Avec Copernic il avait découvert que la planète terre n'est pas au centre de l'univers, avec Darwin il avait perdu sa place privilégiée dans l'ordre de la création. Et voilà qu'avec Freud, troisième blessure, il apprenait que son fief inexpugnable, sa particularité la plus intime, la pensée, n'était pas davantage au centre d'elle-même, que son « moi » n'était que le satellite d'un astre inconscient, le rejeton de pulsions instinctuelles. Tous les penseurs du début du XXe siècle ont dû réagir et se situer face à cette offensive. En particulier les philosophes, puisque les investigations de Freud visaient dès le départ à substituer la métapsychologie à la métaphysique et à soustraire ses découvertes à la juridiction de la philosophie, voire à rendre compte de la tache aveugle intrinsèque à tout dispositif philosophique. Flagrants et nombreux sont les passages de son œuvre où Freud refuse la discussion avec les philosophes en désamorçant d'avance leurs objections sous prétexte qu'elles ne sont que manifestations de résistances inconscientes.

Sartre ne pouvait manquer de se sentir concerné par la dépossession qu'inflige la psychanalyse au « pour-soi ». Le débat, au fil de l'œuvre, s'avère récurrent et témoigne d'un intérêt croissant pour la démarche psychanalytique autant que d'un rejet intransigeant de ses présupposés. Dès ses premiers écrits, Sartre s'est montré hostile au concept d'inconscient. Qu'on songe au prière d'insérer du *Mur*, « *les fous sont des menteurs* » – la folie comme mode d'être au monde et riposte volontaire à une situation sans issue – ou à ses premiers travaux de psychologie à l'École Normale et l'essai avorté de 1937 sur *La psyché* dont nous n'avons gardé qu'un extrait : *Esquisse d'une théorie des émotions*[1]. L'essai sur *La Transcendance de*

1. « Pour notre part nous ne repoussons pas les résultats de la psychanalyse lorsqu'ils sont obtenus par la compréhension. Nous nous bornons à nier toute valeur et toute intelligibilité à

l'ego refuse l'inconscient au même titre que toute substantification de la conscience, et lui substitue la conscience pré-réflexive. Dans *L'Être et le néant*, le recours à l'inconscient relève de la mauvaise foi et toute forme de censure ou de refoulement ne peut intervenir qu'en conscience du censuré ou refoulé. Quels que soient les remaniements de la pensée de Sartre, ils ne l'amèneront jamais à douter de son ontologie de la liberté, et de la conscience translucide qu'elle suppose. Or, chez Freud, l'opacité de l'inconscient, l'inaccessibilité du refoulé, les principes de causalité externe, la rigidité des explications mécanistes, etc. écrasent cette liberté et obscurcissent cette conscience. Dualisme[1] et déterminisme[2], voilà bien ce que l'ontologie phénoménologique ambitionnait de liquider.

Néanmoins, si la conscience libre et translucide ne se laissera jamais avaler par des arrière-mondes chtoniens, la démarche analytique (travail sur soi, tentative de comprendre le tout de l'homme et son historialisation, mise à jour de la signification des faits psychiques) a toujours intéressé le futur auteur de *L'Idiot de la famille*. Sartre, au fond, n'a jamais rejeté la démarche de la psychanalyse en tant que telle, dont bien des choses le rapprochent, mais seulement ses principes d'explication. C'est pourquoi il lui a substitué la psychanalyse existentielle. Théorisée dans *L'Être et le néant*, celle-ci se veut autant régressive que progressive, et recherche moins l'Œdipe ou un autre complexe enseveli dans le passé que le *projet originel* (désir d'être dont le mode d'être concret est la liberté), ce projet originel qui trace librement l'avenir, qui s'exprime dans chaque tendance particulière

sa théorie sous-jacente de la causalité psychique.[...] Mieux vaudrait franchement reconnaître que tout ce qui se passe dans la conscience ne peut recevoir son explication que de la conscience elle-même », J.-P. Sartre, *Esquisse d'une théorie des émotions*, Paris, éditions Hermann, 1939, p. 28.

1. « Il ne convient donc pas de parler d'une scission dans le conscient mais bien d'une dissociation du psychisme. Inversement, ces représentations subconscientes ne sauraient être influencées par la pensée consciente ni modifiées par elle. [... Il faut parler du] morcellement du psychisme en deux parties relativement indépendantes », S. Freud et J. Breuer, *Etudes sur l'hystérie*, trad. A. Berman, Paris, P.U.F., 1956, p. 181-182. Le dualisme psychique apparaît dès la première œuvre psychanalytique (1895). Vingt ans plus tard, dans sa *Métapsychologie*, Freud justifiera ce dualisme d'une manière très kantienne : à l'instar de la liberté nouménale, l'inconscient est une hypothèse nécessaire et légitime.

2. « Incapable d'en sortir, je m'accrochai à un principe dont la légitimité scientifique a été démontrée plus tard par mon ami C.G. Jung et ses élèves à Zurich. (Il est parfois bien précieux d'avoir des principes !). C'est celui du déterminisme psychique, en la rigueur duquel j'avais la foi la plus absolue », S. Freud, *Cinq leçons sur la psychanalyse*, trad. Y. Le Lay, Paris, Payot, p. 33-34. Citation attestant l'ambiguïté de la psychanalyse balancée entre prétention scientifique et expérience mystique. Ernest Jones confirme cet attachement de Freud aux principes de causalité et de déterminisme : « En tenant compte des motivations inconscientes, la loi du déterminisme acquiert une valeur générale », E. Jones, *La vie et l'œuvre de Sigmund Freud*, trad. A. Berman, Paris, P.U.F., 1958, p. 401.

comme la signification qui la transcende[1] et qui se rejoue à l'occasion de chaque choix concret, à fleur de peau. Chacune des biographies et préfaces, succinctes ou volumineuses, rédigées par Sartre (qu'il s'agisse de Baudelaire, Genet, Mallarmé, Flaubert, Nizan, Gorz, qu'il s'agisse de sa propre enfance dans *Les Mots*...) aura été l'occasion de mettre cette méthode en application. Et par là même, d'approfondir, concrètement, la confrontation entre les interprétations marxiste, psychanalytique et existentialiste. Ce qui signifie souligner les limites des deux premières au profit de la dernière dans la mesure où seule la liberté (en proie à ses aliénations) peut rendre compte d'une personne en sa totalité, perpétuellement détotalisée et retotalisée. Limites mises à jour seulement après avoir exploité l'apport qu'offrent ces deux instruments à l'analyse existentielle. Ainsi, le jeune philosophe qui s'affichait foncièrement rétif à ces deux formes de déterminisme (déterminisme externe des lois socio-économiques, déterminisme interne des lois psychiques) en arrive à penser la situation de la bourgeoisie française d'après 1848 pour comprendre la poésie du « sphinx obscur » ou à s'attarder sur les carences en amour maternel du petit Gustave pour éclairer la constitution passive de l'auteur de *L'Éducation sentimentale*. C'est Flaubert qui a retenu son attention la plus assidue : pour mettre sa méthode à l'épreuve, Sartre n'hésite pas, en effet, à choisir les contre-exemples les plus manifestes à son ontologie de la liberté, à se colleter avec ce qui défie le plus ouvertement son optimisme : cette passivité mortifère, tonalité du vécu flaubertien. S'il réussit à prouver, sur ce cas extrême, que le comble de l'aliénation n'est intelligible qu'à la lueur de la liberté, la démonstration n'en sera que plus éclatante.

Mais peut-être plus encore que les névroses littéraires ou que l'aliénation sociale, la folie et l'hystérie sont un défi majeur pour la philosophie sartrienne, une zone dangereuse où sa pertinence pourrait être en péril, et donc un centre névralgique du débat avec le freudisme. Comment soutenir qu'un psychotique en pleine crise d'hallucination, qu'Anna O., en proie au strabisme ou à la parésie, choisissent leurs actes et assument l'entière responsabilité de leur situation ? Une première réponse a déjà été évoquée : le malade mental ne pâtit pas de son trouble psychique, c'est précisément, à l'inverse, *pour* ne pas subir une situation insupportable qu'il prend *l'initiative* de se réfugier dans la folie, décision de tourner en dérision ou de déréaliser une condition invivable (impossibilité de l'impossibilité de vivre). Refuge qui peut devenir une prison, décision qui peut être

1. A l'instar de la substance spinoziste dans ses attributs, si ce n'est que ce projet, en tant que libre unification de la personne, constitue un « absolu non substantiel » (cf. *L'Être et le néant*, Paris, Gallimard, coll. « Tel », 1973, p. 621).

irrémédiable dès lors que le fou croit à la comédie qu'il se joue et s'y englue, dès lors que l'hystérique se choisit imperméable au réel.

1. *Un projet parmi d'autres, comme les autres*

C'est dans cette perspective qu'il faut situer les enjeux du texte qui nous préoccupe. En effet, au nombre de ses enquêtes biographiques, il en est une, moins illustre, qui aura forcément amené Sartre à peaufiner ses positions à l'égard de la psychanalyse : *Le Scénario Freud*. Celui-ci se révèle, à première vue, débordant de sympathie pour son héros, et incite le spectateur (ou lecteur) à se faire partisan des découvertes psychanalytiques. Le minimum d'empathie qu'exige la création d'un personnage et la documentation préliminaire à la composition de ce texte ont incité l'auteur à affiner l'image qu'il se faisait du père de la psychanalyse et à nuancer ses jugements philosophiques. Il semble même que ce travail ait orienté la recherche autobiographique des *Mots* vers l'auto-analyse.

Assistons-nous pour autant à une conversion de Sartre au freudisme ? Nous tâcherons de soutenir le contraire. Tout comme on peut le faire sur le terrain des tumultueux engagements politiques ou de la maturation (et matérialisation) qui se joue de *L'Être et le néant* à la *Critique de la raison dialectique*, nous défendrons la thèse de la continuité de la pensée de Sartre à l'égard du champ psychanalytique. Fonctionnant sans cesse contre soi, le mouvement de la pensée, totalisation et détotalisation (ni totalité close, ni collection éparse) ne peut se disséquer. Il grossit[1] et s'enrichit sans qu'on puisse établir de coupure nette. Ce principe de totalisation inachevable vaut autant pour la conception du sujet que pour les « ensembles pratiques » étudiés par la *Critique* et que pour l'œuvre sartrienne elle-même. Nous ne distinguerons donc pas, comme le font certains, un premier et un second Sartre, l'anti-freudien grossier de *L'Esquisse d'une théorie des émotions* et l'analyste nuancé de *L'Idiot de la famille*, ou encore celui d'avant et d'après le *Scénario Freud*. Avant ou après, Sartre ne cessera de dénoncer l'inconsistance de l'inconscient, ne fera jamais de concessions au freudisme. Si le scénario y semble plus favorable, cette apparence provient du genre cinématographique, et si Sartre s'est pris d'intérêt pour l'invention freudienne, ce n'est que pour se l'approprier. Le traitement de la biographie freudienne dans le scénario poursuit la même ambition que le *Saint Genet* ou le « Flaubert », à savoir manifester l'aptitude de la liberté à rendre compte de l'humain.

1. Au sens du devenir dialectique hégélien ou plus simplement de *La Nausée* : « La pensée grossit, grossit et la voilà, l'immense, qui me remplit tout entier et renouvelle mon existence », Paris, Gallimard, 1938, p. 143.

Le scénario a été commandé à Sartre par John Huston au cours de l'année 1958. Voilà qui situe le décor : la rédaction, étalée de 1958 à 1960, s'est déroulée durant une période pour le moins trouble et agitée. Sartre était mobilisé sur tous les fronts et tous les textes en même temps. C'était le temps des horreurs de la guerre d'Algérie, du procès du réseau Jeanson et du coup d'État de de Gaulle. Sartre venait d'écrire « Le Tintoret », il achevait la *Critique*[1] et il travaillait sur *Les Séquestrés d'Altona*. Avec cette dernière pièce, Sartre, plus finement que dans *La Chambre*, repose la question de la folie comme expérience limite de la liberté, à travers le délire de Frantz – ce délire délibéré et simulé, indissociable de sa lucidité, ce délire qui est pourtant aussi une prison. Question qui est également posée par le scénario. C'est encore à cette même époque que commençait à se dessiner le projet d'une vaste autobiographie (*Jean sans terre*). Simone de Beauvoir nous décrit l'état de débordement et d'harassement où se trouvait alors Sartre : « Depuis longtemps il mettait sa santé à rude épreuve, moins encore par le surmenage que, voulant réaliser le "plein emploi" de lui-même, il s'infligeait, que par la tension qu'il avait installée en lui. Penser contre soi, c'est bien joli, c'est fécond, mais à la longue, ça esquinte ; en brisant des os dans sa tête, il avait aussi endommagé des nerfs. La rédaction de *L'imaginaire*, autrefois, l'avait jeté dans des troubles assez graves ; pour mettre sur pied la *Critique*, il avait accompli un effort beaucoup plus athlétique. Mais surtout, la défaite de la gauche, l'avènement de de Gaulle et de tout ce qu'il incarnait, l'avaient sonné »[2]. Mais, soucieux de tourner à plein rendement, il ne se laissait arrêter par rien. Il a donc accepté sans hésiter la proposition de Huston. D'autant plus que le fisc le poursuivait et que le cachet, négligeable pour un producteur hollywoodien, était énorme pour un auteur français.

La suite de l'histoire, l'impossible entente entre Huston et Sartre, est connue. Ces deux hommes issus de la même génération n'étaient pas *a priori* dépourvus d'affinités : tous deux de gauche, épris de liberté, contestataires, critiques vis-à-vis de la psychanalyse officielle, s'estimant mutuellement[3]. Cependant leur principal point commun résidait dans leur caractère excessif. Ces deux créateurs de la démesure ne supportaient de leçons de la part de personne. Or, Sartre marchait sur les plates-bandes du réalisateur en truffant son scénario d'indications techniques et

1. Prisme à travers lequel, à ce moment, tout se déchiffre et vers quoi tout converge, question de l'historialisation de l'homme qui traverse toutes les autres productions.

2. S. de Beauvoir, *La Force des choses*, Paris, Gallimard, coll. « Folio », 1963, tome II, p. 234.

3. Huston appréciait l'œuvre de Sartre (en 1946, il avait mis en scène une traduction de *Huis clos*). Sartre et Simone de Beauvoir prenaient plaisir à visionner les films de Huston (et particulièrement *Le Trésor de la Sierra Madre*).

scénographiques. Et Huston frustrait l'écrivain en lui réclamant des coupures ou en confiant les remaniements du texte à ses acolytes (Charles Kaufmann et Wolfgang Reinhardt). La rencontre se solda par un échec, le film, copie pâle et dépouillée du scénario, fut tourné sans être signé par Sartre qui, paraît-il, ne l'a même jamais vu.

Projet noyé dans une foule d'autres, travail de commande d'abord pécuniairement motivé, résultat renié par l'auteur... finalement cette œuvre « bâtarde » n'avait pour Sartre qu'une importance relative, et nous aurions tort, en suivant, par exemple, Elisabeth Roudinesco[1], de lui accorder trop de valeur. Même si Sartre a pris à cœur ce travail au départ alimentaire. Même si sa plume inventive et talentueuse n'aurait pu produire un texte dépourvu d'intérêt.

2. *Miroitement du biographique sur le théorique*

Indépendamment de son mauvais déroulement, la collaboration entre Sartre et Huston a son origine dans une communauté de vision. Tous deux sont méfiants à l'égard des dérives dogmatiques de la psychanalyse, et le réalisateur américain a choisi le dramaturge français pour son aptitude à lier l'invention de la psychanalyse au parcours existentiel de Freud. Plutôt que de s'intéresser au chef d'école installé dans sa gloire, Huston souhaitait se focaliser sur les premiers tâtonnements d'un « aventurier » qui découvre sa théorie au terme de multiples péripéties, sur un héros hollywoodien en lutte contre son époque et contre lui-même. Cette trame séduisait Sartre, elle consonait avec sa philosophie :

> Une pensée, quand bien même elle viserait l'universel ou découvrirait une éternelle vérité, est un événement de l'âme, historique et singulier, dont le motif doit être cherché dans notre être-là contingent[2].

Sartre a donc étudié la biographie de Freud et ses premiers écrits en concentrant son attention sur les traits de personnalité desquels peuvent procéder ses idées. Sur ce point, il ne s'écarte pas des psychanalystes[3].

1. « Sartre lecteur de Freud », in *Temps Modernes, Témoins de Sartre*, n° 531-533, octobre-décembre 1990, vol. I, p. 589-613. Dans cet article subtil, la biographe de Lacan n'hésite pas à présenter *Le Scénario Freud* comme un texte décisif (voire une charnière), non seulement dans la pensée sartrienne mais encore dans l'histoire du freudisme.

2. J.-P. Sartre, *Mallarmé, La lucidité et sa face d'ombre*, Paris, Gallimard, 1986, p. 130.

3. Dans une perspective différente, Jones poursuivait le même objectif en rédigeant son *Vie et œuvre de Sigmund Freud :* « tenter de rattacher le développement des idées de Freud à sa personnalité ainsi qu'aux événements de sa vie », *op. cit.*, p. VII-VIII. Ainsi, Jones ne retrace pas l'enfance de Freud comme dans une biographie chronologique, il relève uniquement les faits susceptibles d'avoir joué un rôle psychanalytique dans la constitution de la

Dans le scénario, l'accent se trouve ainsi posé sur la condition de Freud, juif en rupture avec sa tradition et persécuté par une Vienne antisémite, sur sa pénible percée dans le monde scientifique et les difficultés financières qui s'en suivent. Du livre de Jones, Sartre a retenu le puritanisme qui caractérise Freud, et qui déteint ostensiblement sur ses conceptions psychanalytiques (toute pratique sexuelle non essentiellement destinée à la procréation s'y voit jugée anormale, perverse et morbide). Mais ce qui importe surtout, c'est ceci : nous devons la découverte de la psychanalyse à la propre névrose de Freud, dont il souffrit particulièrement entre 1890 et 1900. On sait que c'est en effectuant son auto-analyse[1], entamée en 1897, qu'il put dépasser ses impasses thérapeutiques et abandonner la théorie de la séduction. Jones et, même s'il est très pudique[2], Freud lui-même dans sa correspondance avec Fliess, ensuite dans ses écrits rétrospectifs, y ont assez insisté : l'interprétation par Freud de ses propres rêves, la réprobation inavouée pour la lâcheté de Jakob Freud, le souvenir du voyage de Leipzig à Vienne, etc. sont à l'origine de la découverte du complexe d'Œdipe[3]. Dans le scénario, l'articulation de ces éléments, déclenchée par un rêve d'inceste avec la petite Mathilde, éclate au grand jour durant la nuit de veille que Freud passe auprès de Cecily (condensation exigée par la temporalité cinématographique). De nombreux symptômes ou symboles manifestant la

personnalité de Freud et de ses théories. Sa vie de Freud, très partisane, progresse moins par dates que par thèmes (les chapitres se recoupent d'ailleurs régulièrement) et la découverte progressive de la psychanalyse y est, du coup, moins bien amenée que dans *Le Scénario Freud.* François Roustang, psychanalyste critique à l'égard de l'institutionnalisation de la psychanalyse, réaffirmera cet axiome : « Si l'on est psychanalyste, on ne peut rien comprendre à la théorie psychanalytique sans tenir compte de la personne de Freud », *Un destin si funeste*, Paris, Minuit, 1976, p. 85.

1. Par la suite, Freud déconseillera fortement la pratique de l'auto-analyse, mais évidemment, initiateur de la méthode, il ne pouvait compter sur personne d'autre que lui pour explorer les mystères de sa personnalité et vu le « bon rêveur » qu'il était et la « normalité » de sa constitution, cette méthode suffisait. Cette idée se retrouve dans le premier synopsis écrit par Sartre : au début du film, Freud, sexagénaire, entreprend de raconter son auto-analyse à ses disciples. L'intrigue se déroule ensuite comme un flash-back commenté par le vieux Freud. Alors que dans les deux versions du scénario, Sartre a renoncé à cette astuce cinématographique trop commode et ce point de vue de survol, c'est sur lui que repose tout le film de Huston. En outre, Sartre n'a jamais été trop fervent de l'auto-analyse, considérant que l'homme n'est pas fait pour se voir lui-même mais pour regarder devant lui. « ... je ne pense pas qu'il y ait avantage à s'épouiller toute sa vie. [...] Je ne veux pas être hanté par moi-même jusqu'à la fin de mes jours », J.-P. Sartre, *Les carnets de la drôle de guerre (novembre 1939-mars 1940)*, Paris, Gallimard, 1983, p. 175.

2. « Ce qu'il nous apprend de cette dernière [sa vie privée] est bien plus soigneusement choisi et censuré qu'on ne le suppose généralement », E. Jones, *op. cit.*, p. 68.

3. Voir S. Freud, *La naissance de la psychanalyse*, trad. A. Berman, Paris, P.U.F., 1956, lettres 69, 70 et 71 (p. 190-199).

psycho-névrose de Freud parsèment le texte de Sartre, eux aussi glanés chez Jones et dans les lettres à Fliess : cyclothymie, migraines, palpitations cardiaques, angoisses diverses. Sartre accentue deux de ces angoisses. La première, la phobie des prostituées, me semble une création sartrienne, certes crédible s'agissant d'un puritain, et destinée à complexifier les rapports avec Cecily (Anna O.). Bien plus fidèle et maintes fois évoquée est la seconde : l'angoisse des voyages dont souffrait Freud, et plus précisément sa phobie ferroviaire, n'a pas échappé à Sartre. Sa mise en scène lourdement appuyée n'a rien d'extravagant. Les nombreuses séquences où Freud arrive à la gare des heures à l'avance de peur de manquer le train sont on ne peut plus véridiques. Si Sartre n'articule pas cette angoisse à sa contrepartie, l'amour des voyages (fuite de Vienne, curiosité esthétique, nostalgie italienne), il en révèle la signification psychique. Souvenir traumatisant d'un retour de Leipzig, au cours de la troisième année du petit Sigmund, le train lui évoque, outre une angoisse de pauvreté, une vague vision de la nudité maternelle interrompue par l'intervention du rival paternel. Première intuition de la scène primitive, révélation de la libido infantile, genèse du pansexualisme et du catéchisme œdipien. Sartre souligne la dépendance de cette théorie à l'égard de la situation historique et familiale de Freud (remariage du père avec une femme de même âge que son premier fils) sans en cautionner l'universalisation ultérieure. Une autre séquence, celle de la visite chez Charles/Karl – dont la seconde version n'est pas sans rappeler *Les Séquestrés d'Altona*[1] – exprime pareillement l'enchevêtrement des analyses et de l'idiosyncrasie freudiennes. Le médecin s'épouvante des confessions de son patient dans l'exacte mesure où le désir de parricide dont fait preuve ce dernier le concerne au plus intime. En témoignent le cauchemar qui suit[2] et l'abandon provisoire de l'hypnotisme.

Freud est trop torturé par ses découvertes, une caution et une sanction lui sont nécessaires, de sorte qu'il ne cesse de se soumettre à des maîtres charismatiques. « Tout être humain, afin d'échapper à ses propres critiques, a besoin de subir l'influence de quelqu'un »[3]. Cette tendance à la dépendance ou quête du père spirituel constitue un autre des traits saillants auxquels s'attache Sartre. Vu l'inaptitude du veule Jakob Freud à incarner cette autorité, son fils n'a cessé de multiplier les figures de remplacements

1. Charles/Karl, patient de Freud, est, comme Frantz, un séquestré, qui entretient avec son père une relation d'ambivalence haineuse.

2. Pris dans *L'Interprétation des rêves* : Freud repousse Karl dans un précipice et se voit entraîné dans sa chute par la corde d'escalade qui les liait.

3. *Ibidem*, lettre 17, p. 74. Phrase reprise quasiment mot à mot dans un dialogue du scénario (p. 295).

pour finalement se dissocier de chacun de ces substituts successifs. Passionnément investies, toutes les amitiés (œdipiennes) de Freud alternaient et fusionnaient amour et haine. Après la rupture avec Meynert, Freud s'est rabattu sur Breuer et sera toute sa vie durant gêné par ses dettes à son égard (au propre comme au figuré). Pendant longtemps c'est à lui que Freud a attribué la paternité de la psychanalyse. Nous pouvons déceler dans cette attitude autant un effacement du fils devant le père qu'un refus d'assumer que la doctrine est le dénouement intrinsèque d'une névrose personnelle. Lorsque Breuer se désolidarisa des élaborations par trop sexuelles de son ami, celui-ci se remit entre les mains de Fliess, fraîchement rencontré. Ce besoin d'un soutien a forcément conduit Freud à idéaliser son nouveau père, à surestimer la personnalité tyrannique et les travaux scabreux du rhino-laryngologue berlinois. Astreint au langage imagé, le scénario reprend un indice flagrant de la soumission de Freud à son nouveau gourou : après six ans de vaines tentatives, il réussit son sevrage tabagique dès la première réprimande de Fliess. On comprend dès lors le rôle autoritaire et ambigu du père dans le champ de l'inconscient : instance de contrainte, puissance de stimulation et de castration, idéal et rival. Exemplaire compulsion de répétition, une fois Freud devenu lui-même Père de la psychanalyse, la quête d'un *fils* spirituel parmi ses disciples reproduira cette succession d'éloges et de ruptures, voire d'excommunications[1]. Après avoir pensé à Adler, Jung, Rank, Ferenczi, Jones, Abraham, Groddeck, etc., Freud confiera finalement l'héritage de sa pensée à sa *fille* Anna[2].

Il nous reste à mentionner l'ambition obsessionnelle de Freud. Maintes fois, il a répété que ses progrès étaient le fruit de son tempérament monomaniaque et résolu, de son acharnement (thérapeutique aussi), de son attachement à des intuitions que des découvertes ultérieures viendraient prouver[3]. Dans sa situation, stimulé par les difficultés, il savait qu'il devait sortir du lot et que seul son entêtement triompherait des obstacles et de la

1. « Il m'a toujours fallu des amis et des ennemis. C'était nécessaire à mon équilibre », confie Freud à la page 295 du scénario. Sartre éprouvait un besoin assez analogue de développer des amitiés denses et de déchaîner des haines féroces, de se sentir aimé et soutenu autant que détesté par ses ennemis. Principalement sur le terrain politique, il a souvent transformé des divergences d'opinions en conflits violents, l'amenant à se brouiller avec Aron, Camus, Merleau-Ponty, ...

2. Voir à ce propos : S. Freud, *Contribution à l'histoire du mouvement psychanalytique*, trad. S. Jankélévitch, Paris, Payot, 1966 ; F. Roustang, *Un destin si funeste*, *op. cit.* ; A. et G. Haddad, *Freud en Italie, psychanalyse du voyage*, Paris, Albin Michel, 1995.

3. « ... le lien entre la névrose obsessionnelle et la sexualité n'est pas toujours évident (...) sa mise en lumière n'a pas été aisée et qu'il eût facilement passé inaperçu auprès d'une personne moins monoïdéiste que moi », S. Freud, *La Naissance de la psychanalyse*, *op. cit.*, lettre 16, p. 73.

réprobation générale auxquels il serait confronté. Et il a tout mis en œuvre pour se tracer un avenir exceptionnel, pour marquer l'histoire de son empreinte. « Je veux donner du mal à mes biographes futurs. Ils pleureront du sang. » : si Sartre, à l'orée du scénario (p. 49), prête à son héros ce propos présomptueux (issu d'une lettre à Martha), c'est bien parce qu'il peut s'y reconnaître [1]. Ainsi, autant qu'à ses figures paternelles, Freud était inféodé à son idée fixe [2].

C'est donc à ce Freud-là que va l'intérêt de Sartre : la personnalité tourmentée et déchirée, le médecin malade inventant la psychanalyse pour se guérir au terme d'un long travail sur et contre soi, chemin parsemé d'impasses et de doutes, où les avancées se paient par des souffrances. Chronologiquement, l'issue des troubles psychiques de Freud correspond à la publication de *L'Interprétation des rêves*, premier ouvrage où l'auteur estime s'être pleinement réalisé. Situer l'origine de la psychanalyse au cœur même de la névrose de Freud plaisait à Sartre, non seulement parce que cela relativise la prétendue universalité de ces vérités, mais encore parce que cela illustre une idée qui lui était chère : névrose et création ont partie liée. Après l'avoir observé sur sa propre personne, ne travaillant efficacement que sous l'emprise de l'inquiétude et du débordement (« arrivé au stade de malaise pendant lequel mon cerveau travaille le mieux, les barrières se sont soudain

1. « … nous laisserons certainement après nous des choses propres à justifier nos existences » (*ibidem*, lettre 44, p. 143). Sortir du lot, se laver du péché d'exister, tel était bien le souci de Roquentin et de Sartre. « Nous gardâmes longtemps, lui et moi, le vocabulaire chrétien : athées, nous ne doutions pas d'avoir été mis au monde pour y faire notre salut et, avec un peu de chance, celui des autres. Une seule différence : j'avais la certitude d'être élu ; Nizan se demandait souvent s'il n'était pas damné ». J.-P. Sartre, « Avant-propos », in P. Nizan, *Aden-Arabie*, Paris, Maspéro, 1960, p. 27. Effectivement, Sartre, dès son enfance, songeait à ses futurs biographes. Ayant grandi parmi les livres, il s'est d'abord projeté « écrivain chevalier », ensuite écrivain maudit ou « martyr » dont la gloire ne serait reconnue qu'à titre posthume. Il en va de même pour Freud qui écrivait à Fliess « Je ne compte pas être compris, tout au moins durant ma vie » (*La Naissance de la psychanalyse, op. cit.*, lettre 127, p. 273). Par la suite, on sait que Freud a pu savourer et entretenir sa gloire de son vivant ; et que Sartre s'est décidé à habiter son époque et à tout mettre en œuvre pour qu'elle le reconnaisse et se reconnaisse en lui. Dans ses carnets du Havre, il avait recopié cette phrase de Töpfer, « Celui qui n'est pas célèbre à vingt-huit ans doit renoncer pour toujours à la gloire ». Il avait néanmoins plus de trente ans lorsque fut publiée *La Nausée*.

2. S'inspirant des documents officiels, Sartre redessine son personnage en mélangeant les traits. Qu'on compare ce passage de la correspondance de Freud avec un dialogue du scénario : « Un homme comme moi ne peut vivre sans dada, sans une passion ardente, sans tyran, pour parler comme Schiller. Ce tyran, je l'ai trouvé et lui suis asservi corps et âme. Il s'appelle psychologie et j'en ai toujours fait mon but lointain le plus attirant […] Deux ambitions me dévorent… » (*ibidem*, lettre 24, p. 106) et « Voyez-vous Fliess, les gens comme moi ont besoin de se donner des tyrans. Je ne sais pas pourquoi. Le mien, c'était Breuer. Je lui obéissais comme un enfant » (J.-P. Sartre, *Le Scénario Freud*, Paris, Gallimard, 1984, p. 240).

levées... »[1]), Freud conceptualisera ce phénomène par un destin particulier des pulsions : la sublimation qui détourne les forces inconscientes, sources de troubles psychiques, vers des buts socialement supérieurs. « Les grandes œuvres coïncident si souvent avec des anomalies que l'on est tenté de croire qu'elles sont inséparables. [...] Il peut être avantageux d'avoir des troubles psychiques »[2]. Même si les forces obscures de l'inconscient n'ont pas droit de cité chez Sartre, la genèse d'une œuvre, qu'il s'agisse de celle de Flaubert, de Baudelaire, de Genet, ou de la sienne propre, se joue semblablement dans l'affrontement d'obstacles et de difficultés. Plus qu'une sublimation de pulsions primaires, la création constitue une riposte (assomption ou issue) à une situation problématique. Chez les auteurs examinés par Sartre, la libération imaginaire produite dans l'œuvre représente une étape décisive du processus de libération d'une liberté, préalable à la libération effective.

> En nous infectant de son mal, Genet s'en délivre. Chacun de ses livres est une crise de possession cathartique, un psychodrame ; en apparence chacun ne fait que reproduire le précédent comme ses nouvelles amours reproduisent les anciennes ; mais, par chacun, ce possédé se rend un peu plus maître du démon qui le possède. Dix ans de littérature qui valent une cure de psychanalyse[3].

Dans la proximité et la divergence de ces deux connexions de la névrose et de la création, du problématique et du prolifique, se joue tout l'enjeu des deux approches que nous confrontons.

Proximité et divergence. Freud et Sartre nourrissaient des ambitions similaires – ambitions personnelles à l'égard de la postérité, ambitions intellectuelles de comprendre l'humain dans sa complexité la plus intime – et pourtant ces deux pensées se rencontrent essentiellement sous le mode de la concurrence. Psychanalyse et recherche existentielle : deux formes d'investigations sur l'historialisation de la personne ; deux anthropologies qui attestent une subversion du moi et définissent l'humain par *défaut* en l'ancrant dans le manque. On n'a peut-être pas assez remarqué la contiguïté entre la dissociation de la conscience et du sujet chez Sartre, de la conscience et de la réalité psychique chez Freud[4]. Deux lignes de subversion parallèles, certes, mais qui ne se rejoindront jamais. Tout l'effort de Sartre veut que le hiatus de la conscience néantisante ne se confonde

1. S. Freud, *La Naissance de la psychanalyse, op. cit.*, lettre 32, p. 114.
2. *Id.* & W.C. Bullitt, *Le président Thomas Woodrow Wilson, portrait psychologique*, trad. M. Tadié, Paris, Albin Michel, 1967, p. 22 et 208.
3. J.-P. Sartre, *Saint Genet comédien et martyr*, Paris, Gallimard, 1952, p. 602.
4. Michel Kail, du côté des sartriens, y a insisté, et Julia Kristeva, du côté des psychanalystes.

d'aucune façon avec le dualisme psychique, qu'il ne fasse pas obstacle à la translucidité de la conscience.

Similaire également, cette tendance à projeter sur leurs sujets d'analyse leurs propres conceptions, obsessions ou rapport au monde. Tel est peut-être le lot de tout exégète. Freud dirait que cela relève de la paranoïa[1]. Rappelons-nous combien les révélations que Freud obtenait de ses patients (de ses proies ?) reflétaient ses propres fantasmes. Le scénario l'indique par la ressemblance instaurée entre Charles/Karl et Freud qui s'en inquiète : « Et si la personnalité de l'hypnotiseur s'emparait tout à coup des malades hypnotisés ? Nous leur prêterions nos vampires »[2]. Cette autocritique pose le problème épineux de la suggestion qui déforce la psychanalyse, avec ou sans hypnose, l'emprise du transfert permettant au thérapeute de mener le patient au gré de ses préoccupations. Reproche déjà formulé par Fliess au moment de la rupture : « celui qui lit la pensée d'autrui n'y trouve que ses propres pensées »[3]. Ce reproche n'épargna pas non plus Sartre. Ses études biographiques furent souvent accusées de commettre des coups de force interprétatifs. Argument coutumier de ses détracteurs : n'est-ce pas seulement moyennant de subtiles mises en scène que l'histoire de ses « victimes » cadre avec sa philosophie ? N'est-ce pas parce qu'il est le premier à y jouer que Sartre met en lumière le « *qui perd gagne* » de Genet, Mallarmé, Baudelaire, Flaubert ? N'est-ce pas pour réfléchir ses contradictions internes et son rapport intime à l'écriture qu'il n'applique sa méthode qu'à des écrivains, se confortant dans une psychanalyse d'écrivain pour écrivains sur « divan de papier »[4] ? Ainsi toutes ces monographies ne représenteraient que des excroissances (anticipations ou confirmations) des *Mots*... Sartre, dans chacun de ces ouvrages, cherchait à éprouver son intuition première, la liberté, et à la retrouver sous tous ses travestissements[5]. Quand il accepta la commande de Huston, son propos n'était pas autre.

1. « Cette projection sur autrui du reproche, sans changement du contenu et, par conséquent, sans adaptation à la réalité, se manifeste, dans la paranoïa, comme processus de formation du délire », *Cinq psychanalyses*, trad. M. Bonaparte et R.M. Loewenstein, Paris, P.U.F., 1954, p. 23.

2. J.-P. Sartre, *Le Scénario Freud*, *op. cit.*, p. 114.

3. S. Freud, *La Naissance de la psychanalyse*, *op. cit.*, p. 296.

4. J. Simont, *Jean-Paul Sartre. Un demi-siècle de liberté*, Paris-Bruxelles, De Boeck & Larcier, 1998, p. 185.

5. Sartre a une réponse à cette objection : il rejette l'hypothèse de la projection du critique sur l'auteur qu'il étudie au nom de la teneur d'objectivité intrinsèque à toute rencontre. On ne fait pas ce que l'on veut d'un humain : « Mais si l'objectivité, dans une certaine mesure, est déformée, elle est aussi bien révélée. Les passions, le tour d'esprit, la sensibilité de Blanchot l'inclinent à faire telle conjecture plutôt que telle autre ; mais c'est Mallarmé seul qui vérifiera la conjecture de Blanchot. Les habitudes mentales et l'affectivité d'un critique servent de "révélateurs", préparent l'intuition. La conjoncture, vraie ou fausse, sert à

3. *Projections, objections*

Ainsi le Freud que Sartre « projette » à l'écran se révèle assez existentialiste. Cette façon d'ancrer les découvertes psychanalytiques dans le vécu freudien, peut-on la voir comme le point de vue du « valet de chambre » rabaissant les grandes réalisations effectives à de viles intentions subjectives? Jones lui-même, bien que débordant de reconnaissance et d'admiration pour le « grand homme », peut être soupçonné d'adopter un tel point de vue quand il met à nu les motivations inconscientes qui ont orienté Freud vers ses théories. Mais dans le chef de Sartre en tout cas, il s'agit moins de discréditer l'action en la posant « hors de son être-là », en la réfléchissant « dans l'intérieur ou dans la forme de la particularité personnelle »[1] que d'en faire, au contraire, la riposte effective d'une liberté située et inscrite dans son « être-là ». Comme dans les autres biographies, il s'agit d'aborder la personnalité de Freud non comme une constitution figée mais à partir des catégories existentielles de l'être, de l'avoir et surtout du faire. Il s'agit de totaliser la vie de Freud et d'en dégager la libre unification à la lueur de son projet originel. Il s'agit de mettre en scène la tension d'une liberté à l'œuvre, à l'épreuve d'elle-même. Si seule la liberté peut rendre compte de l'impossible totalisation qui définit l'existence humaine, bien évidemment, cette liberté n'apparaît jamais de manière pure ou abstraite. Jamais désincarnée, toujours située. Toujours déjà libre, condamnée à être libre, mais dans une situation contingente. Freud ne l'ignorait pas : « On reste toujours l'enfant de son siècle, même par ce que l'on considère comme son bien le plus personnel »[2]. N'ayant pu choisir notre époque, il nous reste à nous choisir en elle, conscients qu'elle ne nous fait jamais sans que nous ne la fassions en retour. Cette libération de la liberté peut s'étaler dans la durée, s'égarer, revenir en arrière, traverser des crises, elle n'en demeure pas moins le moteur de l'humain. Même piégée par le destin, même asphyxiée par un drame désespéré, même oppressée par les conditions les plus aliénantes, la liberté ronge petit à petit la fatalité et s'invente une issue. Ainsi Genet se libère par l'écriture en reprenant à son compte sa malédiction. Ainsi, assailli par le malaise historique de l'Allemagne de l'après-

déchiffrer. Vraie, elle est remplie par l'évidence; fausse, elle s'efface en indiquant d'autres chemins. [...] L'homme est objet pour l'homme; contre les banalités subjectivistes qui tentent partout de noyer le poisson, il faut restaurer la valeur de l'objectivité », J.-P. Sartre, *Saint Genet comédien et martyr, op. cit.*, p. 622-623. Dans le cas de la psychanalyse, le patient n'est pas habilité à confirmer les interprétations de l'analyste dans la mesure où elles concernent des motifs inconscients qu'il a refoulés et auxquels il résiste. Seule la guérison, ou du moins la disparition des symptômes, vérifiera la conjecture.

1. G.W.F. Hegel, *Phénoménologie de l'Esprit*, trad. J. Hyppolite, Paris, Aubier-Montaigne, 1941, tome II, p. 194.

2. S. Freud, *La Naissance de la psychanalyse*, *op. cit.*, lettre 74, p. 202.

guerre, Frantz *choisit* la folie et la séquestration[1]. Quant à Freud, Sartre veut montrer qu'il *invente* la psychanalyse pour se dépêtrer de ses propres aliénations.

Freud ne supportait plus d'essuyer les affronts de l'antisémitisme. Il fallait qu'il y réagisse, d'abord en se distinguant, en s'affirmant supérieur aux goys, ensuite en le désamorçant en tant que fruit du complexe de castration[2].

> Si nous ne sommes pas en tout les meilleurs, ils diront toujours que nous sommes les pires. Savez-vous qu'un Juif est condamné au génie ? Maudit pour maudit, je leur ferai peur. Puisqu'il me refusent, je les écraserai. Je me vengerai, je vengerai tous les nôtres. Mes ancêtres m'ont légué la passion qu'ils mettaient à défendre leur Temple[3].

Freud refusait de subir la médiocre condition de sa famille, et sa soif de savoir traduisait également une volonté d'émergence sociale. De même, il assumera son rejet par la société scientifique viennoise en l'interprétant à la fois comme une confirmation de la puissance des mécanismes de résistance et comme une manifestation supplémentaire de l'antisémitisme. Honteux et compatissant à l'égard du faible Jakob, tracassé par ses sentiments étranges, souffrant et cherchant à se guérir, dénouant progressivement ses aliénations, s'émancipant de l'influence de ses maîtres, il passera de la révolte contre le père à l'invention de l'Œdipe. Dans le scénario, tous les projecteurs sont braqués sur ce moment de l'invention qui a lieu au cours de la nuit de veille chez Cecily, juste après le retard à l'enterrement du père réel, le rêve « on est prié de fermer les yeux »[4] et la rupture avec Fliess, père de substitution. Moment de l'invention de la psychanalyse, qui aura cependant déployé d'abord toute son historicité concrète : c'est ainsi que se lient un moment conceptuel et un acte de liberté subjective.

1. La fuite d'une situation invivable dans la folie, le fantasme ou l'imaginaire indique pour Freud une insoumission au principe de réalité : « Dans l'activité de sa fantaisie, l'homme continue donc à jouir, par rapport à la contrainte extérieure, de cette liberté à laquelle il a été obligé depuis longtemps de renoncer dans la vie réelle » (*Introduction à la psychanalyse*, trad. S. Jankélévitch, Paris, Payot, 1951, p. 350). Sartre considère cette capacité de mise à distance de l'insupportable par l'imagination comme une première affirmation du pouvoir symbolique de la liberté. Il importe toutefois d'exploiter cette force émancipatrice de l'imaginaire pour la dépasser vers une libération effective et de ne pas s'en contenter comme un refuge stoïcien, préférant se changer soi-même plutôt que la fortune.

2. Cf. S. Freud, *Cinq psychanalyses*, *op. cit.*, p. 116, note 1.

3. J.-P. Sartre, *Le Scénario Freud*, *op. cit.*, p. 420. « Maudit pour maudit », ainsi se formule aussi la prise de conscience de Genet.

4. Repris par Sartre tel que Freud le décrit dans la lettre à Fliess n°50 et dans *L'Interprétation des rêves*.

> Le matériau, si l'on peut dire, de l'invention, c'est la subjectivité elle-même[1].
>
> [...] nos inventions sont surtout des décisions et des mises au point : ce que nous croyons découvrir en un instant privilégié, nous ne cessions de l'inventer depuis des années, à la petite semaine, mais sans nous y engager à fond et, pour ainsi dire, distraitement[2].

Bien avant d'être le détenteur attitré du dogme psychanalytique, immobilisé dans un discours du maître, Freud a été cet inventeur, ce chercheur incertain s'aventurant au sein de sa propre énigme, progressant par essais et erreurs vers la pleine conscience de ses aliénations, accédant à la vérité par une suite de leurres. Au terme du texte de Sartre, on relira peut-être le jeune Freud en s'arrêtant davantage sur les nombreux passages où s'interrompent ses certitudes, où sa pensée fébrile s'élance puis régresse, s'emporte puis se tait, où les hypothèses s'effondrent, où l'hypnose est abandonnée…[3]. C'est le mouvement même de la pensée en ce que la conscience, acculée à l'incessante réflexion, n'a jamais droit à la paisible certitude.

> Mais la conscience est pour soi-même son propre concept, elle est donc immédiatement l'acte d'outrepasser le limité, et, quand ce limité lui appartient, l'acte de s'outrepasser soi-même. […] La conscience subit donc cette violence venant d'elle-même, violence par laquelle elle se gâte toute satisfaction limitée. […] Mais cette angoisse ne peut pas s'apaiser : en vain elle veut se fixer dans une inertie sans pensée ; la pensée trouble alors l'absence de pensée et son inquiétude dérange cette inertie…[4].

Ici, Hegel n'est pas cité innocemment, puisque, vus sous cet angle, les errements et avancements de Freud semblent emprunter le long et sinueux chemin du doute et du désespoir, découvrant « que tout ce qu'on sait est fragmentaire et que sur chaque degré gravi de la connaissance un résidu non résolu demeure »[5]. La pensée comme *praxis* inachevable, telle est la leçon qu'auraient dû retenir les disciples de Freud, ce qui aurait impliqué, pour eux, l'imagination de nouveaux schèmes face à chaque problématique. Lacan aussi aura prôné un pareil questionnement en forçant le lecteur des

1. J.-P. Sartre, « La conférence de Rome, 1961 : Marxisme et subjectivité », *Les Temps Modernes*, n°560, Paris, mars 1993, p. 34.
2. J.-P. Sartre, *Saint Genet comédien et martyr, op. cit.*, p. 95.
3. « Au moment où je croyais tenir la solution, elle m'échappe et je me vois contraint de tout changer pour tout reconstruire, ce qui fait s'évanouir les hypothèses envisagées jusqu'alors », S. Freud, *La Naissance de la psychanalyse, op. cit.*, lettre 130, p. 276.
4. G.W.F. Hegel, *op. cit.*, tome I, p. 71.
5. S. Freud, *Cinq psychanalyses, op. cit.*, p. 165.

Écrits à y mettre du sien, en incitant l'analyste à renoncer à son savoir et à subvertir sa position.

> La vérité n'est rien d'autre que ce dont le savoir ne peut apprendre qu'il le sait qu'à faire agir son ignorance. Crise réelle où l'imaginaire se résout, pour employer nos catégories, d'engendrer une nouvelle forme symbolique[1].

Dans cette perspective, la théorie œdipienne ressort bien comme la solution élaborée par Freud face aux circonstances et difficultés qui étaient les siennes. Riposte intrinsèquement sienne, valable pour cette situation précise, mais produite comme ayant vocation universelle. « En vérité, nous savons aujourd'hui que la psychanalyse n'aurait jamais pu jaillir que du cerveau de Freud lui-même et qu'elle constitue son œuvre originale et spécifique »[2]. Craignant qu'on relativise, au nom de leurs déterminants personnels, familiaux et culturels, les vérités qu'il tenait pour universelles, Freud s'est assidûment montré très secret et avare de renseignements sur sa vie privée. Il a tout de même fini par affirmer : « La psychanalyse est ma création »[3].

Revenons au problème de la projection. La note déjà citée du *Saint Genet* en constitue en réalité la solution. Le Freud sartrien a bien, selon l'ambition énoncée par cette note, des traits d'« objectivité », il a bien, sous *certains* aspects, été « révélé » par son critique. Il n'en reste pas moins qu'il y a des dimensions du freudisme réfractaires à l'assimilation existentialiste (ce qui ne signifie nullement que Sartre se montre « subjectif », mais simplement qu'il ne révèle pas *toute* l'objectivité, qu'il éclaire *certains* aspects). Comment le découvreur de l'inconscient aurait-il pu cautionner pareille réécriture de son itinéraire ? Comment aurait-il pu accepter le libre processus d'invention, quand il soutenait que tout se joue dans la face obscure et impénétrable du sujet, que tout est déjà décidé dès la prime enfance ? Faut-il rappeler l'évidence freudienne selon laquelle :

> Le petit bonhomme est déjà entièrement formé dès la quatrième ou la cinquième année et se contente de manifester plus tard ce qui était déposé en lui dès cet âge[4].

Outre l'invention et la responsabilité, c'est peut-être jusqu'à la possibilité de l'action thérapeutique qui se trouve sapée par cette assertion… Surtout si l'on y ajoute le rôle déterminant et immuable des

1. J. Lacan, *Écrits*, Paris, Seuil, 1966, p. 798.
2. A. et G. Haddad, *op. cit.*, p. 177.
3. S. Freud, *Contribution à l'histoire du mouvement psychanalytique, op. cit.*, p. 69.
4. S. Freud, *Introduction à la psychanalyse, op. cit.*, p. 335.

prédispositions héréditaires dans les explications psychanalytiques. A travers cette grille de déchiffrement, les psychanalystes – Jones en l'occurrence – négligent l'œuvre de la liberté dans l'élaboration de la doctrine freudienne et la voient mue et dominée par des poussées de forces inconscientes. Ce qui permet de faire de Freud un génie intemporel, animé par des motifs archétypaux, et prédestiné à révéler les mystères de l'humanité, révélations qui reçoivent ainsi valeur de vérité universelle.

> C'est ainsi que travaillait la pensée de Freud. Chaque fois qu'il lui arrivait d'observer un fait simple mais significatif, il sentait et savait qu'il y avait là quelque chose de général ou d'universel, et l'idée d'établir sur ce point des statistiques lui était tout à fait étrangère. C'est là un des faits que lui ont reproché des chercheurs plus routiniers. Néanmoins telle est la façon dont travaille le cerveau d'un génie[1].

A l'inverse, la méthode dialectique totalisante de Sartre vise à sonder les raisons de l'éclosion moins du « génie » que du talent ou de l'originalité en faisant fi de toute « crispation mécanique » et de toute explication finaliste. Plutôt que de fixer les causes profondes d'un acte, le biographe cherche à comprendre les thèmes généraux que cet acte organise, les moments qu'il totalise. Compréhension versus explication. Autre figure de l'opposition : alors que la psychanalyse réduit la production de systèmes philosophiques à une constitution psychologique particulière (sublimation, etc.), l'analyse existentielle situe les théories psychanalytiques dans le projet d'une liberté en crise. Quand les schèmes psychanalytiques ramènent tous les faits psychiques à leur source inconsciente, au fond de cette « partie de notre personnalité qui, dans l'enfance, s'en détache, n'en suit pas l'évolution ultérieure et qui est, pour cette raison, refoulée : l'inconscient [...] l'infantile en nous »[2], Sartre les envisage comme aboutissement d'une sédimentation continue, constamment synthétisée à neuf, de tous les événements qui nous adviennent. Selon la formule de Valéry à laquelle Deleuze a rendu toute sa portée : « le plus profond, c'est la peau ». Perpétuelle réinvention de soi, la spontanéité du pour-soi ne cesse de s'abandonner derrière elle et de se remettre en jeu. Rien n'est inné, rien n'est acquis irréversiblement, tout se crée, tout se transforme. A quoi bon poser l'existence d'un arrière-monde de la conscience ?[3]. Étant donné le caractère apodictique du cogito, toute conceptualisation de l'inconscient passe par la conscience. Si l'inconscient est inconscient, la conscience ne

1. E. Jones, *op. cit.*, p. 107.
2. S. Freud, *Cinq psychanalyses*, *op. cit.*, p. 214.
3. « Qu'est ce qu'il y a derrière *toutes* les envies, *toutes* les craintes ? Un monde invisible », J.-P. Sartre, *Le Scénario Freud*, *op. cit.*, p. 90.

peut rien en dire, ne saurait rien en dire sans le présupposer conscient[1]. Soit il est impénétrable et Freud n'aurait pu le mettre à jour, soit nous y avons accès et il relève d'une structure consciente. Le monisme dialectique de Sartre réaffirme donc, après Hegel, que derrière le rideau il n'y a rien à voir. Un être dans l'être duquel il est question de son être, une totalité tout le temps détotalisée, un pour-soi qui ne se définit qu'en tant que néantisation de l'en-soi, ne peut en aucune façon posséder une substance immuable, un être nouménal, fût-il inconscient. Certes, Sartre accorde à Freud que « les données de la conscience sont extrêmement lacunaires »[2] et que bien des choses lui échappent ou la débordent. Mais en réalité, ces choses ne se situent pas *derrière*, enfouies dans l'inconscient, mais *devant, dehors, autour*, dans le monde, l'esprit objectif de l'époque et le rapport à l'autre; ou si l'on préfère, dans l'en-soi et le pour-autrui, jamais dans le pour-soi. L'orateur de la « Conférence de Rome » a souligné l'importance d'un non-savoir qui fait l'unité psychosomatique intérieure de la subjectivité, non-savoir non pas inconscient mais indéterminé, et dû à ce que la subjectivité a à être son être, au sens où l'unité réside dans la *praxis* et retotalise perpétuellement sans forcément les connaître une multitude de dimensions (dont son passé et son être-de-classe). Dans la *Critique de la raison dialectique*, Sartre valorise la psychanalyse à titre de médiation utile à la théorie sociale marxiste pour comprendre l'inscription de l'individu dans sa classe, l'historialisation concrète de l'homme, mais toujours sans dualisme ni déterminisme : l'histoire ne commence qu'avec l'assomption du passé par une liberté présente qui ne subit pas passivement les déterminations de la situation mais les intériorise et les dépasse vers des significations.

> Il y a, en effet, un inconscient au cœur même de la conscience : il ne s'agit pas de quelque puissance ténébreuse et nous savons que la conscience est conscience de part en part; il s'agit de la finitude intériorisée : Mallarmé est affecté et flétri jusqu'au cœur de son intimité par ce que nous savons aujourd'hui et qu'il n'a pas su[3].

Hegel parlait de cette nuit du monde que l'on perçoit en regardant un homme dans le fond des yeux. De ce point de vue, on comprend que Sartre, réfractaire à l'inconscient freudien, ait estimé « plus intéressante » la façon dont le conçoit Lacan : l'inconscient comme une partie du discours transin-

1. Freud l'avait bien perçu mais il y voyait un argument en faveur de son dualisme psychique : « Notre stupéfaction ne provient que d'un fait : c'est que nous sommes toujours tentés de traiter les processus psychiques inconscients à l'instar des conscients et d'oublier les différences profondes qui séparent ces deux systèmes psychiques » (*Cinq psychanalyses*, *op. cit.*, p. 384).

2. S. Freud, *Métapsychologie*, *op. cit.*, p. 66.

3. J.-P. Sartre, *Mallarmé. La lucidité et sa face d'ombre*, *op. cit.*, p. 89.

dividuel qui fait défaut au sujet pour rétablir la continuité et la vérité de son discours concret. Lacan refuse de faire de l'inconscient une substance, il le qualifie souvent par apophatisme, présent partout et nulle part – et en ce sens il est proche de la démarche sartrienne. L'inconscient n'est effectivement recevable qu'à titre de métaphore, de notion (dont la généalogie mériterait d'être étudiée), de création de l'esprit, « ce ne sont que des mots »[1]. Le tort de Freud consiste à en faire d'abord une obsession, « tu n'as plus que ce mot à la bouche », se plaint Martha dans le scénario (p. 94). Ensuite, matérialisant et naturalisant son idée fixe, Freud passe du substantif à la substance, de la notion à la chose palpable, et développe toute une mythologie à partir de cette substance première[2]. Devenir pratico-inerte d'une invention, passage d'une *praxis constituante* à une *praxis constituée*, tel que pourrait l'élucider la *Critique de la raison dialectique*.

4. *La part de l'archive, la part de la littérature*

En fonction de la perspective adoptée par Sartre, son personnage s'avère forcément partiel et partial. En voulant braquer les projecteurs sur l'invention de la psychanalyse, il a inévitablement dû occulter le reste de l'activité de Freud, notamment ses préoccupations encore fort orientées à cette époque vers la physiologie et la mise sur pied d'un système d'explication neurologique : Sartre passe ainsi sous silence les recherches sur l'anatomie du cerveau et l'aphasie, contemporaines des *Études sur l'hystérie*, et sources d'une certaine renommée dans le monde médical. Pris par son intérêt pour le chemin de la libération, Sartre s'attarde peu sur le contenu clinique des découvertes. Tentons de mettre en évidence quelques-unes des opérations que mène Sartre sur le matériau biographique de façon à en dégager cet élément central : la liberté à l'épreuve d'elle-même[3].

Bien documenté, Sartre a mobilisé, pour rédiger ce texte de commande, toute sa culture psychanalytique qu'il a complétée par la lecture du livre de Jones, des lettres à Fliess, des *Études sur l'hystérie*, du *Fragment d'une analyse d'hystérie (Dora)* et de quelques renseignements concernant Charcot. Abondantes, ces sources n'atteignaient pas l'exhaustivité et n'ont

1. *Le Scénario Freud, op. cit.*, p. 396.

2. « Nous accueillerons avec un haussement d'épaules résigné l'objection d'après laquelle l'inconscient n'aurait aucune réalité au sens scientifique du mot, qu'il ne serait qu'un pis-aller, une façon de parler. [...] Vous comprendrez sans peine que la psychanalyse ne puisse se passer de l'hypothèse de l'inconscient et que nous ayons pris l'habitude de manier l'inconscient comme quelque chose de palpable », S. Freud, *Introduction à la psychanalyse, op. cit.*, p. 259, 260.

3. Notons que Freud lui-même a plusieurs fois réécrit et réorganisé l'histoire de sa vie selon les nécessités de sa cause (*Contribution à l'histoire du mouvement psychanalytique, Ma vie et la psychanalyse*).

pas toujours été parfaitement assimilées. Le lecteur attentif et érudit peut relever au sein du scénario l'une ou l'autre erreur ou omission. Par exemple, on ne trouve aucune mention ni du pénible éloignement de Martha (présente dès les premières séquences), ni du poste de directeur d'un service de neurologie qu'avait confié Max Kassowitz à Freud avant son voyage à Paris pour suivre les leçons de Charcot. De même le scénario ne fait pas état de la notoriété quasi unanimement reconnue de Charcot[1]. Celui-ci, pour renforcer le caractère héroïque de Freud, est plutôt présenté comme un personnage subversif et honni par la communauté médicale, qui le considère comme un charlatan. Une autre imprécision sera corrigée par la seconde version du scénario : la première expérience de traumatisme et d'hystérie (Anna O.) s'est offerte à Freud avant son séjour en France alors que Cecily intervient bien plus tard dans le premier texte remis à Huston. La chronologie du scénario retarde la rencontre avec Fliess en la situant en 1892 lors d'un souper chez les Breuer alors que Fliess, sur les conseils de Breuer, a suivi les cours de Freud dès 1887. N'accentuons néanmoins pas ces lacunes bien légères eu égard à la précision générale des informations. Outre les traits de caractères déjà mentionnés, nous citerons quelques exemples : le rendez-vous quotidien chez le coiffeur (et le retard inhabituel le jour de l'enterrement de Jakob), les parties de Tarot hebdomadaires, la passion pour les antiquités et l'art italien, les statuettes florentines dont Freud orne son bureau, le goût de l'alpinisme, l'impression fascinante que lui a laissée Notre-Dame de Paris, … Exacts aussi, les relations avec Fliess, la manie des calculs qui le caractérise, la précision numéraire des douze cas de névrose à étiologie sexuelle que lui rapporte Freud, leurs congrès en montagne et particulièrement celui de Achensee qui scella leur rupture. Le dialogue de cette scène retranscrit les arguments et reproches réciproques que les deux protagonistes se sont échangés par courrier. Même pour la confession de Meynert mourant, dont l'inavouable hystérie masculine nourrissait les attaques impitoyables contre son disciple, même pour cette scène d'allure romancée, Sartre peut fournir ses sources.

Si le biographe reproduit scrupuleusement les renseignements amassés, il lui arrive aussi de les réorganiser et de les condenser à dessein de les rendre plus significatifs. D'apparence spectaculaire et fictive, la séquence du parapluie de la fille du conseiller aulique qui se brise sous le simple effet de la suggestion puise son inspiration dans une note des *Études sur l'hystérie* (p. 78). L'ombrelle a réellement été cassée, non pas durant la séance, mais plus tard par les mains de la jeune fille qui agissait sous l'emprise de la suggestion. La même note évoque les sanglots du conseiller

1. « Avant ou après lui nul n'a jamais dominé le monde de la neurologie à tel point », E. Jones, *op. cit.*, p. 229.

accompagnant les révélations de sa fille, situation que Sartre insère dans une autre scène, avec une autre patiente. Attardons-nous un instant sur le personnage central de l'intrigue, Cecily, la sublime hystérique, l'*alter ego* de Freud, pertinente synthèse des différents procédés de reconstruction historique mis en œuvre par Sartre. Intelligente, intuitive, séduisante, généreuse, rêveuse, chaste, bifide et cyclothymique, Cecily présente les mêmes traits de personnalité que Anna O. Toutes deux terriblement affectées par le décès paternel, elles manifestent des symptômes similaires : paraphasie, parésie, strabisme, quintes de toux, grossesse nerveuse. Des relations fusionnelles de transfert et contre-transfert entre la malade et le docteur Breuer et de la jalousie de Mathilde, Sartre dresse encore une peinture fidèle : comme Anna, Cecily n'a d'ouïe que pour Breuer, ne s'apaise qu'en sa présence, ne s'endort et ne se réveille qu'à sa demande... Par contre, il ne fait aucun usage des compulsions au suicide et à la défenestration ayant conduit la famille O. à déménager. L'hostilité, l'austérité et l'impassibilité de madame Körtner ne sont attestées ni par Breuer, ni par Freud, ni par Jones. Quant à l'anamnèse de sa névrose, Sartre profite de l'ambiguïté des deux versions du cas d'Anna O (celle de Breuer et celle de Jones) pour donner libre cours à son imagination. Partant de la traumatisante nuit de solitude au chevet du père agonisant, Sartre la situe dans un bordel. De l'hostilité d'Anna à l'égard de sa dame de compagnie, il tire la passion du père pour les prostituées, milieu duquel était issue madame Körtner. Ces éléments licencieux ont une vraisemblance, dans la mesure où Freud et Breuer avaient convenu d'ôter des *Etudes sur l'hystérie* tout renseignement sexuellement connoté. En outre, astreint à une restriction du nombre d'intervenants, devant accorder une place prépondérante à l'héroïne, Sartre a condensé en une seule Cecily plusieurs patientes de Freud : Anna O., Elisabeth V.R. et Frau Cäcilie [1]. Cécily joue un rôle éminent puisqu'elle est à l'origine de la méthode cathartique. C'est à Anna O. que nous devons les expressions de « cure par la parole » et « ramonage de cerveau ». C'est à Elisabeth V.R. que revient le passage de l'hypnose à l'association libre. Complice unique de Freud dans le scénario, Cecily donne lieu à ces deux étapes décisives de l'invention de la psychanalyse. Sartre témoigne une fois de plus d'une excellente maîtrise de son sujet qu'il peut librement reprendre à son compte : quoi de plus sartrien que cette malade qui conçoit elle-même son remède, que cette femme aliénée qui se libère et annonce en quelque sorte l'émancipation féminine ?

1. « De tous les cas que je décris ici, c'est ce dernier que j'ai le mieux étudié. [...] Malheureusement, des raisons personnelles m'empêchèrent d'exposer tous les détails de cette observation... », S. Freud et J. Breuer, *Études sur l'hystérie*, *op. cit.*, p. 53, 54.

Le scénariste arrange ses éléments, brode un peu pour leur donner consistance et parfois l'artiste imagine tout un personnage ou un épisode sur base d'une simple indication de Freud. De la lecture d'une lettre où celui-ci fait part à Fliess d'un nouveau cas dont l'obstacle principal réside dans les réticences jalouses du mari qui « s'est conduit si grossièrement à mon égard qu'il m'a fallu prendre beaucoup sur moi »[1], Sartre extrait le sanguin Doelnitz qui se laisse convaincre du bien-fondé d'une phase d'abstinence sexuelle pour son épouse. Dans le film, le premier patient de Freud, Karl/Charles, ne repose pareillement que sur une remarque d'une lettre à Fliess, « un autre malade (qui, à cause de ses tendances homicides, n'ose pas sortir dans la rue) »[2]. Le talent de dramaturge de Sartre et la composition, contemporaine, d'un autre séquestré, Frantz, ont fait accoucher cette parenthèse d'une des scènes les plus poignantes du scénario. Bref, œuvre littéraire à part entière, le texte que nous disséquons comporte une bonne part d'inventions pures qui paraissent parfois plus vraies que nature. Ne fût-ce que pour les descriptions minutieuses des lieux et protagonistes, l'imagination de l'écrivain a dû être mise à contribution. Certaines créations sont destinées à servir le propos, ainsi la nuit où Cecily se prostitue, nécessaire à la mise en scène de l'abandon de l'hypothèse de la séduction, abandon qui s'est en réalité effectué par écrit. D'autres visent à accentuer les faiblesses de la psychanalyse et à symboliser les reproches théoriques de Sartre à Freud : interprétations massives, résolution schématique et grossière des cas cliniques[3], curiosité excessive qui viole la conscience des patients, suggestion despotique du thérapeute : « Dites que c'est la vérité [...] c'est moi qui vous y ai forcé »[4].

5. *Le stade de l'écran*

Si certains personnages ou détails s'avèrent pour le moins caricaturaux (Wilkie, le conseiller aulique, madame Körtner, les tics de Meynert qui chipote dans sa barbe, ceux de Freud qui se tripote le nez en cas de perturbation), il faut probablement y voir un reste de raillerie à l'égard des psychanalystes ; et il convient aussi de mettre ces clichés sur le compte du genre cinématographique, avec ses stéréotypes, romances et raccourcis.

Nonobstant ses prétentions à la scientificité, il y a au cœur de la psychanalyse un reste de mysticisme. Toute sa vie durant, Sartre s'est

1. S. Freud, *La Naissance de la psychanalyse, op. cit.*, lettre 150, p. 303.

2. *Ibidem*, lettre 33, p. 117.

3. Cet aspect magique des guérisons ressort cependant aussi des récits de Freud.

4. J.-P. Sartre, *Le Scénario Freud, op. cit.*, p. 333, 355 et dans le synopsis, p. 561 : « Cette fois, il la presse de question ; il n'est pas l'analyste patient et silencieux qui écoute le malade, il intervient au contraire, il la pousse dans une direction bien définie ».

acharné à traquer et dénoncer les risques de dérive mystique de toute pensée. Dans le projet de Sartre sur Freud, il y a aussi la volonté de démystifier la psychanalyse. Mystique, ce pouvoir magique des mots apte à guérir les corps. Mystique, l'expérience ineffable et intransmissible du transfert. Combien de fois Freud n'a-t-il pas répété l'impossibilité de comprendre ses exposés sans avoir vécu une cure, l'impossibilité de rendre compte par écrit de l'histoire d'un traitement ? Incommensurable, l'inconscient ne se laisse pas saisir par les catégories de la conscience, un rêve se travestit s'il est ramené aux structures langagières. Exclu du monde des mots, ce mystère peut-il être porté à l'écran ? Si l'on ne peut transcrire les images d'un songe en discours, peut-on mettre les préceptes psychanalytiques en images ? En un sens, nous pourrions considérer que la mise en scène cinématographique fait écran à ce qui se déroule sur *l'autre scène*, dans l'inconscient. Mais l'on peut dire aussi, au contraire, que la caméra constitue un miroir susceptible d'unifier et de donner corps à l'expérience morcelée et prélangagière de l'inconscient. Dans un contexte fort éloigné, Julia Kristeva nous l'indique : « l'image cinématographique fait passer dans de l'identifiable (et rien de plus sûrement identifiable que le visible) ce qui reste en deçà de l'identification : la pulsion non symbolisée, non prise dans l'objet – ni dans le signe ni dans le langage… » [1]. On sait aussi que la problématique de l'image et de l'imaginaire s'est révélée cruciale dès l'aube de l'œuvre sartrienne.

Entièrement conscient de ces questions, Sartre n'a pas abordé la rédaction de son « Freud » comme de ses autres biographies. Dans celles-ci, il pouvait patiemment décomposer la liberté de son sujet, en détailler chaque figure, s'attarder sur les différents moments d'une existence pour ensuite en éclairer le mouvement de totalisation [2]. Pour le « Freud », la démarche et les clés de compréhension ne différaient pas mais bien le mode de présentation. La synthèse devait se substituer à l'analyse ; au lieu d'ausculter la liberté de Freud sous ses multiples facettes, il fallait la montrer à l'œuvre, la mettre en mouvement et en image. Mettre en scène les représentations freudiennes signifiait associer les notions à des personnages

1. J. Kristeva, *La Révolte intime (Pouvoirs et limites de la psychanalyse II)*, Paris, Fayard, 1997, p. 137.

2. « Tel serait dans ses grandes lignes le portrait de Baudelaire. Mais la description que nous avons tentée présente cette infériorité sur le portrait qu'elle est successive au lieu qu'il est simultané. Seule l'intuition d'un visage, d'une conduite pourrait nous faire sentir que les traits mentionnés ici l'un après l'autre sont imbriqués en fait dans une synthèse indissoluble où chacun d'eux exprime à la fois lui-même et tous les autres. Il nous suffirait de voir vivre Baudelaire, fût-ce un instant, pour que nos remarques éparses s'organisent en une connaissance totalitaire [... C'est] la façon dont chaque trait, par une dialectique singulière, "passe" dans les autres ou les laisse apercevoir ou les appelle pour se compléter ». J.-P. Sartre, *Baudelaire*, Paris, Gallimard, coll. « Folio », 1947, p. 171.

ou à des situations, incarner les débats d'idées par des conflits réels, intérieurs ou entre protagonistes, manifester les complexes par des symptômes flagrants. Cet impératif explique les airs amoureux et rassurés qu'affiche Freud chaque fois qu'il voit sa mère, son visage rayonnant lorsque Breuer le prie d'accepter son prêt « comme s'il venait d'un père » (p. 70) ou encore les allures de prestidigitateur de Charcot. Les concepts freudiens ne sont pas seuls à être portés à l'écran ; ceux de Sartre le sont également : ainsi Meynert, prototype de l'hystérique masculin, personnifie simultanément la « mauvaise foi ». Quant à Fliess, dogmatique, tyrannique et machiavélique, il incarne la part du diable, le mauvais ange d'un Freud faustien. Afin d'accentuer le parcours d'obstacles de Freud aux prises avec ses détracteurs et résistances intérieures, afin d'exposer l'invention de la psychanalyse comme la résolution d'une énigme, le film est mené à la manière d'une intrigue policière[1] (selon les souhaits de Huston), avec suspens, indices, retournements, coïncidences[2]... Au fil des séquences, les pièces du puzzle se mettent progressivement en place et l'audacieux chercheur en découvre le sens. Comme nous l'annoncions, ce type de narration incite presque inévitablement le spectateur à prendre parti pour le héros. Autre exigence du genre, pour figurer tout cela, il a fallu sélectionner dans la source de données les éléments les plus expressifs et ordonnancer un condensé de symboles visuels. D'abord, bien sûr, quelques célèbres rêves de l'auto-analyse, saturés de symbolisme œdipien, « l'empereur François-Joseph », « la partie de cartes », « on est prié de fermer les yeux » et le cauchemar de l'escalade avec Karl. Tout aussi démonstratif, le viol par ce dernier d'un mannequin, substitut de la mère revêtu de l'uniforme paternel. Une scène aussi anecdotique que l'installation d'une ligne téléphonique (rapportée dans une lettre à Fliess) vise dans le scénario à signaler un début d'opulence. La figure d'Hannibal désigne sans conteste le symbole le plus appuyé. A l'âge de six ans, le petit Sigmund, honteux des humiliations antisémites encourues par Jakob, avait été fasciné par Hannibal faisant serment de venger son père, Hamilcar, et son peuple. Dans le scénario, Freud fixe à son mur un portrait d'Hannibal qu'il décroche chaque fois qu'il doute ou s'effraie de ses découvertes. Tous ces effets, ces raccourcis, ces

1. Freud utilisait régulièrement la métaphore de l'enquête policière pour décrire le déroulement d'une cure.

2. Genre de coïncidences qu'on ne voit qu'au cinéma : le même soir, Freud fait la connaissance de Fliess chez Breuer qui lui apprend qu'il a repris l'hypnotisme avec Cecily et leur conversation est interrompue par un appel de Meynert agonisant qui tient à se confesser à Freud et l'incite à faire un pacte avec le diable (Fliess). C'est semblablement au cours des mêmes vingt-quatre heures que Freud rompt avec Breuer, qu'il se fait huer à la Société médicale, qu'il court à la recherche de Cecily partie se prostituer et que Jakob meurt !

moments magiques (le coup du parapluie), ces clichés, procèdent donc bien du mode d'exhibition hollywoodien.

On connaît l'adage selon lequel rien ne se passe dans la vie comme au cinéma. Davantage encore peut-être que l'écrit, l'image risque de verser dans « l'illusion rétrospective » conférant après coup un sens, une unité et une finalité à des gestes qui auraient pu demeurer anodins; « illusion biographique » qui s'imagine qu'une vie vécue peut ressembler à une vie racontée.

> Pour que l'événement le plus banal devienne une aventure, il faut et il suffit qu'on se mette à le raconter. C'est ce qui dupe les gens [...] Quand on vit, il n'arrive rien. Les décors changent, les gens entrent et sortent, voilà tout. Il n'y a jamais de commencements. Les jours s'ajoutent aux jours sans rime ni raison... [1].

Comment reproduire sans l'arrêter – fût-ce par l'action d'un film – le mouvement perpétuel de l'existence? Une fois signé, un scénario comme un roman marquent la clôture de l'inachevable. Si le mot est le meurtre de la chose, l'image est la momification de l'événement. Reste cependant *l'expression*, mots ou images, qui peut faire œuvre d'art et par là événement. De sorte que s'il nous faut relativiser la portée du *Scénario Freud* quant à sa teneur biographique bien moins profonde, précise et nuancée que le *Saint Genet*, les talents d'écriture et l'efficacité de dramaturge déployés par l'auteur nous autorisent à le retenir comme une œuvre littéraire à part entière.

Une œuvre à part entière, si ce n'est qu'elle a été censurée... Alors que ce texte se déforce déjà par les nombreuses contractions qu'il opère, on lui a reproché sa longueur démesurée. Lorsque Huston exigea de Sartre qu'il retravaille son ébauche, celui-ci accepta sans protester, jamais avare de réécriture. Depuis le synopsis, abondant de détails et d'intervenants qui disparaîtront par la suite, Sartre n'a cessé de remanier son projet sur Freud. Par rapport à la première version, la seconde rectifie quelques inexactitudes, adopte un style nouveau et étoffe quelques personnages (outre le premier rôle, Dora et Karl). Plus nuancé mais peut-être moins pédagogique, ce

1. *La Nausée, op. cit.*, p. 60-61. Voir aussi *Saint Genet comédien et martyr*, p. 95 et *Les Carnets de la drôle de guerre*, p. 104-106. C'est d'ailleurs par contraste avec la nécessité et le finalisme dont il se nourrissait dans les salles de cinéma que Sartre dit avoir eu l'intuition de la contingence : « Je sais que l'idée de contingence est venue de la comparaison qui s'est établie spontanément chez moi entre le paysage dans un film et le paysage dans la réalité. Le paysage d'un film, le metteur en scène s'est arrangé pour qu'il ait une certaine unité et un rapport précis avec les sentiments des personnages. Tandis que le paysage de la réalité n'a pas d'unité. Il a une unité de hasard ». (J.-P. Sartre, *Œuvres romanesques*, Gallimard, Bibliothèque de la Pléiade, p. 1698-1699).

second texte s'avère surtout trop long[1], encore bien plus que le précédent qu'il fallait censément réduire... Or, si Sartre ne rechignait pas devant l'effort et les reprises, il a toujours mal accepté les coupures. Inscrite depuis l'enfance dans son projet originel, cette passion de l'écriture – « Je suis ligoté à mon désir d'écrire »[2] – ne supporte pas la castration. Sa plume prolifique pouvait s'épancher sans limite dans ses traités de philosophie, ses romans, ses essais ou ses biographies. Les ouvrages théâtraux et cinématographiques, eux, comportaient d'autres types de contraintes[3].

Dans le cas du *Scénario Freud*, aux coupures s'ajoutaient les remaniements à l'américaine, effectués par Kaufmann et Reinhardt. Le film se révèle bien plus réducteur et schématique que le texte. La distribution des rôles y a été modifiée : Fliess s'est éclipsé, la complicité avec Breuer ne souffre d'aucune rupture, Amalia (la mère) et Martha ont été promues au détriment de Cecily, ce sont elles qui assistent aux différents moments décisifs de l'itinéraire de Freud. Une foule de détails d'importance manquent tandis que d'autres sont repris des sources officielles. Plus grave s'avère la trahison de l'esprit même du texte sartrien. Le narrateur en *voix off* (point de vue de survol, illusion rétrospective) annonce l'inéluctabilité de la découverte de l'inconscient au lieu de laisser la liberté faire son cheminement et le malade se guérir (aucun symptôme névrotique chez le héros de Huston). De surcroît, le film, empreint de puritanisme (censure des séquences érotiques) développe une esthétique de l'effroi que n'aurait pu cautionner Sartre, en exhibant, par exemple, la descente de Freud dans les profondeurs de « ce monde aussi noir que l'enfer qu'est notre inconscient » (*voix off*).

Freud, The Secret Passion n'a rencontré aucun succès et le texte de Sartre est demeuré longtemps lettre morte. Projet inachevé comme tant d'autres. Contrairement à Freud qui brûlait ses vieux carnets et ne voulait rien publier d'inachevé, Sartre ne s'est jamais préoccupé de ses manuscrits et les abandonnait au tout venant. Elle est commune à Sartre et à Bataille[4],

1. Il est vrai que certaines séquences traînent et que d'autres n'apportent pas énormément (l'installation du téléphone, le guichet de poste, ...).

2. *Les Carnets de la drôle de guerre*, *op. cit.*, p. 43.

3. Jean Cau a raconté combien Sartre prenait mal ces contraintes. Cf. « Croquis de mémoire », in : *Les Temps Modernes, Témoins de Sartre*, n°531-533, p. 1115 : « —Jouvet aimerait que vous coupiez...— Ah oui ? Eh bien j'en ai rajouté, et vous lui apportez ça, cet après-midi. Et il tapait, du plat de la main, violemment, sur une épaisse liasse ».

4. Principe d'incomplétude, inachèvement de l'être, de la connaissance, de l'expérience... « Commencer, oublier, ne jamais "aboutir"..., selon moi, la méthode est la bonne, la seule à la mesure d'objets qui lui ressemblent (qui ressemblent au monde) ». G. Bataille, *Le Coupable, suivi de L'Alleluiah*, Paris, Gallimard, coll. « L'imaginaire », 1961, p. 150.

cette multiplication d'ouvrages projetés et délaissés avant terme, qui signe sans doute un refus de la clôture. Une conscience qui n'est pas ce qu'elle est et est ce qu'elle n'est pas, une telle conscience ne cesse de s'abandonner derrière soi et, sans se soucier des petites totalités produites, se détotalise indéfiniment pour se remettre à l'ouvrage et s'ouvrir à de nouveaux projets.

Mathieu BIETLOT
Université libre de Bruxelles

DU *SCÉNARIO FREUD* AUX *SÉQUESTRÉS D'ALTONA*

« Il n'aimait pas l'inconscient » : tel est le sentiment du jeune Frédéric, double du jeune Sartre, en 1927, dans « Une défaite »[1]. De ce peu d'appétence de Sartre pour une donnée fondatrice de la psychanalyse, la critique a longtemps conclu à sa méconnaissance radicale de cette science, ou méthode. Mais Geneviève Idt a montré, dans un article décisif, en 1976, à quel point « L'Enfance d'un chef » supposait une lecture précise de textes freudiens[2]. Puis la publication du *Scénario Freud*, en 1984, a enrichi le dossier « Sartre/Freud » de manière substantielle. Elle jette en particulier une nouvelle lumière sur *Les Séquestrés d'Altona*.

Première raison de rapprocher les deux textes, leur genèse commune : Sartre porte la date du 15 décembre 1958 sur la page d'ouverture de son « Synopsis » pour *Le Scénario Freud*, que lui a demandé le cinéaste John Huston. Il est alors au beau milieu de la composition des *Séquestrés :* la première version de cette pièce fut entreprise au printemps 1958, mais le texte ne sera achevé qu'en août 1959 à Rome (où Sartre réécrit complètement l'acte V). Aussitôt après la première, en septembre 1959, Sartre partira pour l'Irlande, afin de travailler avec John Huston au scénario sur Freud (dont les première et deuxième versions datent donc de 1959).

Cette concomitance n'aurait évidemment guère d'intérêt si elle concernait deux textes parfaitement étanches l'un à l'autre. Mon hypothèse, on l'aura compris, veut qu'il n'en soit rien. Comme j'ai eu l'occasion de le montrer dans une étude antérieure[3] – dont voici donc une suite –, *Les*

1. *Écrits de jeunesse*, Paris, Gallimard, 1990, p. 259.

2. « Des *Mots* à "L'Enfance d'un chef" : autobiographie et psychanalyse », *Sartre et la mise en signe*, M. Issacharoff et J.-Cl. Vilquin éd., Paris, Klincksieck, 1982, p. 11-30.

3. « L'expression de la folie dans *Les Séquestrés d'Altona* », *Les Temps modernes*, août-septembre 1993, repris dans *Silences de Sartre*, Toulouse, Presses universitaires du Mirail, « Cribles », 1995, p. 199-249.

Séquestrés constituent une prise de position critique, mais bien informée, à l'égard de la psychanalyse.

Pour vérifier cette hypothèse, deux moments : d'abord, reprendre *Le Scénario Freud*, y repérer l'étendue du savoir sartrien de Freud, dégager aussi l'ambivalence, faite de satire et d'empathie, de Jean-Paul à l'égard de Sigmund. Puis en venir aux *Séquestrés*, et montrer comment la lecture de Freud influe tant sur les principes des dialogues, que sur la construction des personnages et sur le cours de l'intrigue.

1. *Le Scénario Freud*

Sous le titre de *Scénario Freud*, rappelons que Jean-Bertrand Pontalis a publié : 1) le synopsis écrit à la fin de 1958 ; 2) la totalité de la première version ; 3) des extraits de la seconde version, que les sartriens ne peuvent qu'espérer voir un jour paraître au complet. Rêvons encore : cette réédition s'accompagnerait agréablement d'un index et de notes. Pour y aider de hardis travailleurs futurs, voici deux repérages.

Repérage 1 – Un index des notions psychanalytiques évoquées par Sartre dans *Le Scénario Freud* ne serait certes pas inutile. Encore aurait-il pour défaut d'estomper ce sur quoi Sartre a mis l'accent : les étapes de l'invention de la psychanalyse. Du coup la « Première version » (1959) se compose de trois parties. La première oppose deux méthodes : le positivisme (Meynert) et l'hypnose (Charcot). La deuxième partie rappelle le traitement classique de l'hystérie (massages, électrothérapie) – puis l'aveu de Meynert mourant (il y a des hystériques mâles, et j'en suis un !) forme un coup de théâtre et un tournant. Comme libéré, Freud en vient vite à énoncer divers principes capitaux : le refoulement[1] ; « toutes les névroses ont une origine sexuelle »[2] ; la « méthode cathartique »[3] ; le transfert[4]. Dans la troisième partie, avalanche de progrès : la cure sans l'hypnose[5] ; la séduction infantile[6] ; la pulsion de mort[7] ; la sexualité infantile à l'origine des névroses[8] ; l'ambivalence[9] ; le rêve[10], raconter ses rêves[11] ; l'association

1. *Le Scénario Freud*, Gallimard, 1984, p. 188, voir aussi p. 274.
2. *Ibidem*, p. 190.
3. *Ibidem*.
4. *Ibidem*, p. 251-252.
5. *Ibidem*, p. 268.
6. *Ibidem*, p. 275 ; p. 287-288.
7. *Ibidem*, p. 281-282 et 364.
8. *Ibidem*, p. 293-294, 336, 396.
9. *Ibidem*, p. 295, 362.
10. *Ibidem*, p. 303.
11. *Ibidem*, p. 320.

libre[1]; le souvenir-écran[2]; la condensation[3]; « les rêves nous révèlent nos désirs »[4]; le complexe d'Œdipe[5], découvert par l'auto-analyse[6]. L'essentiel y est, donc ; avec quelle fidélité à Freud, je n'en saurais exactement juger[7], sans un préalable :

Repérage 2 – Plus difficile, et plus « fin », un deuxième travail chercherait à reconstituer, à partir du *Scénario Freud*, les lectures de Freud par Sartre. Il faudrait pour cela un meilleur connaisseur des textes freudiens que ne l'est le signataire de ces lignes, ce qui doit se trouver sans peine. Cet oiseau commun suivrait le principe de *Qu'est-ce que la littérature ?* selon lequel tout « ouvrage de l'esprit est naturellement allusif », ce qui implique, pour mieux le comprendre, un relevé des allusions qu'il fait[8]. Notre oiseau aurait donc le dessein de compléter le tableau suivant, qui dresse une liste chronologique des principales traductions de Freud en français (premières éditions), et signale les textes dont on est certain que Sartre les a lus. Tableau un peu benêt, sans doute, mais qu'on regrette de ne trouver ni chez Arnold et Piriou, ni chez Josette Pacaly, ni chez Léo Fretz, ni chez Betty Cannon[9].

- 1921 : *Cinq leçons sur la psychanalyse*, trad. Yves Le Lay, Payot.
- fin 1921 : *Introduction à la psychanalyse*, trad. par le Dr Simon Jankélévitch, Payot.
  Cité dans la bibliographie du Diplôme d'études supérieures de Sartre. Et par Lucien Fleurier dans « L'Enfance d'un chef » (*Œuvres romanesques*, Bibl. de la Pléiade, 1981, p. 339).
- 1922 : *Psychopathologie de la vie quotidienne*, trad. S. Jankélévitch, Payot.

1. *Ibidem*.
2. *Ibidem*, p. 333. L'idée en est esquissée p. 202.
3. *Ibidem*, p. 354.
4. *Ibidem*, p. 379.
5. *Ibidem*, p. 391.
6. *Ibidem*, p. 391, 402.
7. On pourra consulter, sur *Le Scénario Freud :* Philip Knee, « La psychanalyse sans l'inconscient? Remarques autour du *Scénario Freud* de Sartre », *Laval théologique et philosophique*, vol. 41, n°2, 1985, p. 225-238 ; Hazel Barnes, « Sartre's scenario for Freud », *L'Esprit créateur*, vol. 29, n°4, Winter 1989, p. 52-64 ; Shlomit C. Shuster, « Sartre's *Freud* and the future of Sartrean psychoanalysis », *Israel Journal of Psychiatry and Related Sciences*, vol. 35, n°1, 1998, p. 20-30.
8. Telle est la méthode que suggère Geneviève Idt, art. cité, p. 30. Voir *Qu'est-ce que la littérature ?*, 1948, Paris, Gallimard, 1980, p. 117.
9. A.J. Arnold et J.-P. Piriou, *Genèse et critique d'une autobiographie. « Les Mots » de J.-P. Sartre*, Paris, Minard, 1973 ; Josette Pacaly, *Sartre au miroir*, Paris, Klincksieck, 1980 ; Léo Fretz, « Sartre et Freud », *Lectures de Sartre*, Claude Burgelin éd., Presses universitaires de Lyon, 1986, p. 241-251 ; Betty Cannon, *Sartre et la psychanalyse*, 1991, trad. fr. PUF, Paris, 1993.

Titre cité par Lucien Fleurier dans « L'Enfance d'un chef » (Bibl. de la Pléiade, ouvr. cité, p. 339) ; par Simone de Beauvoir dans *La Force de l'âge*, Gallimard, 1960, p. 25-26 ; dans *Le Scénario Freud*, p. 227.

– 1923 : *Trois essais sur la théorie de la sexualité*, trad. Blanche Reverchon-Jouve, Gallimard.

Le Scénario Freud retrace la découverte de la sexualité infantile ; mais peut-être en se fondant sur l'*Introduction à la psychanalyse*.

– 1924 : *Totem et tabou*, trad. S. Jankélévitch, Payot.

– 1925 : *Le Rêve et son interprétation*, trad. Hélène Legros, Gallimard.

– 1926 : *La Science des rêves*, trad. I. Meyerson, Alcan (republié en 1967 aux PUF sous le titre *L'Interprétation des rêves*).

Cité par Lucien Fleurier dans « L'Enfance d'un chef » ; par Simone de Beauvoir dans *La Force de l'âge*, ouvr. cité, p. 25-26 ; par Sartre dans le synopsis de 1958 pour *Le Scénario Freud*, p. 550 ; etc.

– 1928 : « Fragment d'une analyse d'hystérie » (Dora), trad. Marie Bonaparte et le Dr R. Lœwenstein, *Revue française de psychanalyse*.

– 1929 : *Essais de psychanalyse*, trad. S. Jankélévitch, Payot.

– 1931 : *Délires et rêves* dans la « Gradiva » de Jensen, trad. Marie Bonaparte, précédé du texte de *Gradiva*, trad. par E. Zak et G. Sadoul, Paris, Gallimard, coll. « Les Essais », 220 p.

– 1932 : *L'Avenir d'une illusion*, trad. M. Bonaparte, Denoël et Steele.

– 1932 : « Remarques psychanalytiques sur l'autobiographie d'un cas de paranoïa » (le Président Schreber), trad. Marie Bonaparte et R. Lœwenstein, *Revue française de psychanalyse*.

– 1933, mars : « Moments d'une psychanalyse », Blanche Reverchon-Jouve et Pierre-Jean Jouve, *Nouvelle Revue française*, p. 355-385.

Cité dans *L'Imaginaire*, Gallimard, Bibl. des idées, 1941, p. 191.

– 1933 : *Essais de psychanalyse appliquée*, trad. Marie Bonaparte et Mme Ed. Marty, Gallimard, coll. « Les Essais », 1933.

Allusions au « Moïse de Michel-Ange » et à « L'inquiétante étrangeté » dans *Le Scénario Freud* (voir, respectivement, p. 41-42, 98, 106 ; et p. 174).

– 1935 : *Cinq psychanalyses*, trad. Marie Bonaparte et R. Lœwenstein, Denoël et Steele. Rééd. PUF, 1954.

« L'Enfance d'un chef » renverrait, selon Geneviève Idt, aux cas du Président Schreber et de L'Homme aux loups ; Dora est le nom donné à l'une des patientes de Freud dans la Deuxième partie du *Scénario Freud* ; la toux y apparaît constamment comme un symptôme hystérique.

– 1948, mai : « Moïse et son peuple », *Les Temps modernes*.

On supposera que Sartre lisait ou feuilletait sa propre revue.

– 1956 : *Études sur l'hystérie*, PUF.

Évoqué dans *Le Scénario Freud*, p. 268.

– 1956 : *La Naissance de la psychanalyse*, PUF. Lettres retrouvées de Freud à Wilhelm Fliess, et manuscrits annexés à leur correspondance.
Cité par Sartre dans le synopsis de 1958 pour *Le Scénario Freud*, p. 557.

[1958 : Freud, biographie par Ernest Jones, 1953 aux USA, trad. fr. du vol. 1. Lu par Sartre pour *Le Scénario Freud*, selon Pontalis].

Ayant dûment complété ce tableau (notamment en tenant compte des textes de Freud dont Beauvoir parle dans *Le Deuxième Sexe ?*), l'oiseau instruit pourrait annoter *Le Scénario Freud*... Il en renverrait telle et telle page aux grands textes freudiens. Trois exemples ici.

Il est clair que Sartre, écrivant *Le Scénario*, a sous la main *L'Interprétation des rêves*. Il y relit notamment deux récits dont le rôle sera structurant pour son travail. D'une part, la relation que Freud donne de l'humiliation antisémite subie par son père (le bonnet envoyé dans la boue), à quoi il oppose le serment d'Hannibal, fils d'Hamilcar : se venger des Romains[1]. (Notons au passage que cette équivalence entre Romains et antisémites se trouvait déjà telle quelle, en 1940, dans *Bariona*). Sartre, dans *Le Scénario*, fait par quatre fois intervenir ce motif[2], et offre même une revanche à Freud, qui « d'un revers de main fait tomber [le] chapeau haut-de-forme » d'un médecin antisémite qui le huait[3]. Question à l'oiseau savant : lit-on cette scène chez Jones, biographe de Freud ? D'autre part, Sartre utilise[4] le rêve que Freud dit avoir fait la nuit qui précéda l'enterrement de son père, et qui est connu sous le titre « on est prié de fermer un œil »[5]. Jones a sans doute lui-même mis l'accent sur ces souvenirs autobiographiques de Freud.

Deuxième exemple, d'un autre ordre : dans *Le Scénario*, Freud interdit avec insistance à sa fiancée Martha de patiner pendant son séjour à Paris auprès de Charcot[6], oukaze dont elle se souviendra longtemps[7]. Ici, ce n'est plus un des rêves de Freud que Sartre reprend, mais peut-être un des symboles qui s'y rencontrent : selon l'*Introduction à la psychanalyse*, le glissement serait une représentation de l'onanisme[8]. Puritanisme du jeune Sigmund, dont le scénario offre bien d'autres indices.

1. *L'Interprétation des rêves*, Paris, PUF, 1967, p. 175.
2. *Le Scénario Freud*, p. 56, 92, 127, 308.
3. *Ibidem*, p. 342.
4. *Ibidem*, p. 360-364.
5. *L'Interprétation des rêves*, p. 273-274.
6. *Le Scénario Freud*, p. 52 et 71.
7. *Ibidem*, p. 253.
8. Payot, Paris, 1972, p. 143.

Dernier exemple, et le plus intéressant, dans la mesure où il permet de penser que Sartre connaissait aussi les *Essais de psychanalyse appliquée :* l'un des tics du professeur Meynert est de « fourrager dans sa barbe (geste du Moïse de Michel-Ange) », dans un effort pour maîtriser sa colère à l'idée de la folie (sa folie...) ou à la mention du nom de Charcot[1]. À son domicile, dans son bureau, il possède « une reproduction réaliste (en plâtre blanc) du Moïse de Michel-Ange », une « tête de plâtre majestueuse et féroce, sans prunelles, qui semble porter condamnation »[2]. Difficile de ne pas voir ici un souvenir de l'étude de Freud sur « Le Moïse de Michel-Ange », où le geste de la main droite dans la barbe est interprété comme le signe d'une fureur réfrénée, d'une passion maîtrisée. Du coup, Meynert apparaît comme un Moïse, c'est-à-dire le porteur de la Loi de l'Ancien Testament (ou de l'ancien savoir), dont Freud va briser les tables. Ne pose-t-il pas cet axiome : « Un père, c'est la Loi, Moïse »[3] ?

Bref : un bon connaisseur de Freud montrerait à quel point *Le Scénario Freud* est nourri des lectures précises de Freud par Sartre[4]. Mais qu'en fait-il au juste ?

Le scénario sartrien manifeste, comme il est naturel, après tout, en terre freudienne, une grande *ambivalence.* La satire y est équilibrée par l'empathie.

Sartre cède à une tentation qu'il ne fut sans doute ni le premier ni le dernier à éprouver : celle de psychanalyser Freud. De ce point de vue, une phrase-clé est placée dans la bouche de Martha : « Tu es aussi fou que tes malades »[5] – et elle posera l'index sur le front de Freud, où réside le mal[6]. Même diagnostic chez Meynert, qui lance à son élève : « Vous êtes de la confrérie », celle des névrosés[7]. Comme son premier maître, Freud apparaît en hystérique mâle : symptôme usuel (d'après le cas de la Dora des *Cinq psychanalyses*), la toux, qui, à partir de la Troisième partie, persiste alors même qu'il ne fume pas[8], mais aussi le sentiment d'oppression[9]. Freud énumère les signes de la « crise nerveuse » qui le frappe : « arythmie, oppression, brûlure dans la région du cœur », et « de l'angoisse, là, comme

1. *Le Scénario Freud*, p. 41-42, 98.

2. *Ibidem*, p. 106-107.

3. *Ibidem*, p. 63.

4. Curieusement, J.-B. Pontalis, qu'on ne saurait soupçonner de mal connaître Freud, estime dans sa Préface que « son travail de documentation ne fut pas considérable ni très précis », p. 17.

5. *Le Scénario Freud*, p. 55.

6. *Ibidem*, p. 68.

7. *Ibidem*, p. 157.

8. *Ibidem*, p. 262, 279.

9. *Ibidem*, p. 279.

dans l'angine de poitrine »[1]. Dans le synopsis, les « toux nerveuses » intervenaient comme annonçant « régulièrement des périodes de dépression »[2].

Hystérique mâle ou dépressif : secrètes faiblesses de Freud. Revenons à ses cigares : lorsqu'il les fume, Freud tousse[3]. Annonce de son cancer, certes[4]. Mais cette toux signale encore qu'il joue à l'homme sans en avoir tout à fait les moyens... Et une telle obstination à fumer indique comment la pulsion de mort le travaille lui aussi – ainsi qu'il le dit devant Fliess : « Je me suis souvent demandé si je n'avais pas envie de mourir »[5].

D'où le désir chez Freud de trouver un appui : « J'ai toujours eu besoin de subir l'influence de quelqu'un ». Et il ajoute, s'adressant toujours à Fliess : « Que dis-tu de cela? Un homme de quarante ans qui a peur de devenir adulte. Brucke, Meynert, Breuer, toi : que de pères ! Sans compter Jakob Freud qui m'engendra »[6]. C'est le sens obvie du *Scénario Freud* : montrer comment Freud, déçu par son père réel (Jakob, trop faible), se donne des pères de substitution. D'abord Meynert, qui le maudit comme un fils prodigue[7], se prend pour Dieu le Père[8], tient Freud pour son « fils spirituel », lequel ne doit pas découvrir la nudité (l'hystérie) de son père[9]. Puis Breuer, qui comme un père lui donne de l'argent pour son séjour à Paris[10], et à Vienne[11], et que Freud « respecte comme un père »[12] : « Je lui obéissais comme un enfant »[13]. Ensuite Fliess, par qui Freud a « peur de [s]e faire gronder »[14], « comme un petit garçon »[15]. C'est sur ce thème de la paternité que se clôt le scénario, avec la visite de Freud sur la tombe de son père, et la déclaration à Breuer : « à présent, le père, c'est moi »[16].

Donc, Freud devient adulte. On peut s'en réjouir – mais l'accès à la paternité emporte une menace, celle de la tyrannie, que signalait d'ailleurs

1. *Ibidem*, p. 298-299.
2. *Ibidem*, p. 555.
3. *Ibidem*, p. 64, 66, 75, etc.
4. *Ibidem*, p. 66, 75, une envie « qui vous prend à la gorge », dit Charcot et de même p. 88, 164.
5. *Ibidem*, p. 281.
6. *Ibidem*, p. 295-296.
7. *Ibidem*, p. 70.
8. *Ibidem*, p. 138.
9. *Ibidem*, p. 156.
10. *Ibidem*, p. 70.
11. *Ibidem*, p. 106.
12. *Ibidem*, p. 153.
13. *Ibidem*, p. 241.
14. *Ibidem*, p. 204.
15. *Ibidem*, p. 207.
16. *Ibidem*, p. 403.

L'Interprétation des rêves[1]. Freud le dit à Fliess : « mon vrai tyran c'est toi »[2]. Or, comme le devenir-père et la maîtrise de la pratique analytique vont de... pair, le risque redouble chez Freud. De fait, il se transforme peu à peu en un médecin-tyran : « Il a acquis une sûreté et une autorité presque tyranniques, surtout avec les malades. Il est devenu ce que l'on pourrait appeler un homme de violence, prêt à violer la conscience de ses malades pour satisfaire sa curiosité scientifique »[3]. Jouissant d'une « autorité souveraine »[4], Freud « prend le ton d'un policier »[5]; « Il prépare son attaque »[6], etc. De même dans la deuxième version, où il apparaît comme un « détective diabolique »[7], tombant dans le « despotisme »[8], se lançant dans un « duel verbal » avec Cecily[9]. Encore convient-il de préciser que ce comportement caractérise surtout la période de l'hypnose, pour laquelle Sartre, on s'en doute, n'a guère de sympathie.

Aussi se permet-il de dénoncer un certain nietzschéisme de Freud, qui n'aime pas les hommes, mais les sommets : « quand je prends des vacances, il faut que je grimpe. Plus je monte haut, plus je suis content »[10]; et l'alpiniste viennois est tout dégoûté à l'idée de redescendre vers Berchtesgaden, contemplée, plus bas, avec dédain (on songe bien sûr à Roquentin surplombant Bouville dans *La Nausée*). De même, s'il a plaisir à se retrouver en haut de Notre-Dame, « plus loin des hommes » plutôt que « plus près de Dieu », c'est qu'il peut regarder « de tout petits hommes noirs au pied de la cathédrale »[11]. Des hommes-fourmis, si l'on veut.

Il y aurait donc chez Freud un désir de maîtrise... dont Sartre se défie d'autant plus qu'il a mis fort longtemps à l'exorciser pour son propre compte[12]. Un désir de pleine lumière aussi – une « impitoyable lumière »[13] – que Poulou, habitué, selon *Les Mots*, par sa grand-mère Louise à l'art du demi-jour, ne pouvait apprécier.

1. « Les mythes et les légendes archaïques nous montrent le pouvoir illimité du père, et l'usage sans retenue qui en est fait, sous un jour très sombre » (*op. cit.*, p. 223-224).
2. *Le Scénario Freud*, p. 295.
3. *Ibidem*, p. 261.
4. *Ibidem*, p. 269.
5. *Ibidem*, p. 272.
6. *Ibidem*, p. 330.
7. *Ibidem*, p. 412.
8. *Ibidem*, p. 507.
9. *Ibidem*, p. 511.
10. *Ibidem*, p. 281.
11. *Ibidem*, p. 428.
12. Voir notre *Sartre contra Nietzsche*, Presses Universitaires de Grenoble, 1996.
13. *Le Scénario Freud*, p. 467.

Le portrait de Freud formerait donc un anti-portrait de Sartre? Pas seulement. L'impression générale que laisse le livre n'est pas du tout celle d'une hostilité cuirassée. Sartre s'est pris à son personnage, et les notes satiriques se nuancent d'empathie.

Pour faire vite, je me bornerai à énumérer trois ou quatre points de contact entre nos deux héros [1] – ce sont aussi des zones d'ombres.

Revenons d'abord sur cette question du désir freudien d'une dure lumière : Sartre ne pourrait-il y reconnaître (avec gêne?) sa propre passion de la lucidité… celle que décrit un passages des *Carnets :* « Il régna dans mon esprit une clarté impitoyable, sans ombres, sans recoins, sans microbes, sous une lumière froide » [2].

D'autre part, un certain puritanisme, assez apparent dans les relations entre Freud et Martha, évoque le fameux malaise sartrien face à la chair. « Naturalistes et puritains – cette combinaison de vertus est moins rare qu'on ne pense » [3]… : elle vaut tant pour Sartre que pour Freud.

On repère ensuite chez les deux hommes une conjonction, somme toute banale, entre sens des amitiés profondes, et homosexualité latente. *Les Mots* articuleront ce fantasme à l'existence même d'un père *sur-moi…*

Le désir, *quarto loco*, de se faire un nom; mais il est vrai que chez Freud, c'est avant tout, selon *Le Scénario*, pour lutter contre l'antisémitisme : « Un Juif ne peut pas se permettre d'être comme tout le monde » [4], puisque à Vienne, « en comptant les touristes, plus d'antisémites que d'habitants » [5]. De ce point de vue, Sartre doit accomplir le chemin inverse : se faire un nom, puis l'effacer, pour devenir, à en croire la chute des *Mots*, « n'importe qui ».

Cinquièmement, Sartre donne à Freud, ou retrouve en lui, son propre amour extrême de sa mère. On dira que l'universel complexe d'Œdipe l'exige : « Je l'aimais dans sa chair. Sexuellement » [6]. Certes, mais *Le Scénario* en 1959 anticipe sur des scènes qu'on lira en 1964 dans *Les Mots* [7], scènes qui accompagnent de silence le moment de l'entente parfaite entre mère et fils (« La mère et le fils échangent un long sourire muet » [8]), ou

1. Cf. le « Portrait de Sartre en Freud » par Annette Lavers, *Études sartriennes*, IV, Paris X, 1990, p. 171-186.

2. *Les Carnets de la drôle de guerre*, Paris, Gallimard, 1995, Carnet XII (février 1940), p. 512.

3. *Les Mots*, 1964, Paris, Gallimard, coll. « Folio », 1991, p. 13.

4. *Le Scénario Freud*, p. 56.

5. *Ibidem*, p. 256.

6. *Ibidem*, p. 391.

7. Anticipe : ou *retrouve* des scènes, puisque Sartre travaille aux *Mots* depuis le milieu des années 1950.

8. *Le Scénario Freud*, p. 57.

qui désignent la toilette maternelle du soir comme l'occasion privilégiée du trouble : « L'enfant, les yeux ouverts, et nous – presque avec ses yeux – nous voyons, au loin, dans une semi-pénombre une grande femme très bien faite laisser tomber ses derniers vêtements, se savonner, nue, la figure, les épaules et le cou »[1]. On notera comment le point de vue des spectateurs coïncide avec celui de l'enfant : ce qui laisserait penser que pour Sartre on va au cinéma pour redevenir l'enfant amoureux de sa mère, et en tout cas que le cinéma permet un partage du désir.

Enfin, chose peut-être plus surprenante, Sartre laisse transparaître, en écrivant sur les rapports entre Freud et son trop faible père Jakob, le désir qu'il aurait lui-même de se réconcilier avec un père *effacé*. La fin du *Scénario* compte au nombre des grandes scènes pathétiques que Sartre a su ménager ici et là à ses héros, surtout au théâtre : on y retrouve, sous le vide du ciel, les accents d'Oreste ou de Goetz solitaires ; mais ce qui est neuf, ce sont les pleurs versés – par Freud, par Sartre ? – sur la tombe du père, ce père dont Poulou n'aura jamais eu que le nom : « son regard s'est fixé sur le nom de son père (gravé sur la pierre tombale) »[2]. On peut dès lors comprendre toute la force, dans *Les Séquestrés*, du motif central de l'intrigue : le désir qu'a le Père de revoir son fils avant de mourir – retournons-le : il dirait aussi le désir qu'a le fils (Poulou) de revoir son père (Jean-Baptiste), qu'il n'aura jamais qu'entrevu.

En ce sens, on peut bien dire, avec cet autre, J.-B. Pontalis, que Freud a psychanalysé Sartre... Mais l'inverse est également vrai, on l'a senti, et de plus c'est Sartre qui tient la plume, donc les formes. Il in-forme la vie de Freud selon deux genres : biographie et cinéma.

Si le *Scénario* montre Freud qui brûle force documents, pour compliquer la tâche de ses biographes à venir[3], Sartre du même coup fait avouer à son personnage qu'il nourrit une tenace illusion biographique : semblable au jeune Sartre, il vit sa vie comme futur objet d'une biographie. Il faudrait enquêter : est-ce là un désir avéré par la biographie de Jones ? Ou par les lettres à Fliess ? En tout cas, Sartre structure, pour partie, son scénario comme il a construit ses essais biographiques sur Baudelaire ou Genet : on repère donc aisément une « scène primitive », celle d'un mot vertigineux contre lequel le sujet devra se définir : non pas « voleur », comme pour Genet, ni « idiot » comme pour Flaubert, mais « Pas sur le trottoir, Juif », lancé à Jakob Freud[4]. Autre moment usuel, celui de la vocation, ou du

1. *Ibidem*, p. 389-390.
2. *Ibidem*, p. 404.
3. *Ibidem*, p. 49.
4. *Ibidem*, p. 307.

serment de devenir, qui passe pour Sigmund par l'identification à Hannibal.

Pourquoi Sartre a-t-il accepté la proposition de John Huston ? Mettons de côté la première réponse qui vienne à l'esprit (le besoin de « sou » : 25 000 dollars...). La seconde tient au lien étroit que Sartre a toujours établi entre le cinéma et la conscience. Dès 1924-1925, dans son « Apologie pour le cinéma », Sartre définit le cinéma comme *l'art de la conscience :* fait de mouvement et de durée (au sens bergsonien) le film est comme elle un courant (fluide et électrisant) ; aussi favorise-t-il l'identification parfaite du spectateur (alors que le théâtre implique distance) ; au point que seul le cinéma, apte aux plus souples enchevêtrements synchroniques, nous « ouvre les consciences malades » et « peut rendre un compte exact de la psychanalyse »[1]. Pour s'expliquer avec la psychanalyse, Sartre ne pouvait qu'en passer par le cinéma – par le scénario, à défaut de réaliser lui-même. Et les procédés qu'il privilégie sont ceux qui mêlent plusieurs moments d'une vie, fournissant un accès aux secrets intimes : d'où l'importance, dans *Le Scénario Freud*, des flash-back ou scènes-souvenirs. Elles permettent un effet d'insolite – d'*unheimlich*, écrit Sartre[2], faisant clairement allusion à l'article « L'inquiétante étrangeté » (paru dans les *Essais de psychanalyse appliquée*) ; elles autorisent la superposition du présent (refoulement) et du passé (traumatisme), avec la déformation qui l'accompagne : c'est ainsi que les infirmières vues, sous hypnose, par Cecily, qui se masque la mort de son père au bordel, sont fardées comme des putains, etc. ; enfin, elles nous (spectateurs) font voir par les yeux du personnage : ainsi Sartre prend-il soin de préciser, à propos d'un des souvenirs de Cecily, que « la scène est vue de bas en haut : nous la regardons au niveau de la petite Cecily »[3]. Le cinéma selon Sartre n'est pas un art mauriacien : il ne pratique pas l'omniscience ; mais la restriction de champ.

Par ce procédé des scènes-souvenirs à focalisation interne, Sartre aurait-il réussi à figurer l'inconscient ? Jean-Bertrand Pontalis trouve, dans sa Préface, que le cinéma psychanalytique, faisant image et non signe, en dit trop. Il y a en effet un grossier pouvoir du gros plan au cinéma, et la mâle main de Breuer que Cecily approche de ses yeux, « énorme »[4], ou les « doigts » de son père, « ses grands doigts que j'aimais »[5] – autant

1. *Écrits de jeunesse*, *op. cit.*, p. 397-398.
2. *Le Scénario Freud*, p. 174.
3. *Ibidem*, p. 375.
4. *Ibidem*, p. 167.
5. *Ibidem*, p. 177.

d'images qui se passent de commentaires parce qu'elles l'imposent... à être trop figuré, le désir inconscient serait-il défiguré ?

Par chance, à côté de la figuration visuelle, il reste... les figures de style. Si Freud a exercé quelque influence sur son scénariste, n'est-ce pas surtout en renforçant son goût pour les jeux sur les mots ? Pas un personnage, ou presque, dans *Le Scénario Freud*, qui n'use de doubles sens, ou dans la voix de qui le sens ne se dédouble ; ainsi chez Madame Körtner, la mère de Cecily : « son unique malheur, c'est que son père l'a trop gâtée »[1]. Comblée, pourrie, séduite... Cette profondeur du langage, Sartre en déploiera aussi les fastes dans *Les Séquestrés d'Altona*.

2. *Les Séquestrés d'Altona*

Toute la pièce est en effet sous influence freudienne. Il me faut ici compléter l'analyse proposée en 1993 sous le titre « L'expression de la folie dans *Les Séquestrés d'Altona* ». La pièce énonce certains principes essentiels du freudisme, qui jouent sur le fonctionnement des dialogues ; ses personnages sont construits sur des modèles de malades ou de médecins freudiens ; surtout, dans sa progression même elle tente de figurer l'évolution de la méthode analytique (le passage du traitement par l'hypnose à la cure par la parole) – pour conclure à un échec.

a) *Principes de langage*

Sur le premier point, quelques citations tirées des *Séquestrés* suffiront. Sartre fait énoncer par ses personnages des principes qu'on reconnaît sans peine : on se contentera de trois exemples. Soit ce dialogue : « LE PÈRE — Frantz m'a aimé plus que personne [...] LENI — Dans ce cas, pourquoi dites-vous : il m'a aimé ? [...] Ne vous corrigez donc pas : vous avez livré votre pensée »[2]. *Lapsus* révélateur de la part du Père... Et qui donne sens à telle réaction de Johanna lorsque abruptement le Père lui dit « Et surtout, soyez belle »[3] : dans sa réponse, « Plaît-il ? », on entend à la fois l'expression polie d'une incompréhension, et une parfaite compréhension du fait qu'il s'agira de plaire à Frantz... Voici ce dernier maintenant : « Je m'excuse, chers auditeurs, les mots ont trahi ma pensée »[4] — *trahir* ici signifie à la fois infidélité et révélation : or que la parole en dise plus qu'on ne le pense, tout en le déformant, n'est-ce pas un article de base du code

1. *Ibidem*, p. 313.
2. *Les Séquestrés d'Altona*, Paris, Gallimard, coll. « Folio », 1991, p. 69-70.
3. *Ibidem*, p. 112.
4. *Ibidem*, p. 144.

analytique ? Et Frantz encore : « J'oublie ce que je veux, c'est une force, hein ? »[1] — oui, c'est même la force qui se nomme *refoulement*.

Que mon lecteur veuille bien patienter : je montrerai un peu plus loin comment Sartre peut construire toute une scène (IV, 3) sur les principes qui, selon Freud, régissent en particulier le langage du rêve.

Ambiguïté de ces références : elles fonctionnent à la fois comme, sinon un hommage à Freud, du moins un signe de connivence avec lui – et en même temps tirent vers le théâtre toute la construction freudienne, comme si l'autre scène (celle de l'inconscient) n'était en vérité (ou entre autres) qu'un vaste spectacle, empreint peut-être de mauvaise foi (Frantz, en particulier, a toutes les raisons de se mentir), que l'esprit se donne et se parle à lui-même.

b) *Personnages*

Sartre, en deuxième lieu, construit les personnages de sa pièce sur des modèles freudiens.

Le Père – donnée pas assez soulignée en 1993 – est une figure composite. Certes, il représente Freud. Les indices ne trompent pas : les cigares ; le cancer (de la gorge, il est vrai, et non de la mâchoire, mais c'est pour lier la mort du Père au thème de l'égorgement, celui du rabbin polonais et aussi de l'Allemagne) ; peut-être, enfin, la phobie du train[2] : pour aller d'Altona à la foire de Leipzig, le Père prend l'avion... En tout cas, Leni, lui jetant à la figure l'indifférence de Frantz à son égard, a ces mots tout à fait *ad hominem*, ou *ad Freudum :* « Lui ? Vous pourriez passer sous un train... »[3]. Avec Johanna, c'est un « interrogatoire policier » que conduit le Père dans la dernière scène de l'acte I, où il adopte à la fois « le ton d'un policier » pris par Freud dans *Le Scénario*, et l'usage de la pleine lumière (laquelle reviendra aussi, sous la forme des phares de l'automobile, qui éclairent la pièce « à travers la porte-fenêtre »[4], lorsque le Père fera à Frantz le signe du départ pour leur double suicide).

Mais, du fait même qu'il représente (tient lieu de, et porte à la scène) Freud, le personnage du Père vaut aussi pour tous ces pères que Freud emmène avec lui. A commencer par Charcot le « prestidigitateur »[5] : il faudra y revenir. Le père se présente aussi comme un hystérique mâle... semblable à Meynert ? Et, une fois de plus, on l'a dit, à Freud lui-même

1. *Ibidem*, p. 171.

2. Voir *Le Scénario Freud*, p. 67 et 293. — Partir en voyage, c'est mourir (un peu), rappelait *L'Interprétation des rêves*, *op. cit.*, p. 331.

3. *Les Séquestrés d'Altona*, p. 100.

4. *Ibidem*, p. 371.

5. Voir *Le Scénario Freud*, p. 77, 85, 88.

(qui tousse hystériquement sans plus fumer, à partir de la Troisième partie du *Scénario*).

Les trois enfants du Père souffrent de pathologies mentales diverses. Le cas de Werner paraît le plus simple : l'identification au Père lui a été déniée. D'où cette triste déclaration : « Je ne me prends pour personne »[1]. On peut y lire, dans le désordre : 1) un énoncé métathéâtral, comme il s'en rencontre tant dans la pièce (l'acteur est celui qui peut se faire n'importe qui parce qu'il ne se prend pour personne); 2) faute d'un idéal du moi consentant (le Père méprise son fils cadet), une réduction à soi-même, et à rien; 3) l'inversion du couple formé par Sigmund et Jakob Freud, où c'était le père qui disait n'être rien, un incapable, le fils à ses yeux étant tout[2]. Vases communicants de la paternité : à père faible, fils fort, à père tout, fils néant ?

Leni, qui aime tant les liens de famille, entre dans deux couples : avec le Père, avec Frantz. Sur le premier, quatre indices nous éclairent, qui montrent en Leni une hystérique, digne pendant de la Dora des *Cinq psychanalyses*.

Dans mon travail antérieur, j'avais repéré deux de ces indices : les caresses du Père sur les cheveux de sa fille, et la toux. Le geste du Père est insistant : il ne revient pas moins de quatre fois dans la pièce[3], et suscite toujours une réaction de retrait, brutale et coléreuse, de la part de Leni. Ce jeu de scène et de mains imposées, le Père finit par le commenter ainsi : « Quand je caresse tes cheveux, je pense à la terre : au-dehors tapissée de soie, au-dedans, ça bout »[4]. Ce qui définirait assez bien le sexe féminin ? En ce sens, la caresse sur les cheveux engage toute la question de la séduction infantile, hypothèse que l'on voit Freud, dans *Le Scénario*, forger puis rejeter. En tout cas le geste de caresser la tête y est commenté ainsi : « Il [Freud] lui [Martha, sa femme] caresse les cheveux doucement. Mais c'est plus qu'un geste de tendresse... Une ruse pour l'empêcher de lever la tête »[5]. Entre le Père et Leni, il y a donc séduction et oppression – oppression par la séduction ? Qu'on relise ce dialogue entre Frantz et Leni : « Tu as vu le père ! — Il m'a rendu visite. — Dans ta chambre ? — Oui ! — Il est resté longtemps ? — Bien assez. — Dans ta chambre : c'est une faveur exceptionnelle »[6]. Une faveur... accordée, ou des faveurs demandées ?

D'autre part, Leni, entendant son père tousser, éprouve « une sorte de peur » ; à son père qui lui demande « Qu'est-ce que cela peut te faire ? », elle

1. *Les Séquestrés d'Altona*, p. 29.
2. *Ibidem*, p. 60-61.
3. *Ibidem*, p. 44, 58, 103, 107.
4. *Ibidem*, p. 107.
5. *Ibidem*, p. 128.
6. *Les Séquestrés d'Altona*, p. 315.

répond, se détournant et regardant dans le vide : « J'espère que cela ne me fera rien »[1]. Comme si la toux du Père évoquait pour Leni un souvenir qui l'angoisse, qu'elle ne veut pas regarder, pas plus qu'elle ne veut alors regarder son père, et qui l'expose au vide, ou qu'elle recouvre de vide. J'ai proposé de voir là une autre réminiscence du cas de Dora, dont la toux, dans les *Cinq psychanalyses*, vaut à la fois comme « imitation de son père atteint d'une affection pulmonaire », et comme représentation d'une « situation de satisfaction sexuelle *per os* » entre son père et Mme K...[2]. Libre à nous d'imaginer alors que Leni a surpris le Père trompant son épouse si peu aimée (« comme il faut », dit-il à Johanna[3]) ; ou qu'elle a été traumatisée par les rapports si étroits entre le Père et Frantz... En tout cas, telle Dora, Leni semble indifférente à sa mère. Dora : « la fille ne prêtait aucune attention à sa mère »[4]. Leni : jamais elle ne mentionne sa mère. Comme Dora, Leni serait amoureuse de son père : elle l'est à coup sûr du double d'icelui, Frantz, avec qui elle se livre aux joies de l'inceste[5]. Entre les *Cinq psychanalyses* et *Les Séquestrés*, la médiation est bien formée par *Le Scénario Freud*, qui associe avec la plus grande insistance la toux et l'hystérie.

Ne négligeons pas un point essentiel : jamais Leni ne tousse (elle). Le symptôme hystérique est donc transféré sur le Père : satire de Freud en hystérique mâle, soit. Mais il y a plus, du coup : et si, par un renversement de la situation de Dora, von Gerlach adulte était aussi malade d'avoir surpris les rapports sexuels de ses enfants : Leni et Frantz ? Ce serait farce[6].

On le voit, la référence à la psychanalyse permet à Sartre de faire se déployer un espace d'ambiguïté et de profondeur, de suggestions multiples, riches et incertaines : il serait sot de prétendre trancher entre toutes les hypothèses qu'on vient de proposer.

Revenons à une terre plus ferme : à deux indices qui relient toujours Leni et Dora. Tout d'abord, le rêve, que Leni faisait dans son enfance, de mettre le feu à la maison d'Altona[7], rappelle le « premier rêve » de Dora,

1. *Ibidem*, p. 208.

2. *Cinq psychanalyses*, Paris, PUF, 1954, p. 60-61 et 34.

3. *Les Séquestrés d'Altona*, p. 35.

4. *Cinq psychanalyses*, p. 12.

5. Frantz lui caresse d'ailleurs les cheveux comme le Père (p. 370).

6. J'emprunte cette hypothèse, et plus d'un élément de réflexion, à un mémoire de maîtrise rédigé par une de mes étudiantes, Lilia M'Rad : « Sur les traces de Freud. Enquête psychanalytique sur la présence de Freud dans deux œuvres de Sartre », Grenoble III, 1998 ; il s'agit de « La chambre » et des *Séquestrés*.

7. *Les Séquestrés d'Altona*, p. 41.

rêve à répétition, dont le résumé donné par Freud commence ainsi : « Il y a un incendie dans une maison »[1] (*i. e.* dans une famille, ou une personne).

D'autre part, dans le dernier chapitre de l'*Introduction à la psychanalyse*, Freud fait grief au « traitement hypnotique », qu'il a pratiqué pendant des années, de n'avoir rien de scientifique, mais de rappeler « plutôt la magie, l'exorcisme, la prestidigitation »[2]. Or n'est-ce pas un peu comme un magicien, un prestidigitateur, et un maître de l'hypnose qu'apparaît le Père, à l'acte I, lors des moments d'« évocation »[3] de son fils ? Confirmation de cette idée, l'insistance sur le thème du regard : Frantz a les « yeux morts »[4], mais (ou plutôt parce que) le Père « le regarde attentivement »[5], et « il plonge son regard dans ses yeux »[6]. Hypnose (et fascination) qu'il exercerait au premier chef sur Frantz; mais Werner lui reproche aussi d'avoir « manœuvré » Johanna, au point qu'elle a des « yeux de statue : blancs »[7]. Yeux morts ou yeux blancs : d'hypnotisé, d'hypnotisée? On est dès lors fondé à se demander si le Père n'aurait pas, à l'occasion, usé de ses talents avec Leni. Ce qui derechef en ferait un séducteur, à en croire *Le Scénario Freud*, soit que parlent Meynert (« L'hypnotisme, c'est un viol »), et Breuer (« L'hypnotisme est un moyen de séduction »), lequel d'ailleurs forme avec Cecily qu'il hypnotise « un couple »; soit qu'à Freud, abandonnant les massages et l'électricité pour l'hypnose, et la faisant donc s'allonger, Dora lance ceci : « Eh bien, prenez-la votre pauvre grenouille »[8].

Violentée par le Père ou amoureuse de lui : telle serait Leni. Mais cette aimante jeune fille forme avec son frère Frantz un autre couple incestueux. Or cette passion n'est guère payée de retour : Frantz manque de flamme (il a d'autres feux en tête, ceux de la guerre ou de l'apocalyse nucléaire). On se contentera ici, pour mieux comprendre ce couple, de relever deux détails. D'une part, ce n'est point par hasard que Leni nous apparaît, au tout début de l'acte II, « en bonne ménagère », le balai à la main et portant un « tablier blanc sur sa robe ». On peut y voir une allusion aux *Bonnes* de Jean Genet, et de fait Leni finira par prendre la place de son frère et maître ; mais aussi un symbole; celui de l'Allemagne de l'après-guerre, obsédée d'ordre et de propreté, qui tente de faire le ménage dans son passé; ou enfin, une

1. *Cinq psychanalyses*, p. 46.
2. *Introduction à la psychanalyse*, 1916, trad. fr. 1921, Payot, 1972, chap. 28, p. 426-427.
3. *Les Séquestrés d'Altona*, p. 62.
4. *Ibidem*, p. 65.
5. Par trois fois : *ibidem*, p. 71, 73, 78.
6. *Ibidem*, p. 73.
7. *Ibidem*, p. 94.
8. *Le Scénario Freud*, p. 108, 235, 192, 199.

transposition de Martha Freud, que *Le Scénario* peint en ménagère, elle aussi, apparaissant munie d'un balai, débarbouillant son fiancé, comptant la vaisselle, craignant qu'on ne salisse son tapis, faisant des rangements[1]. Satire : Sartre sourit de ce besoin convenu d'honorabilité chez une femme liée à un homme qui fouille les poubelles de l'âme (Sigmund) ou dont l'âme est poubelle (Frantz le déchet, comme dit Werner). Satire encore : le souci excessif du ménage révèlerait la frustration sexuelle — Freud, piètre amant tout comme Frantz ? Ce que confirme le geste du baiser sur le front : Frantz « se penche et l'embrasse sur le front. Elle [Leni] hausse la tête, l'embrasse brusquement sur la bouche et sort »[2]. Baiser machinal de la conjugalité lasse, dont Freud honore Martha plus d'une fois[3].

Enfin, *Le Scénario Freud* éclaire triplement les liens de Frantz et de son père.

D'une part, on rencontre dans le scénario le personnage de Charles le séquestré, personnage-relais entre le Pierre de la nouvelle « La Chambre » (*Le Mur*) et le Frantz des *Séquestrés*. Qu'on en juge : il s'est enfermé depuis six ans, c'est-à-dire depuis la mort de sa mère, que son père a fait mourir de chagrin. L'air traqué, il croit être possédé par le Diable : « je suis le Mal »[4], déclare-t-il en toute simplicité. La haine de son père forme son fantasme-clé, à la source de sa névrose. Tout cela vaut aussi, *mutatis mutandis*, pour Frantz.

D'autre part, *Le Scénario* nous permet de voir en Frantz une transposition du jeune Freud. Ce qui est dit de ce dernier s'applique en effet au mieux au héros des *Séquestrés :* il est, selon Meynert, « toujours sombre, tendu, ascétique et secret »; mais aussi un de ces « visionnaires » dont parlent à la fois Fliess et Johanna[5]. Frantz s'avère lui aussi « un homme de violence, prêt à violer la conscience »[6] non pas de ses malades mais des partisans prisonniers... Tout comme Freud[7], Frantz joue sur le mot « bobine » (cylindre à pellicule et visage). Les écriteaux, au mur de sa chambre, rappellent ceux du rêve de Freud, évoqué dans *Le Scénario*[8], le rêve « On est prié de fermer les yeux » – sur les péchés des pères... Cette parenté entre Frantz et Freud conduirait à leur faire s'échanger leurs pathologies : l'hystérie repérée par Meynert chez Freud vaudrait aussi pour

1. *Ibidem*, p. 47, 48, 91, 265, 327.
2. *Les Séquestrés d'Altona*, p. 187.
3. *Le Sénario Freud*, p. 136, 208, 210, 328.
4. *Ibidem*, p. 116.
5. *Le Scénario Freud*, p. 111, 193; Johanna dans *Les Séquestrés*, p. 192, 265.
6. *Le Scénario Freud*, p. 261.
7. *Ibidem*, p. 427.
8. *Ibidem*, p. 487.

Frantz, la paranoïa de ce dernier[1] se reverserait sur le médecin viennois. Quel beau jeu de reflets…

Si Frantz représente aussi le jeune Freud, on comprend encore mieux le suicide en auto : en *autos*, en un seul être, deux figures de Freud, vieux (le Père) et jeune (Frantz)… Ce serait l'un des sens, parmi bien d'autres, et certes pas le plus important, de la sentence de Frantz dans son monologue final : « Un et un font un, voilà notre mystère ».

Le Scénario Freud montre enfin toute la force du principe de paternité ou d'autorité : « Ce que le père fait est toujours bien fait » ; « Voyez-vous, Fliess, les gens comme moi ont besoin de se donner des tyrans »[2]. *Les Séquestrés* tirent les leçons politiques de cette idée : la psychanalyse ne serait point étrangère au tragique sens allemand de l'obéissance, dont on n'ignore pas les funestes conséquences sur l'histoire du XXe siècle[3].

c) *Méthodes sans cure*

Un tel principe d'autorité se manifeste très clairement dans l'usage de l'hypnose – première des méthodes freudiennes que *Les Séquestrés* mettent en scène.

Sartre a en effet voulu donner à voir des séances de travail psychanalytique. Les scènes-souvenirs de l'acte I sont présentées comme de l'ordre de l'« évocation »[4] : elles ne paraissent pas très différentes de ces souvenirs vus, en état d'hypnose, par certains patients du *Scénario Freud*.

Petite digression, à ce point, sur le procédé du *flash-back* dans *Les Séquestrés*, pour en faire ressortir le double enjeu : à la fois psychanalytique et historique. D'une part, le passé psychique s'y manifeste non pas comme un en-soi, autonome, à distance, mais comme un passé-présent, revu *hic et nunc*. Effet de présence d'autant plus important que, d'autre part, il s'agit d'un procédé « lazaréen », au sens où Jean Cayrol appelait à la création d'un art lazaréen[5]. Pourquoi ?

1. Voir le sentiment de vivre « en résidence surveillée » (II, 1, p. 137), le fantasme d'être la femme de Hitler (V, 1, p. 345). Il faudrait ajouter que le discours de Frantz présente *aussi* tous les traits du discours de l'obsessionnel, tels que Gilles Philippe les a analysés, à propos du Daniel des *Chemins de la liberté*, dans son excellent *Le Discours en soi*, Paris, Champion, 1997, chap. 6.

2. *Le Scénario Freud*, p. 58, 240.

3. Voir ce que Freud écrit, à la suite des *Cinq leçons sur la psychanalyse* (trad. fr. 1921), dans sa « Contribution à l'histoire du mouvement psychanalytique » : l'analyse suppose, « entre l'analyste et l'analysé, des rapports de supérieur à subordonné » (Payot, 1981, p. 130).

4. *Les Séquestrés d'Altona*, p. 62.

5. « D'un romanesque concentrationnaire », *Esprit*, septembre 1949 ; repris sous le titre « De la mort à la vie » à la suite de *Nuit et brouillard*, Paris, Fayard, 1997. Pour une lecture « lazaréenne » des *Séquestrés*, voir mon article « *Les Séquestrés d'Altona* et l'Allemagne »,

Rappel : en 1955, Alain Resnais (il a trente-trois ans) reçoit commande d'un film qui commémorerait le dixième anniversaire de la libération des camps. Le film sort à la fin de 1955, sous le titre de *Nuit et Brouillard*[1]. Il suscite une vive polémique : la Commission de contrôle cinématographique le censure, pour avoir montré un gendarme français, à beau képi, gardant le camp de Pithiviers. Lorsqu'il est question de donner le film au Festival de Cannes, en 1956, l'ambassade d'Allemagne, paraît-il, intervient pour faire interdire la projection (au motif, habituel, que tous les Allemands ne furent pas nazis). Les anciens déportés des Alpes-Maritimes font savoir que s'il en est ainsi, ils occuperont les fauteuils d'orchestre de la salle de projection en tenue rayée de déportés. Le film est montré.

De quoi se compose-t-il ? D'images et d'un commentaire. Le commentaire, écrit (c'était la condition que Resnais avait mise à son acceptation) par Jean Cayrol, poète, romancier, ancien déporté, est dit par Michel Bouquet (il sera publié pour la première fois chez Fayard dans la collection Libres en 1997). Les images sont de deux types : en couleur, elles montrent l'état, en 1955, des camps situés en Pologne. En noir et blanc, ce sont des images d'archive.

On aura compris où je veux en venir : il paraît tout à fait plausible que Sartre ait tenté de transposer cette dualité d'images sur la scène des *Séquestrés*. L'essentiel de la pièce se déroule au présent; les scènes-souvenirs font surtout voir divers moments du passé de Frantz (depuis ses premiers démêlés avec son père, acte I, 2, jusqu'à l'explication avec la femme allemande, acte IV, 3). Voir, ou plutôt *entrevoir :* dans une « zone de pénombre »[2] – donc entre nuit et brouillard ? Frantz n'est-il pas à la fois bourreau qui se cache – et victime : auto-séquestré, concentrationnaire pour se punir infiniment.

Relevons trois autres points sur lesquels *Les Séquestrés* peut s'inspirer de *Nuit et Brouillard :* 1) le film montre les fameuses inscriptions « Arbeit macht frei », à l'entrée d'un camp, et « Eine Laus, dein Tod », sur une affiche : on songe aux écriteaux (« Don't disturb », « Il est défendu d'avoir peur ») qui ornent les murs de la chambre de Frantz; 2) accompagnant quelques images d'un procès, la voix *off* fait entendre : « "Je ne suis pas responsable", dit le Kapo; "Je ne suis pas responsable", dit l'officier. "Alors qui est responsable ?". Question à laquelle Frantz rétorque : "J'ai pris le siècle sur mes épaules" et j'ai dit : "J'en répondrai" »; 3) Une des

Recherches et Travaux, Grenoble III, n°56, 1999, p. 163-182 ; et ma « Notice » pour la même pièce, à paraître (un jour...) dans le *Théâtre* de Sartre, Bibliothèque de la Pléiade, M. Contat et G. Idt éd.

1. En principe disponible en cassette chez Arte Vidéo.

2. *Les Séquestrés d'Altona*, p. 62.

dernières questions posées par la voix *off* est celle-ci : « Les nouveaux bourreaux ont-ils un autre visage que le nôtre ? ». Or la guerre d'Algérie a commencé à la fin de 1954, et Sartre l'évoque (la torture...), tout en la masquant sous la Deuxième Guerre mondiale, dans *Les Séquestrés*.

Fin de la digression, retour à la question de la méthode analytique. Les scènes-souvenirs de l'acte I sont *commandées* par le Père : ce dispositif dramaturgique fait voir toute son influence (maligne) sur la vie de son fils. Mais à partir de l'acte II, c'est une autre étape de la psychanalyse que montre la pièce : celle de la cure par la parole.

La chambre de Frantz figure en effet, en un sens, son espace psychique (comme celle du Hamm de *Fin de partie*), encombré de débris, fasciné par Hitler, travaillé de pulsions non maîtrisées. Dans son premier monologue, Frantz ne se définit-il pas comme « le Titan fracassé » ? On est alors tenté de se rappeler cette page de *L'Interprétation des rêves* où Freud fait des « désirs refoulés, mais toujours actifs, pour ainsi dire immortels de notre inconscient » l'analogue des « Titans de la légende, écrasés depuis l'origine des temps sous les lourdes masses de montagnes que les dieux vainqueurs roulèrent sur eux »[1].

Deux tentatives de cure par la parole interviennent alors. D'une part, Frantz essaie une autoanalyse sauvage et profane, en ses monologues toujours repris, rompus, associatifs, enregistrés sur des bobines qui dessinent sa bobine mentale, et l'emprisonnent dans une machine inerte : comme si l'analyse ne confrontait jamais qu'à la forteresse close, et vouée à la répétition, du sujet ? D'autre part, Johanna joue, outre ceux de la Mort et de la Beauté, le rôle d'un psychanalyste. C'est elle qui, entrant dans le monde de Frantz et suscitant sa confiance, puis son amour (ô transfert...), doit lui permettre de ramener à une claire conscience le traumatisme capital.

L'un des moments culminants de cette cure est formé par la scène 3 de l'acte IV (Frantz et la vieille femme allemande). Scène d'un statut ambigu : « Ce n'était pas un souvenir ? », demande Johanna, et Frantz de répondre : « C'est aussi un rêve »[2]. Prenons qu'il s'agisse d'un rêve[3], élaboré tant par l'inconscient du rêveur, que par son intelligence de narrateur (donc très soigneusement forgé par Sartre). On repère alors aisément l'élément récent à partir duquel il se construit, à savoir cette phrase de Johanna, quelques jours plus tôt, lors de sa première rencontre avec Frantz : « Vous êtes au pied du mur, Frantz : ou vos raisons seront valables, ou la femme de votre frère cadet vous jugera sans retour »[4]. De fait : 1) Frantz raconte avoir

1. Freud, *L'Interprétation des rêves*, p. 471.
2. *Les Séquestrés d'Altona*, p. 295.
3. Je m'inspire ici de la fine analyse de Mlle M'Rad, mémoire cité, p. 103-105.
4. *Les Séquestrés d'Altona*, p. 178.

rencontré, soldat revenant de Russie, une « femme noire », « accotée contre le mur »[1], et qui, lui ayant montré ses moignons, s'exclame : « J'ai mis au pied du mur un soldat de chez nous ! »[2], avant de le condamner durement pour n'avoir pas *tout* fait afin de gagner la guerre. Ainsi le rêve de Frantz le montre à la fois littéralement et métaphoriquement mis au pied du mur ; et jugé – le rêve développe et réalise les expressions employées par Johanna. 2) Johanna s'était définie comme « la femme de votre frère cadet » : or la vieille femme allemande tend à confondre Frantz avec son propre frère, qu'elle dit avoir été tué en Normandie ; en effet, lorsqu'elle s'exclame « Les coupables, c'est vous ! Toi, mon frère, vous tous », on entend à la fois *toi et mon frère*, et *toi qui es mon frère*. Ce qui revient à nous suggérer que le couple de la vieille femme et de Frantz vaut comme transposition du couple formé par Johanna et Werner (la transposition s'appuie, par déplacement, sur un détail que Frantz n'ignore pas : Werner a été sinon tué du moins « prisonnier *en France* »[3]. 3) On devine alors quels désirs plus ou moins inconscients s'expriment dans ce rêve : que le frère de la femme soit mort (que Werner soit mort !) ; que la femme soit femme en noir, c'est-à-dire veuve, c'est-à-dire que Johanna soit libre pour moi, Frantz…

Trois indices encore, qui vont dans le même sens : 1) Johanna est bel et bien en noir, puisqu'elle est « entrée dans l'ombre »[4] ; 2) le désir de Frantz pour cette femme, quoique vieille et infirme, s'exprime par un geste non contrôlé : « *Frantz s'aperçoit qu'il a, sans même y prendre garde, braqué son revolver contre la femme* »[5]. Or qui dit revolver, en terre freudienne… (et déjà dans *Les Mains sales*, entre Jessica et Hugo…) ; 3) qu'est devenue cette femme, demande Johanna, et Frantz répond : « Cela dépend ». Johanna : « De quoi donc ? ». Frantz : « De mes rêves »[6]. Certes : dans ses rêves Johanna devient sa femme. Mais cette réponse en cache une autre : cela dépend *de vous*.

Donc, Frantz, en bon patient, raconte ses rêves à son analyste, et l'aime. Il va même jusqu'à dire/forger des rêves qui signifient qu'il l'aime. Pourtant, le modèle freudien est triplement perverti.

D'une part, dans la mesure où Johanna entre avec Frantz dans un « délire à deux »[7], si bien que s'éloigne toute perspective de guérison : « Je ne

1. *Ibidem*, p. 288.
2. *Ibidem*, p. 289.
3. *Ibidem*, p. 46, je souligne.
4. *Ibidem*, p. 287.
5. *Ibidem*, p. 288-289.
6. *Ibidem*, p. 295.
7. *Ibidem*, p. 201.

songe pas à vous guérir : votre folie, c'est ma cage »[1]. Mais si c'était la vérité de la situation analytique, que de mettre aux prises deux malades ? C'est ce que Freud laisse entendre à Cecily, avec toutefois plus d'optimisme : « CECILY : Vous voulez que nous nous guérissions ensemble ? FREUD : Oui. Et l'un par l'autre »[2].

D'autre part, la cure entreprise par Johanna aboutit à un échec. Il y a certes l'intervention d'un facteur extérieur : Leni, qui ne supporte pas de voir Frantz s'éloigner d'elle, et Freud avait bien raison de mettre vivement en garde contre « la présence de parents » lors du traitement psychanalytique[3]. Mais surtout, l'aveu du pire (la torture) suscite chez Johanna une réaction de dégoût insurpassable : elle sort de son rôle thérapeutique (l'analyste ne doit certes pas condamner l'analysant), et le traumatisme vécu par Frantz est revécu dans toute sa dureté. Précisons. La métaphore judiciaire n'est pas étrangère à Freud, qui estime que la cure (et en particulier le transfert) doit conduire à « ranimer l'ancien conflit qui avait abouti au refoulement, à soumettre à une révision le procès qui semblait terminé »[4]. Or, dans le cas de Frantz, la révision induite par la présence de Johanna ne mène qu'à une nouvelle condamnation de l'inculpé. Le traumatisme se trouve donc répété mais pas purgé (du coup, Frantz fait le crabe).

En ce sens *Les Séquestrés d'Altona* manifestent un double échec de la *catharsis*. Pas de *catharsis* théâtrale : impossibilité de la pitié face à la torture, et la terreur résiste, chez Johanna, à toute purgation ou esthétisation. Et pas non plus de succès de la « méthode cathartique » de purgation par la parole, la remontée à la lumière, qui ferait s'évanouir les vampires[5]. Freud, dans *Le Scénario*, définit sa méthode comme « un très bon coup de filet qui attrapera les monstres des profondeurs marines. [...] Il y en a qui vivent sous de telles pressions qu'ils éclatent quand on les ramène à l'air libre »[6]. Mais lorsque Frantz rejoint ses monstres, il redevient crabe ; lorsqu'il plonge dans les profondeurs aquatiques, c'est pour s'y noyer.

De cet échec de la cure, les détails du suicide de Frantz fournissent deux images parlantes. D'abord, on s'en souvient, il lui faut passer par le « Teufelsbrücke »[7], le pont du diable ; il n'y a donc pas heureux parcours de l'enfer vers le ciel, et la pièce dément le programme de Meynert, s'adressant à Freud et lui indiquant sa mission : « Ce serait beau de risquer l'Enfer pour

1. *Ibidem*, p. 277.
2. *Le Scénario Freud*, p. 369.
3. *Introduction à la psychanalyse*, *op.cit.*, chap. 28, p. 437.
4. *Ibidem*, chap. 27, p. 415.
5. *Le Scénario Freud*, p. 191, 276.
6. *Ibidem*, p. 326.
7. *Les Séquestrés d'Altona*, p. 365.

que tout le monde puisse vivre à la lumière du ciel »[1]. Le pacte avec le Diable – que Freud, dans *Le Scénario*, conclut avec Fliess sur un *pont* de Vienne, au-dessus de Danube – aboutit peut-être à connaître le secret de la nature (la sexualité mène le monde) mais, pour Frantz, *possédé* par Hitler/le Père, certes pas au bonheur.

Par ailleurs, c'est dans une automobile (une puissante Porsche) que Frantz se précipite, avec son père, dans l'Elbe. En auto : la cure ne fait pas échapper à l'*autos*, à l'enfermement en soi-même – « Un et un font un »... La psychanalyse supposerait une croyance positive en l'altérité duelle, que Sartre tend à nier (tristesse). En auto : dans le rêve, nous explique Freud lui-même, « l'image choisie pour représenter la cure est ordinairement un trajet. Ce trajet est le plus souvent effectué en automobile parce que c'est là un véhicule nouveau et compliqué. L'ironie du patient trouve son compte dans la vitesse de l'automobile »[2]. Peu importe si, de 1900 à 1959, les performances des quatre roues ont changé : en même temps que l'auto, c'est bien la cure qui, à la fin des *Séquestrés*, non sans ironie, *tombe à l'eau*.

Croyez-en ma pratique (ma *praxis*) : on n'en finit pas avec *Les Séquestrés d'Altona*. Non seulement parce que tous les brouillons ne nous en sont pas parvenus : selon Pontalis, la scène avec le mannequin (un buste sur une tige de bois noir) du *Scénario Freud*[3] évoque un passage des *Séquestrés*... que ni le texte paru ni les manuscrits conservés à la Bibliothèque Nationale ne permettent de lire (sauf défaillance de ma mémoire). Mais surtout, la pièce donne raison à Breuer disant : « il y a *des* vérités : elles courent partout, comme des lézards, et je ne suis pas sûr qu'elles s'accordent entre elles. Pour en attraper une – une toute petite – ça n'est pas trop de toute une vie »[4]. Ce qui dépeint les difficultés de Freud, et de Sartre lisant Freud, ou encore d'un critique lisant et relisant *Les Séquestrés*, cherchant la petite bête, les petites bêtes... Oui, mais il reste que dans *lézards* il y a aussi, pour nous consoler, les arts... de Sartre scénariste et dramaturge. Sur ce plan, qui est celui de l'œuvre, le mot d'un enfant que cite Freud garde toute sa valeur[5] : « Il fait plus clair lorsque quelqu'un parle ».

Jean-François LOUETTE
Université Stendhal, Grenoble III

1. *Le Scénario Freud*, p. 158.
2. *L'Interprétation des rêves*, p. 351.
3. *Le Scénario Freud*, p. 439 *sqq*.
4. *Ibidem*, p. 97.
5. *Introduction à la psychanalyse*, *op.cit.*, chap. 26, p. 384.

LES BOXEURS CONTRE LA CUISINE ANGLAISE : SENS ET TOTALISATION DANS LA *CRITIQUE DE LA RAISON DIALECTIQUE*, II

Nous commencerons cet article par une rapide synthèse du long chapitre sur la boxe développé dans le second tome de la *Critique de la Raison dialectique*[1], afin d'en tirer quelques commentaires permettant de mesurer le chemin accompli par Sartre dans sa recherche du concret, c'est-à-dire d'un sens singulier et totalisant.

Le texte sur la boxe ouvre pratiquement le second tome de la *Critique*, qui est consacré à l'intelligibilité de l'Histoire. Plus précisément, l'analyse de la boxe constitue le chapitre 2 de la section A du second tome, dont l'objet tient tout entier dans une question : « La lutte est-elle intelligible ? »[2]. Comme le titre du chapitre l'indique – « Rapports du conflit singulier avec les conflits fondamentaux de l'ensemble social » –, l'exemple de la boxe doit permettre à Sartre de vérifier si un conflit tel qu'un match de boxe totalise les conflits qui traversent la société dans laquelle il s'inscrit.

Cette notion de totalisation est à prendre au sens fort : il ne s'agit pas d'un simple renvoi qui laisserait chaque terme intact, il ne suffit pas d'alléguer des comparaisons ou des rapports symboliques entre le local et le global, mais bien de montrer un rapport *effectif* et *intégral* entre l'un et l'autre plans. Comme le souligne Sartre, l'hypothèse de la totalisation est en fait double : elle porte à la fois sur la totalité et sur la singularité – sur la totalité en ceci qu'il doit exister un sens dialectique de l'ensemble pratique,

1. Cf. J.-P. Sartre, *Critique de la Raison dialectique*, t. II (inachevé), *L'intelligibilité de l'Histoire*, texte établi et annoté par Arlette Elkaïm-Sartre, Paris, Gallimard, 1985, p. 26-60. Les références à ce chapitre seront indiquées par l'abréviation CRD, II, suivie du numéro de page.

2. CRD, II, p. 11.

et sur la singularité en ce que chaque événement singulier qui s'inscrit dans cet ensemble retotalise ce sens, l'incarne[1]. Sartre rompt ainsi avec le marxisme aussi bien qu'avec le libéralisme : avec le marxisme car celui-ci sacrifie la singularité au profit de totalisations abstraites, globalisantes, qui laissent l'individuel leur échapper (selon la formule consacrée, Valéry est un petit-bourgeois mais tout petit-bourgeois n'est pas Valéry); avec le libéralisme en ce qu'il tient l'individuel ou le singulier pour irréductible et non totalisable, sinon sous la forme positiviste de l'analyse statistique. Au regard de la double totalisation sartrienne, le marxisme et le libéralisme révèlent leur complicité : ce sont toutes deux des pensées du concept, qu'il soit verbal et global dans le cas du marxisme ou positiviste et analytique dans le cas du libéralisme.

*

I. Sartre entre dans son sujet comme dans un moulin, fort de la conviction phénoménologique selon laquelle la vérité se livre dans l'apparence : considérant « le match de boxe qui se déroule présentement sous nos yeux », nous comprenons d'emblée « que la vérité profonde de chaque combat particulier, c'est la compétition pour les titres »[2]. Le public ne va pas voir deux hommes se donner des coups de poing ; il ne se déplace pas non plus dans le seul espoir d'assister à de la belle boxe, car celle-ci peut faire défaut. Le public attend l'affrontement de deux champions, qui occupent dans la hiérarchie de la boxe une place précise que le combat a pour enjeu de modifier ou de consacrer : « il s'agit d'assister à un épisode singulier d'une ascension et à un moment qui peut amorcer ou aggraver une déchéance »[3]. Inscrite dans une hiérarchie en recomposition permanente, une seule rencontre résume toute l'histoire de cet univers : la lutte pour le titre oppose deux boxeurs arrivés au sommet, dont les combats antérieurs sont restés fameux ; ce match entre ténors suppose qu'une masse d'obscurs ait été battue par eux au préalable. « Le combat, quel qu'il soit, est la retotalisation présente de tous les combats »[4].

Le public attend donc des champions qu'ils aient intégré tout l'art de la boxe, qu'ils soient à la hauteur de leurs précédentes performances, voire qu'ils les dépassent par des inventions tactiques. Le match est un événement daté, qui reflète l'histoire entière du sport : telle stratégie est abandonnée parce qu'incapable de surprendre encore ; telle feinte classique

1. CRD, II, p. 26.
2. CRD, II, p. 26.
3. CRD, II, p. 27.
4. CRD, II, p. 29.

est suivie d'une attaque inédite que d'autres tenteront de copier. Parce qu'il est irréversible et singulier, le match se donne comme présence et mise en cause de « toute la boxe » dans un seul événement[1].

II. Seconde étape de la démonstration sartrienne : établir que le match, qui totalise l'histoire entière de la boxe, incarne aussi les déchirures présentes dans le tissu social. A ce titre, Sartre conteste deux discours dominants à l'égard de la violence qui règne sur et autour des rings. Selon le premier discours, seul le hasard rapproche un public agressif d'un spectacle sportif; selon le second, le sport est un simple produit de l'agressivité humaine, une occasion de réveiller l'agonistique latente des foules. Pour Sartre, ces deux visions sont également abstraites; elles ne tentent pas de rapprocher *tel* sport de la violence inhérente à *tel* type de société, mais se contentent d'en appeler à des mécanismes généraux, statistiques ou psychiques, qui manquent la spécificité de la boxe et n'expliquent nullement pourquoi un sport aussi violent trouve un public aussi excité dans un contexte socio-historique déterminé.

Cette critique dévoile l'ambition soutenue par Sartre : démontrer qu'un match de boxe quelconque vaut *incarnation totalisante* de l'ensemble des déchirures qui traversent la société dans laquelle il s'organise, ce qui suppose un rapport non contingent entre la violence des sportifs, celle du public et celle de la société globale. Ce rapport lui-même opère et se laisse reconstituer sur deux plans[2] : [a] le sport incarne la violence fondamentale de la société de façon *immédiate*, en tant qu'il « se rapporte sans intermédiaire à la tension interhumaine que produit l'intériorisation de la rareté »[3]; [b] l'incarnation fait signe vers l'individuation corporelle : la boxe possède une réalité singulière qui ne s'explique qu'à la lumière d'une totalité sociale singulière, le rapport entre ces deux singularités exigeant cette fois d'élucider une série de *médiations*.

II. a) La liaison *immédiate* des diverses formes de violence tient à ceci que le sport incarne la violence intériorisée par chacun dans un univers de rareté, d'antagonisme de tous avec tous. Grâce au sport, cette violence peut s'isoler et conquérir une vertu, et ce à un double titre. D'une part, le sport est censé se pratiquer pour le plaisir ou pour la gloire, et non par esprit de conquête matérielle. La victoire dans un combat reste complice du Mal quand elle s'exerce au profit d'intérêts privés, mais elle incarne le Bien si la lutte sert à désigner le meilleur; le sport réactive le principe de l'ordalie. D'autre part, le sport impose des règles en lieu et place de la violence

1. CRD, II, p. 31.
2. CRD, II, p. 31-32.
3. CRD, II, p. 32.

imprévisible qui se manifeste au quotidien. Le tournoi médiéval remplace la boucherie des champs de bataille par un ballet réduit à quelques gestes simples et qui sont seuls admis ; de même, plutôt que la violence aveugle des combats de rue, la boxe propose un affrontement autour de quelques coups rigoureusement arbitrés, et dont les effets sont limités par des moyens de protection.

Pour autant, la violence ne disparaît pas avec sa ritualisation sportive : la lutte originelle se poursuit dans le sport, mais accède à ce que Sartre nomme « une réalisation parfaite », au sens où l'on parle de crime parfait[1]. La violence subsiste tout entière, mais nettoyée des scories qui nuisent à la pureté de l'affrontement : le boxeur ne risque pas de fuir, de sortir un couteau ou d'appeler ses complices à la rescousse ; seules s'affrontent des qualités humaines – courage, adresse, force… –, mises au service d'une violence valorisée puisque réduite à faire émerger une hiérarchie de mérites.

La boxe permet ainsi au public de purifier sa propre violence en participant à l'action. Car la lutte, quoique réglée, appelle l'implication réelle de tous : parce qu'on ne peut voir partir un coup de poing sans anticiper la douleur et donc y participer, chaque spectateur précède l'action, encourage, blâme, crie, prend parti pour l'un ou l'autre boxeur, bref, communique sa propre violence pour l'insuffler à son champion : « il s'identifie à lui, il combat à travers lui : il est lui-même l'incarnation de la violence, au point parfois de frapper son voisin : la bagarre est, dans la salle, toujours possible, comme un résultat normal et prévu du combat »[2].

Ainsi s'exprime une violence latente qui s'enracine dans les contraintes sociales, l'oppression éprouvée, l'aliénation vécue – en un mot, dans la violence subie. La violence du public ne naît pas de la peur (puisque ce n'est pas lui qui prend les coups) ni de l'ambition (puisqu'il ne vise pas le titre), mais d'une tension nerveuse qui se reconnaît et se prolonge dans le combat : les boxeurs intériorisent et réextériorisent « l'ensemble des tensions, des luttes ouvertes ou larvées qui caractérisent le régime où nous vivons et qui nous ont faits violents jusque dans le moindre de nos désirs, jusque dans la plus douce de nos caresses »[3].

L'incarnation sportive de la violence doit donc s'entendre en un sens littéral, et non comme simple métaphore mise au service d'une sociologie des correspondances symboliques : le match ne symbolise pas les antagonismes sociaux mais trouve dans ces antagonismes sa substance *réelle*, son ressort. C'est d'ailleurs dans la mesure où la violence sportive n'est pas un pur spectacle, comme dans la tragédie ou le cinéma, que

1. CRD, II, p. 34.
2. CRD, II, p. 35.
3. CRD, II, p. 36.

personne n'en est simple témoin. Parce que des individus de chair et de sang jouent leur santé et leur carrière dans cet affrontement précis, chacun doit prendre parti : le destin singulier des boxeurs se noue dans le temps très court du match, et croise les destins singuliers des spectateurs qui retrouvent dans cette précarité l'incarnation de leur propre fragilité, et dans cette violence sans objet une rage diffuse qui a rarement l'occasion de se donner un adversaire défini. Avec la complicité du public, la boxe engage un risque de mort parce que la mort demeure le « terme indépassable et menaçant de chaque vie »[1]. C'est pourquoi le décalage entre la passion qui entoure le match et la vanité de son issue ne se révèle qu'avec le recul : sur place, tout se passe réellement « comme si l'humanité entière n'avait jamais été que cette poignée d'hommes produisant cette lutte à mort comme l'incarnation de leur destin et comme si, au contraire, deux milliards d'hommes restaient au-dehors, perdus dans la dispersion sérielle et dans l'impuissance, mais totalisés et fondus dans cette lutte unique et capitale, dont l'enjeu n'est autre que le sort de l'humanité »[2]. Ainsi, l'hypothèse sartrienne de l'incarnation donne sens à ce qui demeure, en sociologie courante, un phénomène aberrant.

II. b) Quant aux *médiations* annoncées entre pratiques sportives singulières et structure sociale singulière, elles permettent d'éviter que certaines spécifications soient réduites au rang d'accidents inintelligibles : les spécifications, les singularités des boxeurs et du combat ne sont pas de simples accidents mais « une détermination engendrée par l'universel lui-même » en ce que les boxeurs, la boxe, les organisateurs et les spectateurs « se sont produits réciproquement »[3]. La totalisation est cette fois médiée car à la différence de la précédente elle échappe à la prise de conscience pratique, à la connaissance de soi des acteurs; mais elle passe toujours par leur praxis et permettrait d'expliquer, par exemple, que tel Noir ou tel Maghrébin devient champion de boxe mais non coureur cycliste.

La boxe est née en Angleterre et s'est développée en Europe et aux États-Unis, soit dans le berceau du capitalisme. Il s'agit d'une entreprise économique dont la force de travail se recrute surtout dans le monde ouvrier, les membres des classes dominantes pratiquant d'autres sports professionnels. La boxe utilise le potentiel de contre-violence des jeunes issus des classes pauvres : lorsque l'intégration de classe ou l'antagonisme patronal font défaut, la rage des jeunes ne s'investit pas dans les luttes ouvrières mais se retourne contre leurs semblables, qui leur proposent pour modèle

1. CRD, II, p. 40.
2. CRD, II, p. 41-42.
3. CRD, II, p. 44-45.

d'existence le médiocre destin auquel ils se sentent condamnés et auquel ils veulent échapper.

Les premières manifestations d'agressivité orientent les pratiques sportives, puis le recrutement des futurs « pros » : les bagarres de rue manifestent l'obscur projet de s'arracher par la force à une situation bloquée ; dans les salles de boxe, le jeune qui a été repéré pour son agressivité verra sa contre-violence érigée en vertu, régulée, finalisée. L'individualisme extrême est la condition d'un nouveau rapport social : le fait d'« avoir la haine » est prometteur aux yeux des managers ; l'entraînement et les dons interviennent de surcroît, à condition que l'amateur transforme sa rage en force de travail soumise à exploitation. Car la réussite des champions ne peut faire oublier que les boxeurs sont dans une situation à peine meilleure que celle qu'ils tentent de quitter. Une carrière dure quinze ans maximum ; l'essentiel des gains produits par la boxe va aux organisateurs et aux propriétaires de salles ; on dresse le boxeur comme un animal afin de conserver son pouvoir destructeur, en sachant pertinemment qu'il se détruira par les efforts consentis et les coups reçus. Le boxeur s'aliène à son propre corps, dont tous les besoins sont subordonnés à la victoire : trois défaites successives et un autre poulain sera lancé dans l'arène ; l'éventuel retour en grâce pourra se faire attendre et restera précaire. La contre-violence finit par s'exercer contre soi et contre ses pairs, par l'autodiscipline constante due à la concurrence des autres boxeurs : la tentative de sortie de classe se transforme en lutte contre ses propres faiblesses et contre les membres de la même classe. La contre-violence tendait à répondre à l'oppression, mais elle se prête à l'exploitation et à la récupération : la violence subversive se mue en agressivité vertueuse et domestiquée, inoffensive car déréalisée, mais dont la valorisation collective disqualifie les révoltes sauvages des plus faibles. Comme tant d'autres, le boxeur « participe à l'aliénation publique des conduites de liberté »[1].

L'analyse sartrienne se conclut ainsi sur une note désespérée mais prévisible. L'origine de classe, la rupture avec les pairs, l'exploitation capitaliste investissant les loisirs, l'idéologie sportive comme imposition réactionnaire de la Loi dans l'ordre de la force assurent la médiation entre la violence sociétale et le destin singulier du boxeur, en évitant de reconduire ces phénomènes à un commun dénominateur abstrait tel que l'individualisme ou l'agressivité humaine : tout ceci demeure effet concret de la rareté, entendue comme « relation synthétique de tous les hommes avec la matérialité non humaine et de tous les hommes entre eux à travers cette matérialité »[2].

1. CRD, II, p. 55.
2. CRD, II, p. 37.

*

Que signifie le clin d'œil à la phénoménologie qui ouvre le texte? Existe-t-il un hiatus entre le projet de « décrire » ce que nous « voyons »[1] et l'ambition d'accéder à ce que Sartre nomme la « vérité profonde » du combat[2] ? Comment atteint-on cette profondeur tout en restant à la surface de la praxis ? Cette question des procédures de discrimination est redoutable car y répondre reviendrait à se revendiquer d'un mimétisme sartrien, à s'arroger la capacité de refaire le texte à neuf, voire d'en produire d'autres sur le même modèle, tandis que se soustraire purement et simplement à la question aurait pour conséquence de laisser le texte produire des effets d'intelligibilité sans s'inquiéter de l'intelligibilité de cette intelligibilité : il faut donc tracer des *amorces* de réponses pour contourner ces deux formes d'argument d'autorité.

Sartre use d'abord de ce que l'on peut appeler des indices phénoménaux : de la bagarre qui éclate dans la salle à la rage de vaincre des champions il accumule les détails signifiants, qui orientent ou entérinent l'analyse à la manière de l'observation ou de l'expérience cruciale dans les sciences de la nature (les p. 30-31 sont particulièrement éloquentes à cet égard). Mais il ne suffit pas, pour autant, de regarder, d'accueillir des déterminations objectives et immédiates comme le croyait Jules Renard : chaque indice phénoménal s'accompagne de la récusation d'un indice trompeur, d'une apparence à subvertir, annoncée sous forme d'objection (« bien sûr », « sans doute »), mais aussitôt relativisée (« il importe peu… » ; « la question n'est pas là », elle s'impose « à un certain niveau » mais « ce qui compte, c'est… »)[3]. Ce mécanisme dépasse la rhétorique classique de l'illusion et de la vérité : la rigueur de l'analyse tient ici au fait que toutes les pistes, vraies et fausses, se donnent sur le même plan et doivent être également prises en compte car elles relèvent de « la chose même », de ce qui se donne à voir, sans que nous bénéficiions de l'appoint formel de la mise entre parenthèses phénoménologique puisque tout se déroule dans l'univers des transcendances.

Sartre doit donc hiérarchiser les indices phénoménaux, d'autant qu'il établit la majeure partie de son analyse contre les apparences construites par l'idéologie et la ritualisation sportives, qui tendent à forclore l'irrigation de violence au sein du sport en dotant celui-ci de vertu[4]. La déconstruction de cette idéologie parcourt donc l'ensemble du texte : elle permet à la fois de

1. CRD, II, p. 31.
2. CRD, II, p. 26.
3. CRD, II, p. 26-27.
4. CRD, II, p. 32-34 e. a.

faire place nette pour l'interprétation dialectique, et de confirmer celle-ci en réinsérant cette construction idéologique dans l'effort de la classe dominante pour juguler la violence qu'elle suscite. Comme de juste, Sartre lit la vérité d'une société dans ses mensonges : si la déréalisation de la violence de classe des exploités, son exfoliation sous forme d'agressivité régulée, réinvestie et ritualisée sur le ring, mystifie les boxeurs qui trouvent dans leur brève carrière une échappatoire illusoire à leur condition, cette tromperie « a *toute la réalité sociale* d'une mystification », révélatrice à proportion même de sa puissance de déformation [1].

Quant au partage entre indices déformants et révélants, il repose sur un critère annoncé par le texte : un indice phénoménal se confirme par sa capacité à faire sens, à établir la « vérité profonde » de la boxe [2], à montrer d'où telle apparence « tire son sens », à déterminer grâce à quoi elle « a » du sens [3]. Se développe ainsi une phénoménologie paradoxale qui passe de la surface à une profondeur toujours lisible dans cette surface même, le sens profond trouvant « sa signification concrète et retotalisante » dans tel caractère également emprunté au registre phénoménal [4]. Dialectique des apparences secondaires et essentielles, de la contingence et de la nécessité, qu'on parcourt dans un ordre rigoureux en se laissant porter par le fait que telle esquisse, contingente en soi, appelle sa « nécessaire » totalisation signifiante, tandis que telle autre procède déjà d'un mouvement rétrograde du vrai, dont elle « témoigne » manifestement [5].

Ce renvoi du phénoménal au phénoménal dicte l'insistance sartrienne quant à *l'effectivité* de la violence ritualisée : en faisant l'hypothèse que la violence sociétale trouve à s'incarner dans le sport, Sartre cerne du sens et non de la signification, qui supposerait une dualité de plans entre le signifiant et le signifié. Si le sport permet la cristallisation valorisante de l'agonistique fondamentale, Sartre montre que cette alchimie ne désigne ni une signification idéelle trouvant à se traduire dans la chair, ni un simple spectacle renvoyant à quelque infrastructure : l'incarnation se situe sur le même plan que l'incarné. La violence locale incarne une violence globale, mais ces deux violences sont de même nature car le sport relève à son tour de l'aménagement capitaliste de la rareté : il constitue l'une des composantes de la violence sociétale, ce qui lui permet de la totaliser sans hiatus, en restant au plan phénoménal. L'incarnation de « la tension

1. CRD, II, p. 55-56.
2. CRD, II, p. 26.
3. CRD, II, p. 27, 29.
4. CRD, II, p. 27.
5. CRD, II, p. 28.

interhumaine que produit l'intériorisation de la rareté »[1] n'est ni une symbolisation, ni la mystérieuse contraction d'un principe global où résiderait sa Vérité, mais le seul mode d'existence possible de ce principe : l'intériorisation de la rareté, c'est la violence incarnée dans le sport, aussi bien que la violence économique ou l'oppression domestique. Loin de descendre du ciel des intelligibles comme le terme d'incarnation pourrait le faire croire, la notion de « sens » qui domine le texte conforte le monisme ontologique de la *Critique de la Raison dialectique :* le sens participe à son tour de la praxis matérielle sur fond de rareté.

C'est pourquoi, d'un point de vue méthodologique toujours, la progression du chapitre se caractérise par un passage en deux temps du registre de l'immanence au registre des transcendances, le changement progressif de registre s'accompagnant d'une prise en compte croissante des mystifications idéologiques à l'œuvre dans l'univers sportif en régime capitaliste. Dans la première partie du chapitre[2], Sartre déplie ce que chacun sait et fait dans le monde de la boxe (organisation hiérarchique, évolution des techniques de combat...), étant entendu que ce savoir-faire est un art d'exécution qui revendique et clarifie ses objectifs et ses règles : Sartre s'appuie ici implicitement sur ce qu'il nommait le préréflexif dans *L'être et le néant* et qui, quoique autonome à l'égard du réflexif, en autorise l'apparition et même, en l'occurrence, l'appelle comme conscience de soi glorifiante du « noble art ». Dans la deuxième scansion de son propos[3], Sartre démontre que la boxe est liée à l'ensemble des conflits sociaux qui déchirent l'univers dans lequel elle a été inventée, l'incarnation de la violence sociale c'est-à-dire de la rareté dans la pratique sportive figurant cette fois une déclinaison de ce que Sartre approfondira sous le terme de vécu dans *L'Idiot de la famille :* une totalisation qui reste « immédiate »[4] mais qui serait déniée comme telle par le monde du sport, une logique relevant cette fois exclusivement de l'irréfléchi, une praxis qui (se) connaît et connaît les règles auxquelles elle obéit sans avoir besoin de se thématiser – le silence qu'elle maintient sur son régime de fonctionnement étant au contraire la condition *et* la conséquence des mystifications idéologiques dont elle s'entoure. Enfin, la troisième partie du texte[5] développe une totalisation « médiée » qui passe toujours par la praxis des acteurs (dépassement de la violence subie sous forme de contre-violence codifiée, échappement à la condition de classe par une autre soumission du corps au jeu

1. CRD, II, p. 32.
2. CRD, II, p. 26-31.
3. CRD, II, p. 32-44.
4. CRD, II, p. 32.
5. CRD, II, p. 44-60.

concurrentiel...) et qui retentit sur leur vécu, mais qui échappe désormais à leur conscience (de) soi puisque l'aliénation des boxeurs et leur aveuglement à l'égard de l'exploitation à laquelle ils se soumettent deviennent la condition de leur participation au système c'est-à-dire de leur praxis même[1].

L'originalité méthodologique de la *Critique de la Raison dialectique* se confirme ainsi, qui en appelle à l'expérience réflexive, à l'ancrage dans le vécu caractéristique de la phénoménologie, pour mieux démontrer que ce vécu apparemment autonome et absolu[2] ne se soutient que de ce dont il se compose, à savoir un réseau de totalisations immédiates et médiées dont il figure l'intériorisation réextériorisante ou, selon le terme-clé de ce chapitre, l'incarnation – renvoi de Husserl à Marx, du phénoménologique à la matérialité ouvrée sur fond de rareté imposant sa loi dans l'acte même où elle rend le moment phénoménologique possible comme lumière jetée sur l'expérience par elle-même :

> ... *l'expérience critique* (...) ne peut être non plus une totalisation singulière et autonome de la totalisation connue mais elle est un moment réel de la totalisation en cours, en tant que celle-ci s'incarne en toutes ses parties et se réalise comme connaissance synthétique d'elle-même par la médiation de certaines d'entre elles. Pratiquement, cela signifie que l'expérience critique peut et doit être l'expérience réflexive de n'importe qui[3].

*

Ces observations suffisent à mesurer la dette, mais aussi l'apport de la *Critique de la Raison dialectique* au regard du premier texte dans lequel Sartre manifeste son ambition totalisatrice : le *Carnet Dupuis*. Le « Dupuis » est un carnet de notes récupéré par André Dupuis, élève de Sartre au Havre. Sartre utilisait notamment ce carnet vers 1931 pour y jeter des

1. Ces trois modes de réalité et d'analyse, qui se manifestent surtout dans le détail de la démonstration, sont plus ou moins explicitement revendiqués par Sartre : voir e. a. p. 27, 29-30, 43 pour le premier mode, p. 42-43 pour le deuxième et p. 44-45 pour le troisième.

2. Nous avons montré que telles étaient ses caractéristiques initiales dans l'œuvre de Sartre, et ce au terme d'une longue étude centrée sur *La transcendance de l'Ego* : cf. V. de Coorebyter, *Sartre face à la phénoménologie. Autour de « L'intentionnalité » et de « La transcendance de l'Ego »*, Bruxelles, Ousia (diffusion Vrin), 2000.

3. J.-P. Sartre, *Critique de la Raison dialectique*, précédé de *Questions de méthode*, t. I (*Théorie des ensembles pratiques*), texte établi et annoté par Arlette Elkaïm-Sartre, Paris, Gallimard, 1985, p. 165.

notes préparatoires à *La Nausée*, motif pour lequel la seconde partie de ce carnet a été publiée dans les *Œuvres romanesques*[1].

Ce texte rédigé au début des années trente et où l'on trouve la première annonce des défis que Sartre ne cessera de poursuivre témoigne de quatre convictions auxquelles le chapitre sur la boxe fait écho : 1) *il y a* du sens ; 2) le sens se donne à lire *dans la phénoménalité*; 3) ce sens peut être *totalisant ;* 4) la totalisation est toujours *individuelle* ou *singulière*. Mais au début des années trente Sartre achoppe sur les deux derniers points, faute d'une vision de l'Histoire comme totalisation totalisée, événement contingent et irréversible fondé sur la praxis individuelle dans la mesure exacte où l'individu reste une abstraction tant qu'il n'a pas été réinséré dans les structures collectives (groupes, classes, lutte des classes...) qui le totalisent en retour.

Dans le *Carnet Dupuis* l'Histoire est placée tantôt sous le régime de la compréhension, de l'empathie pour l'individuel, et tantôt sous le régime des sciences, de la pulvérisation du concret en coupes concurrentes et abstraites telles qu'histoire militaire, politique, générale... Comme le montre la section du *Carnet Dupuis* intitulée « Du fait historique et de l'événement présent », Sartre reproche à l'Histoire d'introduire des cloisons étanches entre différents niveaux d'intelligibilité distingués *a priori*. L'étude de la bataille de Waterloo servira à expliquer l'abdication de Napoléon ou alimentera les statistiques des victimes militaires du régime impérial, mais elle restera muette sur « telle mort particulière d'un soldat » parce que le « fait particulier » ou « l'événement » est défini d'emblée *comme particulier*, c'est-à-dire comme singularité contingente et inintelligible qui n'importe guère face aux grandes scansions de l'Histoire et qui ne pourra jamais rejoindre le plan des mouvements généraux, même par sommation des événements particuliers entre eux[2]. L'événement historique figure ainsi un défi majeur pour Sartre, qui s'inquiète déjà de l'unité de la bataille de Waterloo après sa dissémination stendhalienne : « Après La Chartreuse de Parme je me suis souvent demandé ce que c'était qu'un fait[3] ». Contre l'esprit analytique qui privilégie le concept ou la loi, Sartre préserve l'irréductibilité de l'événement entendu comme structure polymorphe qui totalise, dans son indistinction première, les diverses couches signifiantes sur lesquelles se disputent les historiens.

1. Nous nous appuierons aussi, pour la présentation générale de ce texte, sur sa première partie, encore inédite.

2. Sur tout ceci, voir J.-P. Sartre, *Œuvres romanesques*, édition établie par M. Contat et M. Rybalka, avec la collaboration de G. Idt et de G.H. Bauer, Paris, Gallimard, « Bibliothèque de la Pléiade », 1981, p. 1683.

3. *Ibidem*.

Mais vers 1931 Sartre ne pousse pas cette analyse, qui demeure programmatique : dans le *Carnet Dupuis* cette revendication d'un sens totalisant se traduit par de simples *illustrations*, à forte teneur esthétique, voire métaphysique. Contre le monde désenchanté de la science qui réduit la couleur à des longueurs d'ondes, contre la contingence qui pulvérise l'unité naturelle des choses, Sartre sauve des trouées de sens ; il part à la recherche de « faits individuels » qui composeraient ce qu'il nomme, d'une superbe formule, une « sorte de surface métaphysique, jamais étudiée »[1]. Mais à l'époque, cette surface n'ouvre pas encore sur sa profondeur enfouie, qui attesterait son pouvoir de totalisation : Sartre en reste à la quête de correspondances symboliques, celles-là mêmes qui surprenaient tellement Simone de Beauvoir au cours de leurs voyages – par exemple lorsqu'il tentait de la convaincre que la cuisine anglaise et l'empirisme de Locke sont fondés tous deux sur le principe analytique de la juxtaposition[2]... Le renvoi s'opère de l'individuel *à l'inviduel*, d'un « fait » étroitement circonscrit (un procédé culinaire) à un autre « fait » également délimité (une doctrine philosophique). La totalisation se borne ici à l'enregistrement d'une symbolisation mutuelle dont on peut tout au plus *imaginer* qu'elle possède une assise plus large (un style, une culture ou une histoire propre à l'Angleterre), de la même façon que dans le *Carnet Dupuis* Sartre *suppose* qu'un événement historique totalise l'ensemble de ses significations « dans une indistinction première[3] », mais ne peut le prouver : pour y parvenir il faudrait troquer ce *sens perçu* en *praxis totalisante*, ne plus se contenter de scruter une surface supposée métaphysique pour y voir surgir le clignotement du sens, mais se couler dans le processus même de l'émergence du sens comme totalisation en acte – bref, remplacer le dualisme de l'observé et de l'observateur par le monisme ontologique de la *Critique*, conformément au blâme rétrospectif que s'adressait Sartre lors de la préparation des *Mots :*

> Ce recul idéaliste vis-à-vis des choses : je les contemplais. J'étais *à côté* d'elles. Elles ne se prolongaient pas en moi ni moi en elles[4].
> Je pensais à une communication de surface entre moi et les choses. Bref, les significations. Posséder c'était saisir par les significations. Une théorie de l'intuition achève tout. Posséder par la vue. Avec une distance[5].

1. *Ibidem.*
2. S. de Beauvoir, *La Force de l'âge*, Paris, Gallimard, coll. « Folio », 1980, t. I, p. 167.
3. J.-P. Sartre, *Œuvres romanesques*, *loc. cit.*
4. Extrait d'un avant-texte des *Mots* cité *in* M. Contat (dir.), *Pourquoi et comment Sartre a écrit* Les Mots, Paris, P.U.F., 1996, p. 421.
5. *Ibidem.*

C'est pourquoi le chapitre sur la boxe ouvre une digression où Sartre se rappelle avoir saisi, dans les combats de coqs à La Havane, un condensé de la férocité et de la misère cubaines[1]. On pourrait croire à première vue que Sartre revient sur cet essai de totalisation pour en marquer les limites : le touriste, indifférent au pays sur lequel il jette un simple regard, en serait réduit à thématiser la totalisation, à la durcir en schème d'interprétation ou en Idée, au lieu d'opérer l'incarnation préréflexive comme le boxeur qui lance sa droite avec rage. Mais le propos de Sartre est exactement inverse[2] : il montre qu'un étranger, assistant à un combat de coqs auquel un ami l'a conduit, peut appréhender le lien entre la violence aveugle des animaux et la misère cubaine, totaliser la férocité et le dénuement du pays dans un sentiment de malaise qui n'appelle ni mots ni concepts, parce que *sa présence parmi les spectateurs* est un « moment de la praxis productrice » : de même qu'une compétition de boxe n'aurait aucun sens dans une salle vide, de même le spectateur du combat de coqs n'est pas un simple observateur mais un co-participant à l'événement, l'un de ceux qui, par sa présence, son effroi ou ses cris, les paris auxquels il peut s'adonner..., contribuent à créer la tension de l'affrontement. Parce que « chaque spectateur [est] producteur et soutien du combat », auquel il est « présent *sans distance* » puisque le choc est engendré « par les participants et non contemplé par des témoins », son rôle est aux antipodes de celui d'un simple *observateur* qui, par son extériorité à ce qui se trame, se condamne à ne saisir qu'une « signification transcendante » référée à « des concepts ou des règles étrangères » à l'événement, bref à une « *idée* »[3].

L'exemple du combat de coqs vient ainsi renforcer celui du combat de boxe et creuser la distance par rapport aux totalisations esquissées par Sartre à l'époque du *Carnet Dupuis*. Sartre l'a reconnu à diverses reprises, les unités de sens qu'il cherchait dans sa jeunesse relevaient de la figure classique de l'essence, d'un châtoiement de signifiances réciproques mais cloisonnées, proches du pluralisme défendu par Jean Wahl en 1932 dans *Vers le concret*[4] ; les amorces de totalisation signifiante étaient déjà situées à la surface métaphysique des phénomènes mais encore redevables de l'idéalisme car devinées sur les choses par un observateur extérieur à leur

1. CRD, II, p. 43.

2. Nous ne retenons ici qu'un des sens portés par le texte, l'objectif principal poursuivi à cette occasion par Sartre à savoir l'élucidation de ce qui distingue, à serrer les notions au plus près, la totalisation de l'incarnation, échappant aux préoccupations de cet article.

3. CRD, II, p. 42-43.

4. Voir J.-P. Sartre, *Carnets de la drôle de guerre. Septembre 1939-mars 1940*, texte établi et annoté par Arlette Elkaïm-Sartre, Paris, Gallimard, 1995, p. 285 ; *Critique de la Raison dialectique* précédé de *Questions de méthode*, t. I, p. 29-30 ; *Sartre. Un film réalisé par Alexandre Astruc et Michel Contat*, Paris, Gallimard, 1977, p. 39.

fomentation – c'est en normalien et non en Britannique que Sartre peut mettre l'empirisme de Locke en parallèle avec la cuisine anglaise. Outre qu'elle procède d'une tradition philosophique dont Sartre mettra trente ans à se détacher complètement, cette extériorité empêche chaque ébauche de totalisation de posséder *l'intelligibilité* que la *Critique* entend rétablir dans ses droits : l'observateur prélève ces unités de sens dans un mixte de certitude (elles se donnent à voir, fût-ce sur le mode non conventionnel de la noirceur secrète du lait) mais aussi d'incompréhension, car elles conservent l'opacité têtue d'un phénomène sur lequel la conscience vient buter comme sur son Autre – le texte le plus saisissant à cet égard demeurant la fin de la scène du jardin public dans *La Nausée :*

> Je me levai, je sortis. Arrivé à la grille, je me suis retourné. Alors le jardin m'a souri. Je me suis appuyé à la grille et j'ai longtemps regardé. Le sourire des arbres, du massif de laurier, ça *voulait dire* quelque chose ; c'était ça le véritable secret de l'existence. Je me rappelai qu'un dimanche, il n'y a pas plus de trois semaines, j'avais déjà saisi sur les choses une sorte d'air complice. Etait-ce à moi qu'il s'adressait ? Je sentais avec ennui que je n'avais aucun moyen de comprendre. Aucun moyen. Pourtant c'était là, dans l'attente, ça ressemblait à un regard. C'était là, sur le tronc du marronnier... c'était *le* marronnier. Les choses, on aurait dit des pensées qui s'arrêtaient en route, qui s'oubliaient, qui oubliaient ce qu'elles avaient voulu penser et qui restaient comme ça, ballottantes, avec un drôle de petit sens qui les dépassait. Ça m'agaçait ce petit sens : je ne *pouvais pas* le comprendre, quand bien même je serais resté cent sept ans appuyé à la grille ; j'avais appris sur l'existence tout ce que je pouvais savoir. Je suis parti, je suis rentré à l'hôtel, et voilà, j'ai écrit[1].

*

Par contraste, la notion d'incarnation, qui abolit la distance entre l'incarnant et l'incarné, manifeste un progrès par l'immanence du résultat au procès de son émergence : Sartre satisfait à sa quête du concret en montrant qu'une totalisation ne peut être alléguée que si elle est l'œuvre du réel lui-même, donc une praxis totalisante. On peut ainsi émettre une double hypothèse sur le second tome de la *Critique de la Raison dialectique :* Sartre se risque à donner le stalinisme en exemple de la totalisation d'enveloppement parce qu'il s'agit précisément d'une entreprise totalitaire, mais il abandonne la *Critique* avant d'en venir aux

1. J.-P. Sartre, *Œuvres romanesques*, p. 160.

démocraties car on ne totalise pas sans lui faire violence un système qui organise sa détotalisation…

Mais il faut surtout noter, pour conclure, que la victoire des boxeurs ou du spectateur sur l'observateur, de la praxis d'incarnation sur la contemplation des essences, se prépare de longue date dans l'œuvre de Sartre, indice rétrospectif de son inquiétude à l'égard des relents d'idéalisme dont s'encombrent le *Carnet Dupuis* et *La Nausée*. Le premier dépassement manifeste de l'idéalisme remonte à 1937, avec la nouvelle autobiographique intitulée *Dépaysement* et publiée à titre posthume dans les *Œuvres romanesques*. Parti à la recherche du sens de Naples, Audry, le porte-parole de Sartre, commence par échouer dans sa quête car il aborde Naples à la manière d'un spectacle, comme si le sens devait coller aux choses sans qu'Audry participe à son émergence : il multiplie les points de vue *sur* la ville, il glisse d'une ruelle à l'autre, d'une vitrine à un palais, d'une foule à des lieux déserts, sans parvenir à sentir ou à saisir ce sens de Naples dont il a postulé la présence. Mais au terme de la nouvelle Audry peut conclure avec jubilation qu'il *est* à Naples, qu'il *sent* la ville, parce que les autochtones qui lui avaient servi de guides sont devenus ses amis, et que sa visite au bordel a transcendé son voyeurisme en désir – soit, dans les deux cas, une amorce de praxis. Les bien-pensants de tout bord avaient donc raison de s'inquiéter : Sartre fonde en raison la pratique de la philosophie dans le bordel puisque aussi bien, principe premier de la *Critique*, « tout se découvre dans le besoin [1] ».

Vincent de COOREBYTER
Université libre de Bruxelles

1. J.-P. Sartre, *Critique de la Raison dialectique* précédé de *Questions de méthode*, t. I, p. 194.

TABLE DES MATIÈRES

Introduction
par Juliette SIMONT ... 7
Note du transcripteur à propos de la Légende de la vérité
par Michel RYBALKA ... 17
Genèse et structure de la Légende de la vérité
par Vincent de COOREBYTER ... 19
Frangments posthumes de la Légende de la vérité
par Jean-Paul SARTRE ... 27
La huitième hypothèse du Parménide, *genèse du concept de sérialité*
par Pierre VERSTRAETEN ... 59
La question de l'individualité dans l'époque contemporaine (imagination, homme général et homme abstrait dans Cahiers pour une morale *et* Vérité et existence)
par Fabrizio SCANZIO ... 75
La société du mensonge : réflexions à partir des Cahiers pour une morale
par Juan Manuel ARAGÜÉS ... 89
Don et générosité, ou les deux chances de l'éthique
par Raoul KIRCHMAYR ... 101
Freud, un projet de Sartre
par Mathieu BIETLOT ... 135

Du scénario Freud aux séquestrés d'Altona
par Jean-François LOUETTE 163

Les boxeurs contre la cuisine anglaise : sens et totalisation dans la Critique de la raison dialectique, *II*
par Vincent de COOREBYTER 187

Table des matières 203

ACHEVÉ D'IMPRIMER
EN MARS 2001
PAR L'IMPRIMERIE
DE LA MANUTENTION
A MAYENNE
N° 67-01

Dépôt légal : 1er trimestre 2001